能『高砂』にあらわれた文学と宗教のはざま

島村眞智子

目次

装幀／富山房企畫　滝口裕子

緒言

世阿弥は数え年一二歳のとき、義満にあった。父観阿弥が『翁』を舞った今熊野の興行に、一七歳の将軍が来臨したのである。世阿弥の生年については、貞治二年または三1364年の二説があり、三年なら、義満が世阿弥を見たのは一八歳、永和元1375年ということになる。人格形成期のなかでも、日ごとに新しい自己が生まれ成年に向かっていく激しい変動と成長の時を、義満と世阿弥はともに過ごした。二人にとって、とくに年少の世阿弥にとって、生涯を規制する強力なファクターとなったと考えられる。世阿弥は没年も、嘉吉三1443年とも、享年八一とも伝えられるものの、確かなことは分かっていない。観世座大夫一世観阿弥清次1333~1384、世阿弥の跡を襲った三世音阿弥元重1398~1467の生没年はそれぞれ確かである。世阿弥を考えるうえで、これも見逃せない要件であろう。歴史的に見ると世阿弥の名は、室町末期から江戸期にかけて成立した『能本作者註文』『自家伝抄』『いろは作者註文』『享保六年書上』『二百拾番謡目録』などの作者付に顕著に現れるように、まず、能本の作者として、他を圧倒する存在感をもって伝承されてきたのである。

世阿弥には二一種の伝書があり、[注1] その伝書に残る断片的な回想で、少年世阿弥は「児《ちご》」、義満は「鹿苑院様」と呼ばれている。児世阿弥が父観阿弥と演能の場で舞うワンカットや義満が児世阿弥と父観阿弥の舞を評したフレーズも垣間見え、少年世阿弥が一座のスターであったことは、彼の断片的記述だけからも疑う余地はない。しかし、その児のころ、世阿弥がどんな能を演じていたのか。その曲趣やプロットは、世阿弥の伝書『三道』が列挙した「近来（応永1394~1427末年）押し出だして見えつる」近年世間で好評のように見える能とどのような連関があるのか。こうした能楽大成期初期についての素朴な疑問を解こうとすると、たちまち大きな史料的制約が立ちはだかってくる。世阿弥の生涯は、生没年が確かでないばかりか、能が彼とともに成長していった、いわば能大成期の草創期といえる部分についても、見過ごすことができない大きな空白と間隙が存するのである。

児世阿弥が今熊野で舞った、番組の記録はない。現存する大成期のまとまった番組でもっとも古いとされるのは、「応永三四1427年演能記録」（内閣文庫）である。注2 応永三四年は、世阿弥が六番目の伝書『三道』を息男元能に相伝した三年後であった。世阿弥はもう六五歳である。この演能記録は、大乗院尋尊の『寺務方諸廻請』紙背文書で、前大乗院院主 経覚の手になるらしい。二月九日五番（番数シテ名ノミ）・一〇日一五番（曲名・シテ名ノミ）で、最古とされるこの番組でも、演者についての認識と関心は低く、棟梁の為手（トウリョウノシテ　能楽の一座を率いる棟梁である演者　世阿弥が児として活動した時期でいえば、観世座の棟梁は父観阿弥）に対して、脇の為手（ワキノシテ　棟梁以外の演者）である児の情報が得られる状態ではない。世阿弥の伝書は、「子孫の庭訓を残す」（『風姿華伝』第三）明確な意図で書かれ、草創期の回想は断片的である。また、芸能者の人名はほとんどフィルターが掛からず豊富であるが、武家・公家となると数名に激減するなど、きびしい世阿弥自身の自己規制も窺える。興行については、番数と演能の冒頭に演じられた序の作品群である「脇の申楽」や「児の申楽」などが認められる。すべての伝書は後継者に相伝されてのち、一部の例外はあるものの、室町・戦国・江戸期を通じて秘匿された。相伝の家としては、現存する伝書と世阿弥自筆能本の所在から、越智観世家・観世宗家・金春宗家が知られている。刊行は明治四一1908年の吉田東吾校訂、池内信嘉刊『申楽談義』を嚆矢とする。次いで明治四二1909年同じく吉田東吾・池内信嘉両氏によって『世阿弥十六部集』が刊行された。

この相次ぐ刊行によって世阿弥に対する認識は、伝承に彩られた「なにがなんでも世阿弥様」から一気に、卓越した理論と実践によって時代を超克した天才的な芸能者へと変容した。原本松廼舎文庫本は大正一二1923年関東大震災で焼失したものの、大正二1913年藤代禎輔氏の宗節本、昭和一四1939年能勢朝次氏の観世巻子本、昭和一八1943年川瀬一馬氏による金春旧伝本・世阿弥自筆能本、昭和三二1957年表章氏の観世「別紙口伝」など、各種多数の伝本の発見や翻刻、紹介は半世紀にわたり、厳密なテキストクリティークによって本文確定が行われた。伊藤正義氏も指摘されるとおり（昭和四九1974年日本思想大系巻二四）自筆本はともかく、各種の転写本には書写者の削除・修正が認められ、相互の本文の位置付け関連を確かめながら、世阿弥本文確定の考証は現在も継続されている。世阿弥の伝書と自筆能本は、世阿弥を考察する根本史料であって、本考では一世紀余に及ぶ世阿弥の伝書発見と本文考証の貴重な成果に拠り、少年世阿弥に焦点を絞って、分析の方法と視点を変え痕跡を辿るアプローチを展開したい。

伝書・自筆能本の傍証となる児世阿弥についての、当時の史料は三点発見されている。注3　芸能を生業とする境涯の民、「児」と呼ばれた少年であれば、異例の数といえるかもしれない。しかし、これらの資料で筆録者の関心は、彼の演じた能にはない。その一史料　前内大臣三条公忠の自筆本『後愚昧記』は史料として信頼性は高く、児世阿弥に対する関心と風聞の典型的な事例であろう。祇園祭の鉾見物の桟敷で、将軍義満と同席した児世阿弥の風聞を記しつつ、公忠は次のように述べる。「件児童自去比大樹寵愛之、同席伝器。如此散楽者乞食所業也」。（永和四1378年六月七日条　傍線は筆者。以下引用史料の傍線同じ。）身分の外にある猿楽者「乞食所業」の少年は、将軍の寵童として好奇と蔑視の対象であった。この風聞の捉え方は、世間が耳を欹《そばだ》て目を瞠《みは》るストーリーとなって、現在まで継承されているかにも見える。ここに視点が固定されると「世阿、美若ノ時ハ、公方ノ御物也。去ニヨリ、餘ノ太夫トハ万事格別也。」（『四座役者目録』正保三1646年奥書）のように、番組どころか曲趣・プロットなどについては、まるで眼中にない狭搾した視野が現れる。

一方、『後愚昧記』の記事より一か月半遡る同年四月二五日の『不知記』（『崇光院上皇御記』）は、二条良基邸の連歌の場に列席した少年世阿弥の伝聞を記録する。崇光院は北方三代の天皇、その日記『不知記』は江戸時代の写本約三年分が東山文庫に伝えられている。記事はまず、伝聞の語り手　崇格と経有の名を挙げる。少年世阿弥は「児」「垂髪」とあり、「今年十六歳欤」と具体的な年齢を推算しつつ、先年一三歳で参上したとき、「藤若」の名を賜ったと継続的な関心が示される。筆者を考慮すると、先述した『世子六十以後申楽談義』に拠る今熊野猿楽の傍証ともなるこの記述は、将軍義満とその陪従を越え、少年の才気に瞠目する波紋が、三年の歳月を経て上皇の周辺にまで広がっていた証左となるものであろう。良基は「准后」とあり五九歳。その子師良が発狂して本復せず、連歌遊興に耽って最中の記事であった。

いま（さ?）をすつるはすてぬのちの世　准后　　罪をしる人ハむくひのよもあらじ　児
きく人ぞ心空なるほと丶ぎす　（御句?詠み手欠）　　しげるわか葉ハたゞ松の風（色?）　垂髪

二人の付け合いは二例、括弧表記の部分は読みが確定していない。「殊勝」「堪能」という当座の評価だけでなく、句を聞いた大光明寺長老の「神妙」の褒美の言が書き添えられ、少年世阿弥が詩歌の才能に秀でていたことが具体的に確認できる史料である。少年が、高僧の目に留まる豊かな素養と感受性を備え、貴人に育まれ成長していく様が伺える。藤若は良基から扇を拝領している。それに書き添えられた歌

松が枝のふじのわか葉に千とせまでか丶れとてこそ名づけそめしか

良基の賞翫は藤若の名を与えた後も途切れることなく、さらにその将来まで望む期待に応えて三年、見事に成長した少年を愛で、見守る心情が淀みなく詠われている。萌え出る若葉に擬えられた才知溢れる早熟の少年は、『論語』学而編には「志学」、男性が己の才知に目覚め生涯の志を掴む十有五のころ、奇跡的な邂逅を得ていたのである。

良基には、一説に偽書ともされる書状「良基消息詞」がある。水戸彰考館蔵『山のかすみ 他』の一部で、江戸中期の写本、宛先は「尊勝院」卯月一七日付、闊達な漢字平仮名混じりの和文である。昭和四〇1965年七月「藝能史研究」10号に紹介されて以降、文書の真偽・語句・史的背景などについて、紹介者福田秀一氏・『不知記』を紹介された伊地知鉄男氏・西一祥氏・表章氏・伊藤敬氏・百瀬今朝雄氏・小川剛生氏の諸氏等が論議を尽くされた。小川氏は新たに渡会延佳旧蔵本を紹介翻刻され二本の異同を注されて、そこに文意の相違にいたるものはないとされる。現在はおおかたのところ、「良基消息詞」は修辞などからも、永和二1376年良基が東大寺尊勝院経弁に宛てた書状との見解で落ち着いている。

良基の書状は、冒頭から藤若との再会を切望する。「藤若ひま候はゞいま一度同道せらるべく候」末尾は、藤若との邂逅を「得がたきハ時なり」「あひにあひてこそ」「ふしぎにおぼえて」と言葉を尽くし、切望する思いで結ぶ「天馬も伯楽にあハざれバあしならふなし　卞和玉三代をへてこそ寶物にもなりて候し　しるへ(人)のなき時は正躰なき事にて候　か丶るときにあひ候ひしも　ただものならずおぼえ候　相構〳〵此間に同道候べく候」天馬・卞和玉とは児世阿弥であろうか。伯楽・しるへ（人）とは、良基であろうか。藤若を称えて詞を尽くした『源氏物語』の紫の上・光源氏の描写、唐の玄宗と楊貴妃の故事の引用は適切正確で、良基の他の著述の修辞にも適い、この書簡の筆者が良基とされる根拠ともなっている。藤若との再会のほかに、良基の意図として「将軍さま賞翫せられ候も　ことハりとこそおぼへ候へ」と義満にアピールし好感を得ようとしているとの指摘も聞かれる。しかしより興味深いのは、少年の才能が具体的に挙げられている記述であろう。「わが藝能ハ中〳〵申におよばず　鞠・連哥などさえ堪能」興福寺の児は蹴鞠・連歌をよくした。（『経覚私要抄』）猿楽児は棟梁とともに興行先に挨拶回りを勤める。大和猿楽に育った少年には、「鞠・連哥」は興行に貢献できる修養であり、座の棟梁父観阿弥の教育的配慮もあったのであろう。「此の児の舞の手づかひ　足ぶミ袖かへしと（之）さま　まことに二月ばかりの柳の風になびきたるさま」少年は舞に堪能であった。前掲した「伯楽・しるへ（人）」の記述と関連して注目されるのは連歌研究分野よりからも指摘されている、語句・修辞の世阿弥の伝書との共通点である。

良基は少年の容姿を称える。

「ほけやかに　しかも花のあるかたちにて候　哥も連歌も　よきと申は　かゝりおもしろく　幽玄なるを上品にはして候なり」

「むもれ木になりハて候身の　いづくにか心の花ものこりてんと　我ながらおぼへて候」

当時、貴顕や高僧が名童に「心そらなる様」となるのは、けっして珍しい出来事ではなかった。良基は五九歳、手放しの賞讃ぶりは彼らしい。同年八月一〇日、良基は今川了俊に『九州問答』を送っている。彼は連歌によって、北方の武家公家の一味同心と、連歌師を交えた柔軟な情報収集網を充実させようとしていた。良基には詩人特有の、詩歌を核にした美に対する飽くなき探求心、直截的に結果を得ようとする行動力とセンスがある。義満へのアプローチもさることながら、齢六十歳に迫り、萌え出る美に輝き詩歌に天賦の才能を備えた少年との出会いは、またとない今生の歓びであったろう。少年は舞によっても良基の心を捉えた。舞歌が神仏に奉げられ、闘諍に明け暮れる人々の心を慰め神仏をすずしめた当時の社会を考慮すれば、すべての階層を超えた力を結集しようとする良基の意思は、少年の遊舞に、己の詩歌のみならず北方に新たな政治的吸引力を与える力を認識したであろう。しかしそれは、彼の公家として継承してきた舞歌についての感受性とは、異質であった。少年の風姿・歌舞の美しさについては、詳細で饒舌ともいえる手放しの賛辞を連ねながら、少年の演じた能については「わが藝能ハ中〳〵申におよばず」という概括的な称賛の一フレーズに留まっている。

『不知記』の付け合いにみられる少年の成長と良基の心情、この書簡にある語句・修辞の世阿弥の伝書との共通点は、少年世阿弥の「伯楽」「しるへ(人)」との奇跡の邂逅を自ずから物語っているかに見える。

『良基消息詞』は、「わが藝能ハ中〳〵申におよばず」という。連歌によって新しい文学の時を創造した良基においてすら、児世阿弥が演じた能については、それ以上の記述を残さなかったのである。

世阿弥の伝書『五音』によれば、応安のはじめ頃から、観阿弥の風聞が京に聞え、曲舞がかりの観世節は流行っていたらしい。注4 世阿弥はそのころ六・七歳、『風姿花伝』年来稽古条々では、「七歳」は芸のはじめ、稽古が始まり「音曲・はたらき・舞」で、舞台にも立っている。今熊野の演能は十二歳。年来稽古条々の「一二・三歳」は「なにとしたるも幽玄」とされる「時の花」を得た時期である。細かい物まねは好ましくないが、上手なら何でも演じられた。稽古ではしっかりと、はたらき・音曲・舞の手の技を学ぶ。こうした世阿弥の伝書にみえる児の演技は、舞歌を基本とし、祭礼や法楽に舞われる児風流と本質的に変わらない。当時、京でも奈良でも、児舞は洗練され祭礼の呼び物でもあった。『醍醐寺新要録』によれば、応安五1372年頃観阿弥は醍醐寺で、七日間興行し名声を高めている。観世節と少年世阿弥の名童ぶりだけで、奈良・京の児舞から興行を差別化し、将軍義満を今熊野に迎えられるであろうか。今熊野は足利尊氏・忠義が参拝し、義満の父二代将軍義詮が都の攻防で苦戦をおりに拠った、足利将軍家ゆかりの地である。観阿弥は義満の同朋衆南無阿弥陀仏に勧められ、この興行で初めて、従来長老が勤めてきた「翁」を舞ったという。将軍と同朋衆はあきらかに、この番組にしかるべき期待を持って臨んでいる。義満は今熊野から、観阿弥と世阿弥を後援する。世阿弥が父の死後、棟梁になったのちも、大和猿楽への庇護は生涯変わらず、義満の死後も、足利将軍は猿楽能に関心を持ち、庇護を加えている。

公家は猿楽を好まなかった。公家から、その手になる古今伝授や多くの文化を学んだ武家は、公家に習うことなく、猿楽を愛好し庇護し続けた。南北朝・室町期の騒乱のなか、北方は皇統の正統性を求めて、試行錯誤のうちに古儀復興を進める。それを支持し軍事的に擁護する足利将軍と武家は、次第に治者としての祭祀を自覚し、神祇と仏への信仰をみずからの祭祀機構として構築していく。能は、その武家が保有する初めての、天下泰平・国土安穏を祈る、支配者の舞楽となった。

父観阿弥に愛育され能とともに成長した世阿弥は、詞と歌唱に鋭い感受性と自覚を持ち、時を得てそれを音曲と舞に表す資質と才能に恵まれた。三〇余で夭折しながら、『隅（角）田川』『弱法師』など、父を凌ぐ能本を残した息男元雅、晩年の世阿弥の能楽論と回想を余すところなく活写した、息男元能、世阿弥の能楽理論と能の創作を継承するため、真摯な努力を積み、選れた伝書と能本を書き綴った女婿金春禅竹、そして、観世大夫としても活動した（『満済准后日記』）元雅をおき、義教の愛顧を得て三代観世大夫となった、弟四郎の子音阿弥。世阿弥はそれぞれの才能を生かした後継者を育てた。手から手へ口から口へ技を継承する当時の芸能者のなかで、二一種におよぶ伝書と自筆能本を含めて、確定しただけでも五〇曲近い能が伝えられている。しかし、世阿弥の後継者のなかで、彼の後を襲い観世大夫を許されたのは、伝書も能本も記さなかった音阿弥であった。世阿弥の享年と没年を確定できる史料はない。また生年さえも、永享四1432年九月奥書『夢跡一紙』「いま七秩に至れる」のフレーズと、一二のとき今熊野の演能で義満に見いだされたという、世阿弥の回想によっている。（『申楽談義』）世阿弥の名は何よりも、伝承された多くの能本の作者として記憶され、自筆能本と伝書は偶然流出した僅かな場合以外、明治末期に至るまで、秘蔵されたのである。観阿弥・世阿弥とその伝書を継承し能本を創作した後継者、元雅・元能・禅竹らは、むしろ、芸能者として例外的な存在であるかもしれない。しかし、彼らのほかにまたそののちにも、金剛・宮増・小次郎・禅鳳・弥次郎など、大和猿楽とその周辺に能本を残した者たちがいた。作者不明もふくめ現行曲のほとんどが、観阿弥の活動が諸記録に現れる一四世紀半ばから、弥次郎の活動が確認できる一六世紀半ばまでのほぼ二百年間に、成立したとされる。本稿はこの二世紀を能楽大成期と呼び、世阿弥の前半生のうち、まず「幼少より以来亡父の力を得て人と成りし」（「花伝」奥義云）時期を考察の中心に置く。

世阿弥の伝書は、「道の廃れん事を思」い、「子孫の庭訓を残す」ためであった。（「花伝」第三問答条々）その目的や関心から除外され、彼自身記述できなかった重要な事項はその生涯にわたって多い。

ある貴所にて、酒盛の時、「世」と有に、幾度も言葉の下より謡ひ出しけるに、「心暇なく謡を用意し持ちたる、かくてこそ動転有まじけれ」とて、褒美せられし也。　　　『申楽談義』

貴人・貴所について、世阿弥が特定できる固有名詞を挙げるのは「鹿苑院」（義満）「細川武州」（細川頼之）道与（佐々木高氏）など、すでに故人であり、また誰にでも知られている、限られた人物や場（祇園会など）である。武家には比較的憚りが少ない。当（御）代（義持）も婉曲表現ながら一（二）例ある。いっぽう堂上には「亀山天皇」「仙洞」（後小松院？『風曲集』外題注記）各一例など、皆無に近い状態である。世阿弥はみずから、貴人・貴所を弁《わきま》えた振舞に定評があることを語っており（『申楽談義』）右記の史料に見られる、記憶力の強靭さからも、それぞれの場や主催者を知らないでいたとは推測し難い。しかし、ここでも「ある貴所」とのみあって、具体的な記述はない。その一方、芸能者については一貫して、適切で豊富な記述が残されている。世阿弥の一見克明に見える記述は、猿楽者という憚りや配慮から、口外できない事実、記述という意識的な行為に至らない認識が存在するという共通理解を前提に、考察する必要があるのではあるまいか。佐渡配流の説についても『金島書』のみが残され、配流のきっかけや状況はもちろん、彼自身の具体的な体験は推測の域を出ない。時代を超越した能本・伝書を残しながら、名もない乞食の境涯を生きた最晩年の史料の状況は、彼の生涯を通じての現実であったと理解してよいと思われるのである。本考はそうした理解に基づき、観阿弥と世阿弥を、世阿弥が「人となる」までの時を中心に、その生きた時を、政治経済史・宗教史・神道史にも学びつつ蘇らせ、世阿弥の存在を理解し把握しなおそうと試み、まず能楽大成期を象徴する存在、能『高砂』を考察の対象として選択した。

総合芸術である能は、国文学・民俗学・芸能史など、史料考証・解釈・研究が各分野に個別分散する。本考は、境界領域から草創期の能と世阿弥を考察し、方法と思考を統合し開発することを目指した。基本史料である世阿弥の伝書や能本は、当時の文字を持つ階層から隔絶し疎外されており、きびしい身分的制約は、彼の存在そのものを時と場を同じくする人々の意識の外に排除する。特に、世阿弥の言語・音楽的能力の基礎が形成される成人期以前は、伝書と僅かな史料によって辿れるに過ぎず、直接の史料に基づく実証では、究明や考察には限界がある。本考はその史料的限界に挑戦し、広く南北朝室町初期の諸事象を分析して、能の伝統的な研究分野である国文学の成果を基礎に置き、広く境界領域から方法を試行錯誤し、児世阿弥と能の総合的な理解を心がけた。

右の断片的な史料にも、彼の驚異的ともいえる、詩歌に対する反応が読み取れる。この反応は伝書や自筆能本が執筆された中高年の年齢から、意図的に習得されたとは、考え難い。彼が「この道の命」と断言した能本の、詩的言語が重層する芳醇なイメージを実現する修辞は、世阿弥が「人となる」以前の、成育のうちから時を得て獲得され、能のなかに彼とともに生き、根付いていった。世阿弥が得たその時と場、能とともに成長してゆく有様を、幾分なりとも知り得たなら、この仕合わせに過ぎるものはない。

注1　表章・加藤周一校注　『世阿弥・禅竹』　岩波書店　昭和四九年

以下本考では世阿弥の伝書本文を、右記『世阿弥・禅竹』により引用する。また、『風姿花伝』の表記は、伝本内題に「風姿華伝」が見える例もあるが、宗本の『風姿花伝』に従う。本文では以下「花伝」の略称を用いる。この略称は世阿弥自身も「花伝第六花修（云）」「花伝第七別紙（口伝）」の内外題にも用いており、第七別紙口伝までの呼称とする。おもに『世阿弥・禅竹』『連歌論集 能楽論集 俳論集』（日本古典文学全集51 小学館 昭和四八年）などを参照し、世阿弥の伝書二一種の表題・相伝識語・奥書を挙げると、次のとおりである。表題のみは相伝識語・奥書がないものである。

①『風姿花伝』
第一 年来稽古条々
第二 物学条々
第三 問答条々 （風姿華伝条々以上） 応永七1400年四月十三日秦元清
第四 神儀云
（第五）奥義云 （〔年来〕稽古より亡父の風を受けて是を作る） 応永九1402年三月二日 世阿
第六 花修云 此条々、心ざしの芸人より外は一見をも許すべからず 世阿
第七 別紙口伝 先年弟四郎・当時元次（息男元雅の初名か）相伝 応永二五1418年六月一日 世阿
②『花習内抜書』 （第二紙表題 能序破急事） 応永二五年二月一七日
③『音曲声出口伝』 此条々世阿歟心曲及所私書也外見不可有者也 応永二六1419年六月日 世阿
④『至花道』 応永二七1420年六月日 世阿
⑤『二曲三体人形図』 応永二八1421年七月日
⑥『三道』（通称『能作書』） 息男元能秘伝為所也 応永三〇1423年二月六日 世阿
⑦『花鏡』 応永三一1424年六月一日 世阿 永享九1437年 貫氏禅竹初名か書写
⑧『曲付次第』 外題『曲付』

⑨『風曲集』（外題注記「依仙洞被載外題」）　応永三五1428年三月九日　世阿

⑩『遊楽習道風見』

⑪『五位』（遊楽芸風　妙・感・意・見・声五位云）

⑫『九位』

⑬『六義』此一巻、金春大夫（禅竹）所望依為相伝所也　応永三五1428年三月九日　世阿

⑭『拾玉得花』金春大夫（禅竹）、芸能見所有依為相伝所如此　正長元1428年六月一日　世阿

⑮『五音』上下二巻　上は抄写本

⑯『五音曲条々』

⑰『習道書』為座中連人書　永享二1430年三月日

⑱『世子六十以後申楽談義』為残志、秦元能書之　永享二年十一月十一日

（息男元能による世阿弥の芸談の聞き書き）　略称『申楽談義』

⑲『夢跡一紙』（早世の息男元雅の追悼文）　永享二年九月日　至翁（世阿弥の道号）書

⑳『却来花』元雅口伝の秘伝を「早世により紙墨にあらはす」とある　永享五1433年三月日　世阿

㉑『金島書』これを見ん残す金の島千鳥跡も朽ちせぬ世々のしるしに　永享八1436年二月日　善芳

本考では世阿弥の能楽論を、彼の記述にそって三期に大別する。各期を、第一期　継承期　①「花伝」第一年来稽古条々より（第五）奥義云まで　第二期　展開期　「花伝」第六花修より⑰習道書まで　第三期　超克期　⑱「申楽談義」より㉑『金島書』まで　とする。

世阿弥は「花伝」第三の後書きに「凡、家を守り、芸を重んずるによって、亡父の申置きし事どもを、〔心

底〕にさしはさみて、大概を録」すと述べた。観阿弥は駿河浅間神社の華やかな舞台を最後に、二二歳の世阿弥を残して突然逝く。世阿弥にとって観阿弥の存在は大きい。「幼少より以来、亡父の力を得て、人となりし」(「花伝」奥義〔云〕)と述懐し、さらに「風姿花伝、年来稽古条々より別紙至迄は、此道を顕花智秘伝也。是ハ、亡父芸能色々ヲ、廿余年間悉為書習得条々也。」(『花鏡』)と回顧した父である。花伝で父の稽古・大和猿楽で基本となる「物学」の人体と演能のプロデュースについての要諦を記し、六〇歳を過ぎようやく彼は、「世、私に、四十有余より老後に至まで、時々浮所芸得」と同書に後書きする。だが、彼の意識とは別に、「花伝」第六花修〔云〕『花習内抜書〔能序破急事〕』『音曲口伝』など、「花伝」から各論として分化する伝書は、秘伝を確立し後継者を育てて大和猿楽を率いた、棟梁世阿弥独自の用語や方法、立論が展開され始めている。

一、音曲に、祝言・ばうをくの声の分目を知る事。これは、呂・律二より出たり。呂といふは、喜ぶ声、入る息の声なり。律と云は、〔悲しむ〕声、入る息と云へり。先、根本を心得べき様、かくのごとし。(下略)

『音曲口伝』第五項

世阿弥の能楽論では、その展開と深化にともない、主な概念は適応される範囲がしだいに拡大し、二元論的な対立概念を生み、分析的思考に伴って分化していく。「祝言」は、「花伝」において「脇の申楽」がもつ第一の、不可欠な属性であった。正しい典拠をもち、おおらかで気品がある、世を寿ぐ曲趣である。『音曲口伝』になると、発声の機微に関わる「喜ぶ声」の概念が「祝言」として、「〔悲しむ〕声」「ばうをく」と、呂律に配当して規定される。また、「機」とも合わせ、「祝言」の声は機体声用・強・呂・出息の技を修養した喜び声、「ばうをく」の声は、声体機用・呂・弱・入息の技を修養した「〔悲しむ〕声」と二元的に規定される。詞章を謡う発声が、曲のテーマにより「喜ぶ声」と「悲しむ声」―「祝言」と「ばうをく」に二元化し、技の到達目標が示されたのである。漢語表現が内外典から引用され、独自の用語・修辞で、和語が解説され始める。『花鏡』の世阿弥は「物まね」を「先能其物成　去能其態似」まづそのものによくなり　さてよくそのわざをにせよと題して、花伝「第二物学条々」を手短に纏めている。「音習道之事」など漢字表記の小見出しと要約、後に挿入された訓読文が添えられる。相伝の内容のほか、世阿弥の棟梁としての立場や相伝対象にも配慮してであろう。『花鏡』は書写書きから見ると、女婿禅竹が相伝者である。後年、禅竹の『六輪一露之記』（末尾宗元跋文 康正元1455年奥書）は、一条兼良の加注として興味深い文を掲載している。世阿弥は対明交流から注目され、南北朝・室町期に五山・明経道・在野の学僧・学者によって研究・講義が進んだ、『論語』『大学』『毛詩』などの章句・語彙を引用し、禅林の考案や重用される経文の受容をみずからに課し、相伝の知的領域を広げ高めようとした。また、奇しくも増阿弥が評したように（『申楽談義』）、彼は、観衆を捉えた歌舞の、すべての技を大和猿楽に集大成しようとする。それは能本に密度の高い詞章と、曲想の深化・拡大を促したばかりでなく、舞台表現の基本的な要素である歌唱能力について、発音・発声・曲想の理解と表現など、全面的な見直し・習練と進化・完成を要求することになった。『節付次第』の「重聞」を避け（同じ文字を連付せず）音曲の種類（祝言・曲舞・小歌節・一句謡）による節付の心得、音曲の句移り・文字移り・調子を持つ「息」への配慮は、能本の詞章と、舞台での歌唱が緊密で齟齬の許されない一体の関係であるという、明確な認識が示されている。世阿弥は『方丈記』の冒頭文を引用し、「絶えずして、しかももとの水にはあら」ぬ、流れる水のごとき「声文」を目指し、『風曲集』では音声を「横」「主」に二分し、舞台の歌唱は「主より横に謡ひ出して主に納まる声流」をよしとした。「横」は「声を出してすでに歌ふ所」の発声、「入る息の色どり」を持ち「呂」に当たる。「主」は調子を含んで音取る機の声、出る息の扱いによる律にあたるという。この考察では「生得の音声」に

「横」「主」論が及び、双方を備える生まれつきと、どちらかに偏る三種の声を分析する。「声をよく使ふ」とは、声によって扱いや色どりを変えるということだと述べて、現実的で柔軟な対処を進める。獲得しようとする観衆の中に貴人を視野に入れ、音曲論と歌唱法は、貴人が朗誦し伝承した王朝の古典の受容にまで及んだのである。

「申楽は、貴人の御出を本とすれば」（「花伝」「第三問答条々」）勧進猿楽の座敷に、将軍をはじめとする武家・公家が来臨すれば、演者の名誉であるばかりか、都鄙名望の契機となって、広域で安全な、安定した興行と収入を得ることができる。歌舞の人々が身分の外におかれた当時の状況では、もっとも切実な要件であった。不安定で移り気にも見える観衆――「力なく、この道は見所を本とする態なれば、」（「花伝」花修云）判断を誤れば、棟梁は追われ一座は衰亡の危機に曝される。とくに都での演能には「幽玄をもてあそぶ見物衆」――なにごとにも幽玄を重んじる貴人に対し、大和猿楽の「物まね」（花伝「第二物学条々」）「たゞ似せんと斗思ふべし」――そのものにとにかく似せようとする――演技をアピールする手立てが必要であった。

この工夫を以て、作者又心得べきことあり。いかにも、申楽の本木には、幽玄ならん人体、まして心・言葉をも優しからんを、たしなみて書くべし。それに偽りなくば、をのづから幽玄の為手と見ゆべし。

花伝「問答条々」

能本は、シテの演ずる「人体」――主人公に「心も言葉つきも優しい」幽玄の人物を選び、よく工夫して書かなければならない。その人体を学ぶシテは、おのずから幽玄の為手と見えるに違いない。

能作書『三道』は、序破急・二曲三体との整合を試みる。幽玄の人体を、舞歌にふさわしい遊楽の人体から求めて「種」とし、その人体をシテとして序破急五段を音曲・句数を整え一番となす「作」、能一番の、それぞれの人体・本説在所の風趣を生かし詩句の言葉を案得する「書」、この三項を取り宛てがうのを「能を書く」とする。三体―老体・女体・軍体のほか、遊狂・砕動・童の能の各項について記述したのち、当時好評だった能二九曲を種別に挙げ、古風体をうつしとり新風をなした能を推奨した。結びに世阿弥は「幽玄の花種を本風と」する能作を説いた。六一歳の見聞に触れた、様々の芸風をもった名人を回顧し、「至上長久に、天下に名望を得」た為手は、「幽玄風のみなるべし。」

世阿弥は「幽玄の花種」を求め漁猟して典拠とし、また能本の詞章に写した。彼の能本に現れる和歌・朗詠・物語・経典は、『古今和歌集』『和漢朗詠集』『新古今和歌集』『源氏物語』『平家物語』『法華経』など、六〇種以上、一曲平均引用の詩歌数は一六である。世阿弥周辺の作者、観阿弥・元雅・禅竹も一〇を超える詩歌を引用する。世阿弥の引用原典は、日本に限れば、他の作者が引用する原典をすべて網羅しており、伝書の主張は実践・実現されていたと考えられる。(拙稿「翁　わが心の内なる世阿弥―能本についての試論と随想―」北星学園女子中学校高等学校研究紀要　平成元1989年一二月)

応永末年当時、「ワキの為手」「狂言」は「文盲」のため、輪説まじる」怖れがあり、ときに棟梁のシテとして活動する演者も書状を代筆してもらうにこともあったという。(『申楽談義』)座の主な役者であっても、詩歌を連ねた能本独特の修辞について、引用原典による正確な表記や内容の理解に至っていたとは、考え難い。つぎつぎと創作され固定化された新曲をまず、能本にしたがって、正確に発音し発声する修練をつみ、能本を生かす発音と発声を身体化することによって、「かゝり」を習得する実践的な伝授が実践されなければならなかった。

世阿弥の伝書と能本は、「棟梁の為手」の「習道」に有効な機能を果たしただけでなく、能一座の役人―脇の為手・狂言・囃子に、詞章の正確な発音と発声、風趣・音曲を享受し、「連人の曲力和合」を導き出す、手立てともなった。（『習道書』）棟梁は能本と伝書により、習道に励み、座を率いる。世阿弥は、棟梁をたて「一座成就の感風」の上に、各役それぞれ、「堪能達人の芸力」があらわれる奏演を説き教導を試みた。「一座棟梁の習道を本として、その教ゑのまゝに、芸曲をなすべし。其条々。」永享二1430年、六八歳の筆致は詳細を究める。

世阿弥は音曲を五つに分類し、統一した音曲イメージを提示して、「一座和合」の一助とした。（『五音曲条々』）祝言は松、幽曲は桜木、恋慕 紅葉、哀傷 冬木、蘭曲 杉木。喩えは象徴的でありながら、色彩豊かに美しい。結び近く世阿弥は述懐する。「女・童ノ心耳ニモ感ズル所、是スナワチ曲ニテヤアラン」。ある時は家族とともに、ある時はその人を残して、歌舞の人々は奏演の場に赴く。「初心の稽古・用心」に、世阿弥は「貴人の御前・晴れの座敷の態に心をな」す心得を説いた。（『風曲集』）しかし、庭に勧進の場に、彼らを迎える不特定多数の観衆との出会いとそれに応える演技を追及するとき、もっとも弱い存在をとおして、世阿弥は自らの能を顧みようとする。

『五音』上下は詞章を例示し、それぞれ習練と理解を深めるテキストである。統一イメージの設定は、能本にも試みられた。『九位』は上・中・下をまた三ランクに分け、九段階の位が禅や詩句の用語を遣った漢語表現で表示される。芸風の評価では、並列的な多様性を表し、すべての位に及ぶ広い芸風に、観阿弥が挙げられている。犬王は上三花を下らず（『申楽談義』）という。自筆本は『松浦』広精風（九位の五位）、『阿古松』浅文風（同六位）、『布留』正花風（同四位）と三曲とも中三位に位置する。これらの曲位は、それを演ずるにふさわしい、棟梁の位でもある。（『拾玉得花』）「九位不入」九位のランクにも入らない「当道多し」棟梁は多い。座を率いる棟梁に「習道」を求める、世阿弥の筆致は厳しい。『六義』では毛詩大序などに見える「六義」に、和歌の「六義」を事寄せた秘説にたって「九位」の上三花・中三位を寄せた。

『九位』『六義』は棟梁の為手を対象とし、『六義』応永三五1428年、相伝の宛名は禅竹である。棟梁の為手に宛てた、世阿弥晩年の伝書は、総論的な『花鏡』『至花道』『遊楽習道風見』問答による補遺『拾玉得花』と、その論拠となる概念と実践を詳説した、『花習内抜書』『音曲口伝』『二曲三体人形図』『三道』『曲付次第』『風曲集』に大別できる。総論は各論、序破急（『花習内抜書』）、音曲（『音曲口伝』『曲付次第』『風曲集』）、人体（『二曲三体人形図』）、能作（『三道』）を軸に、軽重を掛け複合的に展開される。「序破急」の概念は番組編成・見所の動向把握より、演技の組み立て・能本の構成へと、漸次適応範囲を拡大して具体性を帯び実践的性格を分化する。音曲論は詞章の曲づけ・息や発声・発音に及ぶ歌唱の技、舞との関連など、能の身体表現の主要部分「声」を分析し、その鍛錬と養生・舞との関連・舞台の心得まで言及している。都でもてはやされる遊芸の数々・貴人が弄ぶ「幽玄」の詩歌―新作の能本は、すなはち、それらを生かす、表現力豊かな歌唱の技を必要とし、それを展開し創造する修練が不可欠であった。

能は、歌舞の人々の姿態による舞台表現である。舞台に移ろう人体の美は、生得の身体が年来の稽古と習練によって、それぞれの時に許される、もっとも洗練された風姿でなければならない。「人形図」はそのモデルである。『二曲三体人形図』は舞歌の初花、幽玄の象徴である児・童に始まり、三体（老・女・軍体）のほか、砕動風・力動風・天女が追加されている。末尾に「当流之砕動一動之足数之分」の表題で、拍子・運歩・足拍子が舞台の動きを交えて説明される。「神」を「おにがかり」とし、「鬼」は「ことさら大和の物也」と詳述した世阿弥である。（「花伝」第二物学条々）「力動ナンドワ他流ノ事ニテ候」（禅竹宛書状）断言するには、あと一〇年余りの歳月が必要であった。

舞は姿態美の発現であり、天女も鬼も表現できる可能性を持っている。能作はそうした身体に「種」を得て舞歌を極め、いっそう強固となる。『三道』では「三体」にはじまり、「放下」「砕動風鬼」「童」に至る能作法が展開された。

二一種と数えられる伝書は、秘伝書ばかりでなく、息男元能の聞き書き「申楽談義」がある。和語・和文を中心とした修辞であり、晩年の世阿弥の息遣い、元能の敬愛と出家別離の決意が伝わる文体である。二年後、世阿弥は秘伝・奥義をすべて伝え「子ながらも類なき達人」であった息男元雅を、伊勢の津で失う。世阿弥にとってそれは、「道の破滅の時節到来」であった。その絶望と愛惜を記した『夢跡一紙』、残された幼少の嫡孫と女婿禅竹を思い遣る『却来花』のあと、永享六1434年五月四日都を発ち、翌日若狭の小浜に着いた「老耄」の身が、海路佐渡の配所に至り、佐渡島を寿ぎ、薪の神事を讃える習作『金島書』が書かれた。その後の世阿弥の消息は金春大夫宛の、二通の書状が残る。祝言あふれる『金島書』の詞章、『申楽談義』と書状に見える、後継者となる人々に託した「申楽能」の精進を究める尽きせぬ情熱と覚悟には、「道の破滅」の絶望を超克した最晩年の世阿弥の姿がある。

注2　八嶋幸子　「応永卅四年演能記録について」　「観世」　平成一二年八月号

注3　表章　『能楽研究講義録』　笠間書院　平成二二年

注4　観阿弥が能に取り入れた曲舞は、リズミカルな小歌がかりの詞章を持ち、鼓のほか笛の囃子にのって舞われたらしい。室町前期には、声聞師に曲舞をよくする座が結成され、京・地方に興行し、貴人の邸にも参上している。叙情性叙事性に富むこの語り舞はのちに幸若舞となり、能では舞クセ（曲）とよばれる舞の見どころと居グセとよばれる謡の聞きどころとなって、発展する。普通三節からなる歌唱は、地謡の語りにシテが歌唱を挟んでポイントを作り、シテの物語でドラマのクライマックスを構成する。歌・舞・囃子が一体となる能の特色をよく現す小段である。

〈参考文献〉

吉田東吾　『世阿弥十六部集』　能楽会　明治四二年
西尾実　『世阿弥元清』岩波講座日本文学　岩波書店　昭和六年
古川久　「世阿弥の観客説」　「文化」第三巻第五号　昭和一一年
野上豊一郎　『世阿弥元清』　創元社　昭和一三年
能勢朝次　『世阿弥十六部集評釈』上・下　岩波書店　昭和一五・一九年
坂口玄章　『世阿弥』　青桐堂　昭和一七年
小林静雄　『世阿弥』　檜書店　昭和一八年
川瀬一馬校訂　『世阿弥自筆伝書集』　わんや書店　昭和一八年
三宅襄　『能』　大日本雄弁会講談社　昭和二三年
野上豊一郎　『観阿弥清次』　要書房　昭和二四年
小西甚一　『能楽論研究』　塙書房　昭和三六年
小山弘志　「世阿弥」『日本文学講座Ⅲ　中世の文学』　河出書房　昭和二六年
田中充　『世阿弥』アテネ文庫　弘文堂　昭和三〇年
西尾実　「世阿弥」『岩波講座日本文学史』四巻中世　岩波書店　昭和三三年
久松潜一　「歌論集　能楽論集」『日本古典文学大系』　岩波書店　昭和三六年
福田秀一　「世阿弥と良基」　「藝能史研究」一〇　昭和四〇年
伊地知鉄男　「東山御文庫『不知記』を紹介して中世の和歌・連歌・猿楽のことに及ぶ」　「国文学研究」三五　昭和四二年
戸井田道三　『観阿弥と世阿弥』　岩波書店　昭和四四年

北川忠彦　『世阿弥』　中央公論社　昭和四七年
田中裕校注　『世阿弥芸術論集』　新潮社　昭和五一年
西一祥　『世阿弥研究』　桜楓社　昭和五一年
黒田正男　『世阿弥能楽論の研究』　桜楓社　昭和五四年
八嶌正治　『世阿弥の能と芸論』　三弥井書店　昭和六〇年
松田存　『和歌と謡曲考』　桜楓社　昭和六二年
島津忠夫　『能と連歌』　和泉書院　平成二年
磯部欣三　『世阿弥配流』　恒文社　平成四年
百瀬今朝雄　『弘安書札例の研究―中世公家社会における家格の桎梏』　東大出版　平成一二年
小川剛生　「良基と世阿弥―「良基消息詞」偽作説をめぐって―」『二条良基研究』　笠間書院　平成一七年
表章　『大和猿楽史参究』　岩波書店　平成一七年
伊藤正義編　『花伝諸本対観』　和泉書院　平成二〇年
今泉淑夫　『世阿弥』人物叢書新装版　吉川弘文館　平成二一年
尾本頼彦　『世阿弥の能楽論』　和泉書院　平成二三年
表章　『能楽研究講義録』　笹間書院　平成二三年
伊藤正義　『中世文華論集』巻一・二　和泉書院　平成二四・二五年
増田正造　『世阿弥の世界』　集英社　平成二六年

序章

能『高砂』にあらわれた文学と宗教のはざま ―阿蘇大宮司と住吉大社

〈参考資料〉　能『高砂』謡本詞章　現代語訳・注

はじめに

能『高砂』は清純と雄渾の曲趣を持つ最上随一の名曲と称され、祝言第一・夫婦和合・寿命長遠・国土安穏を寿ぐ、五流の現行曲である。『高砂』は世阿弥作とされる。作者が世阿弥であることについては、現在疑いをさしはさむ余地はほとんどない。詞章・楽曲の構成・節・拍子に、世阿弥らしい特色が認められ、『弓八幡』

とともに、本脇能・真脇能とも呼ばれている。室町期には最多の上演記録を持ち、江戸期に入ると、将軍宣下・諸大名の謡初の常演曲となり、多くの謡曲集の筆頭を飾った。現在も脇能のなかでは、もっとも上演頻度が高い。

『高砂』は能としてだけでなく、後場の待謡は婚礼の、キリなどは寄合の祝言小謡として、江戸中期ごろより市井に親しまれ、「高砂」を固有名詞に冠した例は枚挙に暇がない。このようにあまりにも人口に膾炙された『高砂』については、研究・鑑賞の論考・批評を取り交ぜて考察し尽くされており、あらためて論究の対象とするについては、いまさらと、蛇足の責めを負いかねない。そうした誹りを憚りつつ、分析に先立つ常套の手続きに従って、まずあらためて梗概をまとめてみると、左のとおりである。なお、以下の論考では『高砂』の詞章などの記述、役柄・表記・引用・現代語訳など、すべて参考資料に拠ることをお許しいただきたい。

肥後国　阿蘇の宮の神主友成（わき）は従者（脇連）を伴い、まだ見ぬ都に上る旅に出る。一行は海路遥々日を重ね、播磨国高砂の浦に着く。松に春風が吹き尾上の鐘が響く夕暮れ、霞に紛れて住之江（尉　前して）と高砂（姥　つれ）の松の精が友成の前に姿を現す。二人は問われるままに高砂住之江の松の謂れを語り、山川万里を通う妹背の契り、永遠の和歌の道と当代の栄えを、松の緑になぞらえて讃える。尉は住吉で待つと言い置いて小舟にうち乗って沖に去り、一行は後を追って海上を住之江へ向かう。住之江に着いた友成の前に、住吉明神（後して）が颯爽と現れ、君の万歳と太平を讃えて夜神楽を奏し、舞を舞いつつ、都へと誘う。

1　プロットの特色と成立

あらためてこの『高砂』のあらすじを見るとき、『高砂』が典型的な脇能とはかなり異なる、特色あるプロットを持つことに気づく。

役柄のうえではまず、わき阿蘇友成が系図上、阿蘇大宮司として確認される人物である点が注目される。『阿蘇三社大宮司系図』続群書類聚本によれば従四位上、『阿蘇系図』熊本県立図書館蔵上妻文庫本では二〇代阿蘇宮大宮司、延喜三903年二月外従五位下叙爵とされる。これらの系図で彼は、平安初期、それも聖代と称えられる延喜に叙爵された、阿蘇の大宮司である。[注1] この史料について検討した、信頼できる考証によれば、時期的に見て、この内容をそのまま史実とするのは困難であるという。しかし、両系図に、友成の名が認められること、叙爵の位階が特記されているなど、存在そのものを否定するのも躊躇がある。また、本曲の詞章に見える「今此の御代に住給ふ延喜の御事」や、『謡曲拾葉抄』に類似の内容が認められる状態[注2] を考慮すれば、本曲とない交ぜになった、彼を延喜の阿蘇大宮司とする、中世的伝承が存在する可能性も浮かんでくる。

現行脇能の「わき」から見ると、四〇曲のうち、「当今臣下・当今勅使」一六曲、特定の天皇臣下・勅使六曲、以上で現行脇能の五五%を占める。あとは、特定の神社の神職六曲、その他一二曲（僧二・中国帝王二・同臣下二・北条時政・梅津某・藤原俊成・白楽天・雄略天皇・彦火々出見尊）となり、友成は神職グループ唯一の、姓名が特定された人物である。『高砂』はわきが固有名詞を名乗る阿蘇大宮司を演じるという、現行曲全体から見ても特色ある役柄設定を持つ曲であり、阿蘇の大宮司の存在を強く意識した背後関係も考えられる。

この点についてはすでに天野文雄氏が、応永末年に上京滞在した、阿蘇の宮雑掌の存在を指摘されている。注3

役柄の意外性は、つれ姥が、住之江の松と契る高砂の松の精を演じるという「面白さ」にも現れる。動かぬ松が山川万里を経て契りを交わし、雄松が女松の元に通い続ける。戦闘といい訴訟といい、古来契りが薄れるとされた三年を過ぎて（『砧』）一〇年も夫を待つ妻（『鳥追舟』）は、能には親しい登場人物である。隔てられた契りは、寺の鬼瓦が愛しい妻に見えるほど、大名を物狂おしく大泣きさせる。（『鬼瓦』）世阿弥の時代、能のもっとも有力な、唯一ともいえる支持者　武家に、神の依代である松が、己と重ね合わされて身近に、心に染みて尊く感じられたことは、想像に難くない。住之江の松（して）は高砂の松（つれ）と睦まじく連れる。彼は阿蘇友成を迎えるためだけに、高砂に現れたのではないのである。つれ姥の役柄設定の「面白さ」と意外性は、『高砂』の魅力の一つであり、松の緑に託した幾久しい夫婦の契りを、前場でアピールする結果をもたらした。永遠に中空を彷徨う『井筒』のしてと比して、何という晴れやかな寿ぎであろう。『高砂』は古名『相生』から、戦国期にはすでに『高砂』と呼びならわされたという。母音の連続する『相生』とア行が濁音で締めくくられる『高砂』とでは、命名の妙は後者が勝れる。それを確かなものにしたのは、つれ姥の役柄設定の「面白さ」であり、前場の睦まじく寄り添う相老の姿が夕闇と松の緑に融けて後方に去り、そのやさしいプロローグに応えるかのように、太平楽を奏し万歳楽を舞う祝言のクライマックスが一気に後場に現れ阿蘇大宮司を都へ誘う、曲の構成にもあると考えられる。

『高砂』は場の設定も、並みではない。現在する前場（播磨高砂）・後場（摂津住之江　住吉大社社前）で平面的な場の移動を行う。この移動は、世阿弥自筆能本『阿古屋松』でも見られるが、脇能の通常モデルでは、前場、わきが道行して社前などの聖地に至り、遭遇した化身に神徳や遺徳、故事来歴を教示される。奇瑞の予告を信じ、わきが影向《ようごう》を待つ後場は、前場で到達した同じ聖地である。そこに神仏・鬼神・聖人が現れ、舞歌を奏し太平を寿ぐ。世阿弥が「直なる能」と語った（『世子六十以後申楽談義』以下『申楽談義』）『弓八幡』もこのパターンで展開し、現行曲『弓八幡』のつれは、テーマの統一にふさわしい「社人」が配されている。しかし『高砂』の待謡では、わき脇連は神の影向を待つ通常モデルは謡わない。「高砂やこの浦船に帆を上げて」は明らかに、場の転換を告げる第二の道行である。場の移動は海路高砂から住之江へ、黄昏時から夜神楽時までの僅か半夜の間に運ばれる。阿蘇大宮司　友成は、当時海路では泊を経て二・三日、貴人の場合安全のため陸路を取れば（『賀茂』）、三・四日の行程を、神秘の力に導かれ、疾風のように移動する。それは前しての、瞬く間に沖に去る様に予見されているかに見え、詞章は高砂から住之江へ、遥かな船影を俯瞰する。この奇跡は阿蘇の大宮司友成の存在を際立たせる一方、古代より高砂の位置する播磨を中心に瀬戸内に広大な神領を保有した、海神住吉の大神の威を自ずから示して、『高砂』のドラマ展開に類型的な脇能にないスピード感を爽やかに演出する。場の転換は、テーマの転換も付随し、常は前場に集約される神仏の奇特・寺社縁起や聖代賞讃が、この第二の道行や住吉の神と帝の相聞を高らかに謡い上げる後しての一声、神前の地住之江の明媚な風光描写で表徴的に表現される。『高砂』は和歌の神　住吉大社の神木「松」が、和歌政教一体、君と道との弥栄を説きつつ、夫婦の契りのとこしなえを体現する前場と、君と神の相聞・住吉三神の誕生・鎮まる住之江の明媚な風光・阿蘇大宮司を都へ誘う太平への期待と賛美を、アップテンポで溌剌と囃す神舞が舞われる後場という、複雑に交錯した多重構造を呈する。終曲部は、民の繁栄・君の寿命長遠を祈り、相生の神松を祝福し、あらたなる場の転換 ― 都へ向かう阿蘇大宮司を送る予祝を謡う。

住吉明神は影向する。それは夢幻の影向ではなく、聖代にみる奇跡の再現というスタイルを取る。この点は、わきが宇多院の臣下を名乗る『弓八幡』などの、脇能の通常モデルとも共通する。後場に「夢ばし醒まし給ふなよ」といった夢幻を表す詞章はなく、「消え消えに」という夢幻を象徴する表現もない。住吉の筒男三神は、三柱それぞれで現れるとき、愛らしい童子や童男の姿をかりる。三柱が一つの形で現れるとき、頭巾に長衣の道服、杖と団扇を携え、神さび白髯を垂らした翁が多い。ときには眼光鋭く逞しく大弓を引く老人となり、まきたときには凛々しい貴人ともなって、見る人に親しく現形した。注4 南北朝初期に成立したとされる『播州峯相記』第三十「酒見大明神」の項、『當國酒見大明神御影向縁起』には、白髪の老翁と貴女若君となって播磨に入り、国内を巡検する住吉大明神と五所の王子の姿を伝えている。住吉明神は現人神の神性を具有し、老翁のみならず、童子とも貴人の成年男子ともなって現れ、慕い寄るものを庇護し祝福する神であった。ドラマ設定は奇跡の描写をダイナミックに畳み掛ける。その晴朗さは、明媚な住之江の風光とそこに鎮座する住吉の現人神の神性にふさわしい。雄渾の謡と囃子は、住吉明神の神木　松に吹く涼風に融けて、松の奏でる松籟となり永遠の緑がすべてを包み覆い尽くすのである。

世阿弥は『高砂』について、「なをし鰭《ひれ》」があるという。彼のいう「なをし鰭」とは、前場・後場にある奇跡の場の移動をはじめとする、脇能の類型にない役柄設定・スピード感あるドラマ展開と複雑に交錯した多重構造を呈するプロットにあると考えられる。それは、神話の西の海に生まれ、播磨を中心に広大な神領を支配したみそぎの神・海神・和歌の神、現人神であった住吉の大神の神性とも深く関わる。

『住吉大社神代記』に見られる古代住吉大社の神戸は、二一四烟、摂津四〇烟・播磨八二烟・長門九五烟・欠損による国名烟数不明となっている。齟齬もあるデータの扱いには慎重を要するが、『延喜式』神名帳では、壱岐嶋壱岐郡・対馬嶋下郡・筑前国那珂郡・長門国豊浦郡・播磨国賀茂郡・摂津国住吉・陸奥国岩城郡に、住吉神社が分布しており、西海に重きを置く住吉大社の支配の概容が伺える。『住吉大社神代記』に見える神領は摂津膽駒・長柄・豊嶋城邊などのほか、播磨には、賀茂郡椅鹿山を中心とする神領九万八千四町が記されている。注5 椅鹿山は高砂が位置する加古川デルタ上流東条川流域一帯とされ、乙丑歳（天智天皇四675）年に宰領伎田臣麻が住吉大社領に認定し、住吉大社の杣山となったという。

「高砂」には「たかさごの　さ　いささごの」で始まる優しく初々しい催馬楽がある。「けささいたる　はつはなに　あはましものを　さゆりはなの」で終わるこの曲には、椿・柳・百合という植物が詠まれる。詩句のなかで「おのへにたてる」のは、「松」ではなく、古の歌謡に面影を残す「椿」であり、愛しい人に重ねて、川洲に揺れる「柳」が、野辺に咲く「百合」が風にそよぐ。注6『萬葉集』では、松は七九首、萩や梅などに次いで多い。そのなかでも浜辺の松は三〇首に及ぶ。「住吉」でも松が詠われる。その一首。

1159　住吉の　岸の松が根　うちさらし　寄せくる波の　音のさやけさ

しかし、高砂の松は詠われていない。松が高砂と分かちがたい景物となるのは、『古今和歌集』においてである。

細石に喩へ、筑波山に掛けて君を願ひ、喜び身に過ぎ、悲しび心に余り、富士の煙に寄そへて人を恋ひ、松虫の音に友を偲び、高砂、住の江の松も、相生の様に覚え、男山の昔を思ひ出でて、女郎花の一時くねるにも、歌を言ひてぞ慰めける。

『新日本古典文学大系』5　『古今和歌集』仮名序　和歌の歴史2　部分

「仮名序」で松と「高砂・住の江」がイメージアップされ、それに応えるかのように、巻第十七　雑歌上

題しらずよみ人しらず　では、住吉の岸の姫松二首がある。

905　我見ても　久しくなりぬ　住の江の　岸の姫松　いく世へぬらん

906　住吉の　岸のひめ松　人ならば　幾世かへしと　問はまし物を

「いそべの小松」一首が続く。高砂の松は二首ある。

908　かくしつゝ　世をや尽さむ　高砂の　おのへに立てる　松ならなくに

909　たれをかも　知る人にせむ　高砂の　松も昔の　友ならなくに　藤原興風

貫之は、その私集に、「いたづらに老いにけるかな高砂の」と、老後の無為孤独を高砂の松になぞらえて語りかける詠歌があり、承平六936年正月頃の、猟官の献上歌とおぼしき歌が『後撰和歌集』に収集されている。注7

463　いたづらに　世にふる物と　高砂の　松も我をば　友と見るらん

歌人たちは、高砂や住之江の松と自分とが相生であるように感じるという。人生の年月を重ねたしめやかな感情移入表現は仮名序に応えるだけでなく、古今和歌集では、918まで続く淡路島・玉津島・なには潟の、はるばると広がる海原の歌と響き合う。

万葉の人々に親しまれ、また住吉大社をはじめとする神々の神木であった松は、青い山々の尾根をたどり、海原遠く住吉から高砂にまで松籟を通わす歌枕となった。古今の歌人が遥かな松と重ねて、年を経た我が身を詠う感情移入表現を展開し、遥かに心をかよわす相生の松の精を影向させた『高砂』は、中世的神像が現在にまで謡い継がれた象徴でもあろう。

現行『高砂』の曲名は、享徳元1452年二月一五日『拝殿方諸日記』「金春大夫薪社頭能」に見える。世阿弥の伝書に『高砂』の曲名はない。老・女・男　三体の能作書『三道』（応永三〇1423年二月六日奥書）「大よそ、三体の能の（懸）近来押し出し[て]見えつる世上の風体の数々」には、「八幡　相老　養老　老松　塩釜　蟻通　如此老体の数々。」とあり『申楽談義』「八幡　相老　養老　老松　塩釜　蟻通（以下一六曲略）是、以上、世子作。」と同じスタイルでリストアップされた『相生』がある。「老体」のモデルは、『三道』に、

一　老体。是、大方脇能の懸也。先、祝言の風体、開口人出て、次第より一謡一段に、音曲、五七五、七五〳〵と行く事、七八句謡ふべし。（中略）

さて、為手の出て、自是破一段、老人の夫婦などにて、五七五・七五の一声より、七五〳〵二句過

て、さし声より七五〳〵と行く事、十句斗也。（下略）

と「大方脇能の懸」「老人の夫婦などにて」として、句数・序破急などが詳細に例示される。[注8] それが、現行『高砂』に一致することは、先行研究で実証され、[注9] 現在では、『相生』は『高砂』の古名であり、作者は世阿弥であるという認識が定着している。また、『三道』に挙げられた三体のうち「女」「軍体」二体については、曲趣や演技の特色などが記述されるのみで、句数や構成に老体で示されたような具体的な例示はなく、現行『高砂』の伝える規範性が、世阿弥自身「脇能」とも呼んだ「脇の申楽」が、応永末年にモデルとして固定化された、もっとも先行する作品群であったことの証左ともなっている。世阿弥が自ら「世子作」とした『相生』の成立を明示する史料は発見されていない。『相生』は現行『高砂』の応永末年頃の古名であり、すでに世阿弥によって、作能の規範とされる安定した作品と位置づけられていたと考えられる。

高砂は、いわゆる「播磨の五泊」室津―韓泊―明石―兵庫―川尻の一日の行程となる湊泊に名を連ねていない。高砂は手枕松・尾上松・高砂松・曽根松と「播磨の四松」に見え、景物・歌枕として意識されることが一般的である。南北朝期の播磨が、古代から続く住吉大社神領に重きをなしていたことは、正平九1354年八月の住吉大社「造営金銅金物用途支配注進状」からも知ることができる。

「造営金銅金物用途支配注進状」によれば、大社神領のうち、摂津一八か所　二九八貫七四二文・播磨二八か所　四二九貫九〇〇文・和泉八か所　四二六貫九〇〇文・河内二か所　三一貫五〇〇文・丹波　二か所　三三二貫六〇〇文　となり、ほかに職五八が記録されている。播磨は貫文にして四六・〇%を占める。

当時の播磨の神領は古代の神領、住吉神社の所在などから、加古川中流の本支流　河口の高砂から明石　明石川にいたる海岸と明石川流域が推定されている。高砂は大社の杣山の材木が集積する港であり、古代には『経国集』巻一三　五言「次播州高砂」、中古には高倉院厳島御幸に見るように、瀬戸内を往来する海路と陸路の中継地でもあった。注10『住吉松葉大記』氏族部には、「高砂御厨」があり、『住吉社神主並一族系図』津守国基の項には、応徳三1086年高砂御厨検校の注記がある。住吉大社の神木「松」が高砂・住之江と並び称され、歌人の感慨を呼んだのは、神代から伝えられた住吉大社の海上支配の要ともいえる高砂の経済的位置にもよると考えられる。

播磨の住吉信仰は、沿岸部に留まるだけでなく、高砂が大社の杣山　椅鹿山を後背地としていたように、丹後や摂津に近い内陸にまでも広がっていた。大社には元応二1320年三月十七日付の、同社領丹後国油井村雑掌の訴えを認め酒井庄土民の濫暴を糾弾する後醍醐天皇綸旨が残存している。また、兵庫県三田市大瀬川に鎮座する旧村社　住吉神社本殿内陣にも、応永九1402年の銘を有する懸仏四体が現存する。本殿は桧皮葺三間社流造であるが、その内陣の墨書銘より、建立は永享八1436年と推定されている。文永二1265年の棟札は、同年一一月三日付で行われた二一年毎の遷宮のものという。「大川瀬住吉神社文書」によれば、その諸役は黒田・味間諸庄をはじめ、二四か村・一〇万八千町歩の社領に及んだ。『延喜式』播磨国賀茂郡の住吉社は、今の兵庫県加西市北条町の住吉酒見社と見られ、三田市大瀬川の社は『延喜式』に比定されていない。また、成立の詳細も未詳である。

同社は江戸中期まで播磨清水寺との争論に苦しみ、氏子は四散、ついに大瀬川村一村の社となった。しかしその存在は、『高砂』成立当時、摂津に近い播磨内陸部のこの地にも、数百年にわたって住吉信仰を守り遷宮に勤しんだ営為があったことを、今に伝える証となっている。

南北朝室町初期の播磨は、白幡城・城山城を拠点とする赤松氏が守護であった。赤松氏は播磨国佐用郡赤松村を本貫とし、応永当時の惣領義則は播磨・備前・摂津、明徳の乱後は美作の守護職を兼ね、一色・山名・京極家とともに四職と称されて、康暦元1379のほか応永年間にも、六1399・一三1406年等、侍所所司に任じられている。赤松氏は尊氏西走に後ろ盾となった円心以来、室町幕府を支える最有力の守護大名であった。円心の子則祐が春王（後の三代将軍義満）を庇護した白幡城は、千種川に臨む標高四四〇メートルの山頂に築かれ、その播磨支配は播磨西部、千種川の中・上流域を中心に、北は丹波南部・西は美作備前・東は播磨の揖保川・夢前川・市川流域に及んでいた。同氏が揖保川上流の播磨一宮　伊和神社を手厚く庇護し、播磨東八郡西八郡の両守護代がともに書写山に近い夢前川中流の坂本城で勤務していたこと、寺社造営に見られる用材の徴発が三方庄・矢野庄など西部の荘園に多いこと、そのほか、荘園領主との抗争・主力城郭の位置・配下の豪族の居城など、赤松氏の支配が播磨の西部を本拠とする点については、本論のテーマから、これ以上の言及は避けたい。しかし、『高砂』の固定化が確認される応永末年、室町幕府にとってまたその有力守護赤松氏にとって、播磨東部に古代から広大な神領を伝承する住吉大社の、信仰の営為に現れた実効支配は、聖代の影向というフィクションでは覆いがたい、シビアな現実そのものであったと考えられるのである。

2　南北期室町前期の住吉大社と阿蘇大宮司

住吉大社に残る後醍醐天皇の綸旨は、度々の神職宣下のほかにも、手厚い庇護と親密な交流を伺わせる。住吉大社の神職は、津守氏の世襲するところであった。津守氏は代々和歌をよくし、三九代神主国基は勅撰集に二〇首入集し、歌集『津守国基集』を編んでいる。雅楽を自ら奏して、笙・笛・方磐・和琴・太鼓の名手が一族に多く、綾切（永暦二1161年銘）などの古舞楽面九面や舞装束が伝わり、南門・楽所と石舞台を今も備える。元徳二1330年、津守國夏は同年三月廿七日催される延暦寺大講堂の供養に「師子」の奉仕を下知されている。注11

來廿七日延暦寺大講堂供養　可有師子曲　可存知之由　可令下知國夏給之旨　天気所候也　仍執達如件

三月十九日　中宮亮（花押）

謹上　蔵人少将

仏教では、師子は百獣の王であり、また人の王である仏の象徴でもあった。「師子」は、伎楽の最初に演奏される曲目である。中世の大法要には伎楽や雅楽の演奏が伴う場合が多い。師子は王城鎮護の寺　延暦寺大講堂にふさわしく、その奉仕は津守氏にとって名誉でもあったろう。綸旨からわずか十日の猶予を残した下知は、津守氏の舞楽の高い習熟度と伝承、それに対する後醍醐天皇の信頼を推測することができる。

大社は建武元1334年遷宮を行った。後醍醐天皇は、住吉大社造営料として唐船用途二〇万疋を寄進されている。（元弘三1333年七月三〇日　綸旨）特に興味深いのは、延元元1336年四月二一日付同天皇の綸旨である。

當社領等事　任神代記並代々勅裁以下證文旨　當知行之舊領　永代管領不可有相違者　天気如此　悉之以

状

ここに勅裁・證文に先んじて社領知行の根本文書とされた『住吉大社神代記』は、天平三731年に神主津守嶋麻呂・客人が上進したと伝えられ、住吉大社の古縁起・流記・古系譜・神宝・神領など、独自の諸伝・豊富な地誌が撰録されている。『古事記』『日本書紀』神代上下で、筒男三神の化生・墨江三前の神・天照大神との親和が記述された住吉の大神はみずから、神功皇后の「背」ともいうべき存在と活動を顕し、広大な古代神領の支配領域を具体的に提示する。後醍醐天皇は綸旨で同社の永代管領の根拠に、住吉信仰の根本史料である神代記を置かれた。天皇はその親政の宗教的政治的なスタンスと復古の理念に基づいて大社を擁護し、それは住吉大社が仰ぐ大神の信仰と支配を、古代をモデルに保障するものであった。大社は瀬戸内交通と支配の起点となる堺荘領家職・地頭職安堵を保証された。

住吉大社は、正平七1352年二月二八日から閏二月十五日、同一五1360年一〇月から二三1368年三月まで、両度に渡り後村上天皇の行宮となり、同天皇崩御ののち、長慶天皇は大社で践祚され、同年一二月二四日吉野還幸された。大社が行宮となる前年の、正平六1351年一二月一四日の後村上天皇綸旨は「住吉神主三位殿」とあり、津守氏は南方から三位を叙爵されたようである。

北方との関係が認められるのは、『住吉詣』で知られる、正平一八1363年四月　室町幕府二代将軍足利義詮が行った住吉大社参詣である。しかしその後も住吉には、後村上天皇の行宮が置かれており、長慶天皇の践祚もあった。

住吉大社と北方との関係は長慶天皇が吉野に還幸された後、徐々に変化の兆しが見え始める。応安四1371年東大寺は後光厳院より鎮守八幡宮修造料として、堺浦目銭徴収権獲得する。さらに同寺は永和二1376年六月大勧進を設置し、翌年堺浦北荘関務・雑掌目銭徴収契約を結んだ。住吉大社が南方の朝廷から安堵された堺荘領家職・地頭職は変質する。康暦二1380年の後圓融天皇の綸旨は、大社の舞人楽人挙げての舞楽の奉仕を住吉神主に下知している。

宸筆御八講舞楽並楽所始料　當社舞人並楽人等　悉可被召進之由　被仰下之狀如件
　正月廿五日　　　　勘解由次官
　　住吉神主殿

住之江に幾世経て生い茂る松を、人々は愛でて「姫松」と呼ぶ。その松が根に座して、さわやかに澄み渡る月に笛を吹き、淡路島に通う波と松籟に笙を奏で歌を詠った。住吉の大神は管弦を愛で学芸とともにあり、その習合の根底には、和歌の神としての神性がある。神職津守氏にとって、舞楽の奉仕は朝廷に対する帰属を明らかにする行為でもあった。応永四1397年権神主津守國廉の神職宣下の翌年、住吉大社神主津守國量は北方の朝廷から従三位に叙せられている。応永一八1411年木作始、同二六年瑠璃今丸の御教書召し返しを始めとする神職補任など、以後住吉大社朝廷関連の文書は、すべて北方のものとなった。明徳三1392年の南北合一より五年を経た応永五1398年の、住吉大社神主津守國量の従三位叙爵は、北方への帰属を確定する時事であったといえる。

摂津一之宮　住吉大社の主祭神は、底筒男命《そこつつのおのみこと》・中筒男命《なかつつのおのみこと》・表筒男命《うわつつのおのみこと》筒男三神と息長足姫命《おきながたらしひめのみこと》（神功

皇后）である。神話の西の海に生まれた三神はみそぎの神・海洋の神であり、神功皇后と神託によって舟人や漁人の神にとどまらず、軍神として朝廷を庇護し海上の安泰を擁護する神となった。住吉の大神は異国に向かう船の舳先に祀られ、津守氏は遣百済使・遣高麗使・遣唐使となって渡海する。神は現形して人と歌で交わり、朝廷・都と近しい明媚な風光は、和歌をはじめとする文学・学芸、優美な舞歌や工芸を育む神性を習合した。古代から大社の神職を世襲する津守氏はそれを体現する存在であり、その去就は時勢の影響もさることながら、祀る神に関わりまた規制される。阿蘇宮大宮司についても、それは不可避の条件であった。

阿蘇神社は肥後一之宮、主祭神は火山神　健磐竜命《たけいわたつのみこと》である。阿蘇信仰は、中岳噴火口・火口池の崇拝から始まる。それは古代国造阿蘇氏の阿蘇地方の開拓に伴い、火山神・水神信仰に農耕・国造祖神信仰を組み込んでいく。阿蘇地方は主峰高岳一五九二メートルと四岳、カルデラと外輪山を含み、九州背梁山脈の中央にある。火口原は南北約二四キロ東西一八キロ、外輪山の裾野の一部は大分・宮崎両県に跨る。阿蘇のたび重なる激しい火山活動は、神意や神の託宣として朝廷からも尊崇され、奉幣・社殿の造営など、国家的な庇護を受けた。阿蘇大宮司は、健磐竜《たけいわたつ》・阿蘇比咩《あそひめ》・国造三社を奉斎した古代国造から神武天皇皇子神八井耳命《かむやいみみのみこと》の裔という系譜に位置付けられていく。「大宮司」阿蘇氏の史料上の初見は、保延三1137年の宇治惟宣である。注12 朝廷を本所として荘官（社領の管理者）の補任を受け、氏族・地方共同体の司祭者・行政者から荘園を経営する領主・阿蘇地域を支配する棟梁として、武装集団を率いるようになった。神事の催行は權宮司家と社家・巫・末寺に分離される。中世の阿蘇大宮司家は阿蘇社統括の惣官ではあったが、地域の国人領主として阿蘇・益城両郡の政教支配の頂点に立ち、阿蘇社の神威と軍事力・経済力を保証する武士団の棟梁として活動した。それは、活発な火山活動によって恐怖と畏怖とを与える火山神健磐竜命の中世的体現であり、九州内陸を占め古代中世の行政区を越えた宗教的権威を荷った、阿蘇地域の支配者に課せられた地政治学的一適応であり、宿命であったかもしれない。

　南北朝期の九州は、各勢力の混沌とした軍事的抗争の坩堝と化していた。阿蘇大宮司は六波羅攻め・箱根の合戦にも従事した形跡があり、九州一地方の合戦の趨勢を左右するだけでなく、阿蘇神社の神威を体現した武将として、南北双方の注目するところであった。文禄弘安の役以来、関東武士は北九州防衛を担い、以後土着の豪族と合戦を通じて緊密な政治的軍事的関係を築いている。建武元1334年足利尊氏はすでに、後醍醐天皇より九州の統率権を認められた。彼は一時都を放棄して西走したちまち劣勢を回復する。尊氏をはじめ、その子直冬・弟直義・高師直・今川了俊・二代将軍義詮・三代義満など、北方の名だたる武将の書状・感状・御教書はいうまでもなく、後醍醐・後村上・後亀山天皇などの綸旨が阿蘇文書に錯綜し、そのいずれもが阿蘇大宮司家の神領・神職安堵と軍忠に、関心と期待を示している。なかでも征西大将軍宮懐良親王は、興国元1340年六月以降、後村上天皇の綸旨を得て九州の支配を委任され、現地に下着して大宰府を抑え、九州諸士に出陣を促されるなど、征西将軍宮令旨を発して積極的に各豪族に帰属を促された。阿蘇大宮司については、征西将軍宮に拠りながら北方とも微妙なコンタクトを保つ惟澄、尊氏との連携を計りながら後に征西将軍宮に帰順した惟時、尊氏が立てたと伝えられる惟春と、一族のなかでの多様な動向が見える。惟澄の子惟村は、嗣子をすべて合戦で失った惟時の義子に迎えられる。惟村と維武兄弟は、それぞれ北方と南方に帰属し、惟武系は征西将軍宮側にあって本社が所在する阿蘇郡を、惟村系は室町幕府から大宮司を認められ益城郡を支配した。南北両朝合一後、次第に九州で幕府が優位に立つにつれ、応永三〇1423年惟村の子惟郷が天顔を拝したと伝えられている。宝徳二1450年惟村系の惟忠が惟武系の惟歳を養子とし、両勢力は合意合体に向かった。寛正五1464年の御田植祭は、社家との間に惣官としての地位を再確認する神事とされている。しかし、阿蘇宮大宮司が益城・阿蘇両郡の統一支配を回復するには、惟村系の惟憲が、維武系の惟歳・惟家を破った文明一七1485年の矢部幕の平合戦を待たなければならなかった。『阿蘇系図』熊本県立図書館蔵上妻文庫本は、南北朝室町初期、「阿蘇文書」とも照応し、史実と伝承が微妙な関連を示すようになる。注13 系図を参考に、世阿弥の時代前後　南北朝室町前期の阿蘇大宮司の動向を整理し一表とした。これをヒントに考察を深めたい。（表一参照）

上妻文庫本には、大宮司・阿蘇大宮司・阿蘇宮大宮司の尊称がある。「阿蘇宮大宮司」は二〇代友成より始まる。友成は『高砂』のわきに仮託される人物である。諱の上にある代を表すナンバリングは、三〇代惟義まで阿蘇大宮司または阿蘇宮大宮司の尊称を付された人物だけに付けられている。三一のナンバーはない。そこから四七代惟将までは表の例と同じく、大宮司の尊称とナンバリングは一致しない。四七代惟将には天正一一1583年一二月二日卒の記が残るが、四八代惟種には尊称と母以外の特記はない。四九代惟光は、文禄二1593年秀吉に謀殺された。歳は一二歳であったという。五〇代惟善に至りようやく、徳川氏より大宮司として三五〇石を知行された。慶長五1600年のことという。南北朝から戦国期三〇〇年に及ぶ動乱のなか、阿蘇大宮司は阿蘇の宮の神威を体現する、勇猛な武将として生命を賭して戦い続けた。大宮司・阿蘇大宮司・阿蘇宮大宮司の尊称とナンバリングの不一致はその時期と重なる。

表にまとめた系図上の阿蘇大宮司で、「拝天顔」の記を持つのは、三三・三五代惟時と四〇代惟郷である。三三・三五代惟時は元弘・建武の内乱で六波羅・箱根など中央の戦いに参戦したとおぼしい記事が見え、「拝天顔」の記は事実無根とは判断しがたいものがある。南方の天皇には、阿蘇大宮司の上京を促す綸旨も見える。惟時の家は大宮司家のなかでも戦闘活動に積極的であり、二人の子惟直・惟成を延元元1336年三月二日に戦闘で失った後、彼は興国四1343年より一時尊氏に降った。それは、実戦での力量の差と趨勢を見極めての判断ではなかったかとも考えられる。しかし、惟時は南方から討死した子惟直・惟成の恩賞を与えられた翌正平四1349年、再び南方に帰順し同八年討死する。彼は娘の子惟村を養子に迎えていた。おそらく嗣子二人を失って以後のことであろう。惟村の父は甲佐城主、惟時の跡を承けて阿蘇大宮司となり子惟村と交互に大宮司の任を継いだ、惟時の義子ともされる惟澄である。惟澄には、肥後国守護に任ずる将軍義詮御教書・阿蘇社務職・神領安堵の征西将軍宮令旨が錯綜し、彼が残した諸文書には、神領横領防御の傾向が伺える。惟澄の活動は一族の統率と融和に向けられた。正平一九1364年七月一〇日付「これすみか遺跡等事」の定書は、惣領と男女庶子の所領分与、惟村・維武の相克をとりなし、維武が先非を悔いるならば扶持し、彼に同調した輩でも帰参すれば扶持するよう惟村を説く。彼は右手が利かなくなっていたらしい。その旨断って手印を押している。惟澄の嗣子惟村はこの年、一時南方に帰順したものの、再度足利氏に降り、九州探題今川了俊に軍忠を賞され肥後守護職を補任された。（康暦元1379年了俊書状）彼は応永一〇1403年に肥後国守護の知行を継続する書状を得ている。（九州探題渋川満頼書状）もう一人の子維武は征西府令旨を奉じて天授三1337年討死した。南方に帰順したとされる阿蘇大宮司で討死・自害を免れたのは、惟澄ただ一人である。阿蘇大宮司家の戦術・戦略・軍備などを計り知る史料を管見することはできなかった。ただ、古代国造の系譜・阿蘇の神威の維持と発揚は、天皇への忠節と不可分であり、勤王は大宮司にとって責務に近く、その戦闘は栄誉であったろう。血族の屍を踏み越え戦った大宮司家にとって、惟郷の「応永三十年拝天顔」はたとえ伝承・風聞の域にあるとしても、闘争を鎮静させる影響を及ぼしたと推測される。その死は「薨」の表記が当てられている。

表一　南北朝期の阿蘇大宮司（次頁）

代名	職名	継承関係	北方関係	南方関係	備考
三二 惟國	大宮司	父阿蘇宮大宮司惟景	建武年中尊氏立之（孫熊丸）		父惟景弘安役出兵
惟春	阿蘇宮大宮司	父阿蘇宮大宮司惟景	（孫熊丸乙房丸に大宮司職を譲る）		建武三1336年将軍家下文 暦応四1341年師景書状
三三 惟時 三五	阿蘇宮大宮司	父阿蘇宮大宮司惟國	足利尊氏六波羅攻建武二1335年新田義貞箱根竹下合戦ニ従フ 興国四1343年降尊氏	延元三1338年拝天顔 正平四1349年帰順 同八1353年筑前飯盛山討死	
三四 惟直	阿蘇宮大宮司	父阿蘇宮大宮司惟時		元弘三1333年奉大塔宮令旨 延元元1336年多々良浜合戦之時自害 正平三1348年惟成・惟直討死恩賞	命日三月二日 親庭書状
惟成	大宮司	父阿蘇宮大宮司惟時		延元元1336年於肥前國討死	命日三月二日
三六 惟澄 三八	阿蘇宮大宮司	父阿蘇宮大宮司惟景の孫 惟種・阿蘇宮大宮司 惟時義子		建武延元以降奉勅於甲佐	正平七1352年 譲状・定書 妻大宮司惟時女
三七 惟村 三九	阿蘇宮大宮司	父阿蘇宮大宮司惟澄 阿蘇宮大宮司惟時為子	正平一五1360年降尊氏 後再降尊氏	同一九1364年帰順	母大宮司惟時女
四〇 惟郷	阿蘇宮大宮司	父阿蘇宮大宮司惟村	応永三〇1423年拝天顔 文明二1470年六月一二日薨		
四一 惟忠	阿蘇大宮司	父阿蘇宮大宮司惟郷	文明一七1485年五月卒		
惟武	阿蘇宮大宮司	父阿蘇宮大宮司惟澄		奉征西府令旨 天授三1377年八月於筑前蜷打戦死	
惟兼	阿蘇宮大宮司	父阿蘇宮大宮司維武		奉征西府令旨?	
四二 惟歳	阿蘇宮大宮司	父阿蘇宮大宮司惟兼 大宮司惟忠為子			

惟村系の阿蘇社領・社務職安堵の将軍御教書は、至徳二1385・応永四1397・五年（義満→惟村）・応永二四1417年（義持→惟郷）永享五1432年（義教→惟忠）などが確認できる。惟郷は、応永一三1406年惟村より社領・社務職を譲られ、応永二四1417年には管領細川満元、二五年には九州探題渋川満頼からも、御教書に重ねて施行状を与えられ、所領社務職を安堵された。彼は阿蘇社規式を定めたらしく（永享三1431年）祭礼の励行を起請する阿蘇社祠官連署の文書も残され、（応永三〇1423年）阿蘇社領・社務の整備に努めている。しかし、惟武系惟兼の社領社職の競望によって、合戦に及ぶ事態が起こった。（応永三〇年三月阿蘇大宮司惟郷雑掌申状）さらに惟郷と惟兼双方が相伝の証状・証文を添え、目安状を捧げて雑掌を上京させる訴訟へと発展する。（同年惟郷雑掌申状）成敗は延引して奉行の裁許披露はなく、同年一二月惟郷の雑掌が在京堪えがたきを愁訴している。

翌応永三一1424年三月日阿蘇大宮司維郷自身の申し状によれば、、惟兼は九州探題上使小早川則平の要害破却の制裁にも関わらず、水口城に立て籠っているらしい。訴訟は去々年（応永二九年）七月一一日の九州探題奉行飯尾清藤の、證文等の上覧を勧める書状が発端のようである。代々の証文御判を調え、雑掌が上洛のうえ点検・取調べを重ねて同年九月一一日飯尾に提出、飯尾が進上し九州探題渋川喜俊が推挙したという。応永三〇年二月二九日上覧を得、裁許を待つばかりであった。惟郷の雑掌は応永二九年八月二六日より召文に応じて上洛し、庭中で三度言上したらしい。関係の申状は五通あり、「阿蘇大宮司惟郷謹言上」は応永三〇年八月日・応永三一年三月日、「阿蘇大宮司惟郷雑掌謹言上」のタイトルは、応永三〇年三月日・同年一二月日・年月日不詳　応永三〇年惟兼雑掌以虚言申上間万福寺重而言上仕案文である。惟郷もその雑掌も、宮方に対する惟村をはじめとする父祖の軍功を述べ将軍家の御教書・各証文の正当を主張して、惟兼の横暴を訴えている。

惟郷の動向については、九州探題奉行小早川常嘉則平が彼にあてた、応永二九年一一月二日とされる興味深い書状がある。

先日進状候、又御使に委細御返事申候了。抑可有御出津之由、申候之處、聊御物忩之由、御代官へ申候上ハ、不可有御出候、其子細探題よりも蒙仰候、随而被屬御手、弥々可被致御忠由、御状を給候て、京都へ可注進仕候、次菊池敷々致沙汰候由承候、彼方へ硬申候、於身不可有等閑候、毎事期後信候、恐々謹言、

十一月二日　常嘉　花押

阿蘓太宮司　殿

訴訟が動き始めた応永二九年、小早川則平は危険を理由に出津（出港）を止める意向を惟郷に伝える。探題の手下にあって軍忠に励めば、京都にはよきに注進するという。菊池の違乱も鎮めるという。文面からは、惟郷の関心が都にあり、彼の出港はそのためであったと推察できる。惟郷の不在は惟兼の不穏な動きに加え宮方の動向を刺激して、九州の状況を不安定にする恐れがあった。また、阿蘇大宮司は九州中央山地阿蘇地域の領主であって、長期の海上の移動は、経験に乏しい。則平の意向はもっともに見える。実際、訴訟の申し状から見る限り、惟郷側の実務は雑掌をもって進められており、あしかけ三年に及ぼうという膠着状態に耐えがたく、重ねて言上しているのも彼の雑掌である。成敗の延引は当時の常識であって、その要因は様々であった。この訴訟でも進上した九州探題に人事があり、惟郷は応永三〇年、あらためて九州探題の推挙を取り付けて申し状をもって訴えている。しかし、そうした状況は惟郷の上京を否定するものではない。訴訟の延引と雑掌の長期在京は、大宮司参進の期待と可能性や風聞を高める要素でもある。

惟郷は、宮方歴代の大宮司が血族の骸を踏み越えて戦い、自害や討死を遂げる状況に直面していた。大宮司

の血脈は嗣子養子を継ぎ一族祠官の結束や再編で補強の努力が計られている。訴訟は彼に、阿蘇大宮司一族が七〇年余にわたって捕えられていた闘諍の軛から、解き放たれる可能性を拓くものであった。能『高砂』では、阿蘇の神主友成の道行はすべて、海路を辿る描写である。すでに応永五1398年、北方に帰属していたと見られる住吉大社がひそかに、阿蘇大宮司が竜顔を拝する機会を掴み、都への海路を保証したとき、神主友成の道行は現実そのものとなる。それは三位の叙爵を得た、摂津一の宮住吉大社の神主津守氏においてこそ、可能でもあろう。惟郷は大社の保有するルートに守られて迅速な上京を果たし、天顔を拝したのち直ちに、無事阿蘇の本貫に帰還したのではあるまいか。果敢な阿蘇大宮司には、小早川則平の書状はむしろ、上京を隠す格好の煙幕と判断されたかもしれない。阿蘇大宮司が天顔を拝することは、彼自身だけでなく住吉大社、また北方の朝廷と幕府にとっても、たとえ風聞にしろ、願ってもない成果である。『阿蘇系図』の惟郷「拝天顔」は、九州探題奉行小早川常嘉則平の理にかなった現状認識と意向を越えた、惟郷の奇跡的な上京と天顔を拝した栄誉の、痕跡なのではなかろうか。彼の上京は応永二九年の小早川書状から遅くとも三一年の惟郷申し状周辺が推測される。『高砂』の固定化の時期を考え合わせれば、申し状のある応永三〇年はむしろ下限であろう。惟郷と最期まで敵対した維武の後、阿蘇大宮司の自死・討死の記録は、『阿蘇系図』から消える。惟郷がそのキーパーソンであることは、阿蘇社統括の惣官としての機能が再考再編成され、阿蘇大宮司の阿蘇地方を支配する棟梁としての活動は、祭祀者としての権威の高まりとともに、影を潜めていく状況からも察せられる。しかしそれは豊臣秀吉に、賊蜂起の風聞にだけで、わずか歳一二の阿蘇大宮司惟光を謀殺させるような、修羅の幻影を保ち続けたのである。能『高砂』は、聖代の奇跡に仮託して描かれた、ともに太平を希求し死者と魂の平安を祈って闘諍の世を生き抜こうとした人々の、魂の現実であり真実の投影なのであって、それこそが現在に至るまで、私どもの心を揺さぶり惹きつけてやまないその魅力なのであろう。

3　詞章にあらわれる神

高砂で阿蘇の神職友成を迎えたのは、詩歌と一体となった地神　聖なる歌枕にある神であった。前場の登場歌で、してとして連は美しい高砂の夕景を謡う。「高砂の。松の春風吹きくれて。」高砂の　松吹く風に日は傾き嶺には日暮れの鐘がひびく　この一声の出はすでに、大江匡房の本歌を踏まえる。「波は霞の磯隠れ。」波はたちこめた霞に隠れ　磯も見えず　潮騒で潮の満ち干が知られる　波の響き、そして、霞に見え隠れして浮かぶ磯馴松。古今和歌集藤原興風の歌「誰をかも知る人にせん」が上の句まで朗誦される。朗誦の詩形は下の句に入ると崩され、歌の心が、二人の老いの侘び言に引継がれる。「過ぎこし世々は白雪の。」過ぎ去った年月は遠く降り積もる雪に似て夜寒の目覚め・遅れる孤独・過ぎ行く時の虚しさ、歌枕「生の松」に響かせて「かくなるまで命ながらへて」こんなになるまで命を永らえて　この後いつまで生きるのだろう　肩上ゲの水衣にサラエ・杉箒を持ち「年老いた鶴」は寄り添って木陰の塵を掃く。そこには、自然神の面影を湛え詩歌と一体となって聖なる歌枕に生きながら、限りなく人間に近づく神の姿がある。

高砂・住之江の松にかかわる「相生」「相老」は、『古今和歌集』においては、高砂や住之江の松と自分とが相生であるように感じるという歌人としての感情移入表現であった。能『高砂』では、古今仮名序「高砂、住の江の松も相生のやうに覚え」に拠りながら、わきは「高砂住江の松に相生の名有」とその謂れを問う。「當所と住江とは國を隔てたるに。」ここ（高砂）と住吉とは国を隔てているのに　なぜ相生の松と申すのでしょうか　この問いそのものに、詩歌の聖典『古今和歌集』に対する、おおらかに「かたち」ある想念とイメージで満たそうとする、中世的享受を見ることができる。松は住吉の大神の神木である。能『高砂』では、高砂と住之江の松が山川万里を隔てられながら、睦まじく心を通わせる相老の夫婦として、影向の姿を現す。その和合の姿は、修羅闘諍の世に、互いに隔てられながら一族郎党と戦いをともにし、支えあった夫婦像と重なる。寄り添って木陰の塵を掃く健やかな姿は見所にある人々に、いつしか命を全うし、共に白髪で寄り添う奇跡を、目の当たりにする思いを掻き立てたであろう。「相老」の遥かに隔てられながら心を通わす松の精という神像は、近世では姿を消していく。『日葡辞書』　アイオイノマツ　くっついて植わり、くっついて成長している松。現在の高砂神社が保存する松（五代目という）は、黒松（男松）と赤松（女松）とが一本の幹から生えている双生の姿である。

住之江と高砂の松は友成に問われるままに、「相老の松」についての中世古今注を物語る。はじめに「昔の人の申しは」昔の人が申しましたのはこれはめでたい御代の譬えである、和歌の道が栄えた高砂＝万葉・住吉＝古今の「相生」古説、地謡の初動「四海波静かにて」四方の海は波静かに　国も治まり　を境に、「高砂の松のめでたき謂れ」高砂の松のめでたい由緒　高砂住吉夫婦松の「相生」新説。ここで古説とされる中世古今注は『古今和歌集序聞書』（三流抄）・『毘沙門堂本古今注』など、鎌倉後期頃から成立した中世古今注であることは、先学によって実証されている。注14　『古今和歌集序聞書』（三流抄）の該当箇所と、『高砂』の詞章を比較すると、高砂雌松の「面白さ」が見えてくる。

（前略）

高砂住吉ノ松モ相生ノ様ニ覚ヘテト云事ニ二義アリ　一ニハ高砂モ松ノ名所也　住江モ松ノ名所也　カ

レ　是ノ松ノ一ツニ生合タルガ如クニ　今此道ノ栄ヘタル事有ト云ヘリ
問　高砂ハ播磨　住吉ハ摂津国　其間三日路也　彼松何ゾ生合事有ラン　不審
答云　実ニハ　是実義ニ非ズ　序ノ　作リモノトテ　家ニ習フコトアリ　高砂トハ　上古ノ桓武　平城等ノ万葉ヲ撰ジ玉ヒテ　歌ノ道ヲ盛ンニセシメ玉フ事ヲ云　住ノ江トハ　今世ニ御座ス延喜ノ御門　躬恒貫之ヲ召テ　古今ヲ撰ジ　歌道ヲ盛ニシ玉フ事ヲ云也　松トハ　松ノ葉ノ久シキガ如ニ和歌ノ久シキヲ云　相生ノヤウニ覚ユトハ　彼上代ノ御時ト今ノ延喜ノ御門ノ御時ト此道ヲ賞スル事相同ジクオボユルト云義也（下略）

『三流抄』は「相生」に二義を主張する。一は、和歌の道の栄え（高砂・住吉の両名所の松が一所に生え合わさったような盛んな有様）、次いで家伝として、高砂は上代の万葉、住吉は当代延喜の古今――ともに和歌の栄えた、この二つの御代が並び立つ様。『三流抄』など先行する中世古今注の、高砂＝万葉・住吉＝古今「相生」説の根拠には、若干の違いはあるものの、「仮名序」の修辞について、共通の理解が伺える。「問答」はいう。高砂から住吉までは三日もかかる、松が相生なんてありえない。同じ説を主張する『毘沙門堂本古今注』には、『三流抄』の「相生」第一義は見えず、該当箇所のみは次のようである。

彼高砂ト住江トハ二日路也　サレバ松ノ生合ベキ事ナシ　実ハ高砂トハ上代也聖武　平城等ノ代ニ万葉集ヲ撰セラル丶ヲ云也　スミノエトハ今世ニスミオハスル延喜ノ御時古今ヲ撰ズル事　万葉ヲ撰ズル時ニ相同ジト云也　其ヲ相ヲヒトハ云也（後略）

さきには「三日路」ここでは「二日路」— 高砂の松と住江の松が相生である筈がない。「仮名序」はいう。「高砂、住の江の松も、相生の様に覚え」係助詞「も」は「見立」の新しさを強調し、「覚え」の主語は、省略が常の一人称である。この文脈は、古今詩歌の総合的な理解と矛盾しない。しかし、中世の感性は、詞を文脈から切り取り古今詩歌の総体から飛躍して、詞から連想するイメージとその場に集う人々の情念に任せ一座の感興の赴くまま自由に羽ばたく。高砂と住吉とは、二日も三日も掛かる。現実、そこに生える松が相生にはなれるはずもない。和歌の聖典『古今和歌集』「仮名序」への憧憬は、歌聖人麿への連想を生む。古今和歌集は聖代延喜の御代に、勅によって歌神貫之らが撰じた。『古今和歌集』と並び立つ和歌の聖典は『萬葉集』である。遠い播州にも近い住吉にも、和歌の明神がおわします。住吉は古今和歌集の譬え。高砂は萬葉集の譬え。これこそ、歌神貫之の神秘の仰せにちがいない。詩歌と一体となった地神　聖なる歌枕にある神は、和歌の聖典を象徴し、国土安穏を寿ぎ聖代に現れる神性を習合する。

能『高砂』では、美しい黄昏に睦まじい夫婦が寄り添って姿を現す。友成の問いに、老人は古今仮名序にさり気なく触れ、妻を促す。「さん候。古今集の序に。高砂住の江の松も相生のやうに覚えとあり。」そうでございますね　古今集の序に　高砂住江の松も相生のように覚えとある　この老人はあの住吉の者でございます　こちらの老女がこの土地の者です　知っていることがあれば　申し上げなさい　中世古今注は「高砂の松のめでたき謂はれ」（初動四海波静にて直後のわきの詞）として、老夫婦によって、語られる。彼らは夫婦の契を交々述べる。「高砂住の江の松は非情の物だにも　相生の名は有るぞかし」高砂住の江の松のように　心がないといわれるものでさえ　相生といわれている　ましてなお　命を得て人となり　長い年月住吉から　通いなれたこの老人と老女が　松と同じように　この年まで　相生の夫婦であるのを　どうして不思議なことだなどとおっしゃるのでしょう　住吉高砂の明神は睦まじい老夫婦の姿で影向し、古注の「高砂の松と住江の松が相生である筈がない。」という中世古今注の前提を否定する。二人は松原に生い茂るただの一本の松ではなく、神の宿木である松の精、神の表徴、神そのものである。そして、古注の「高砂は上代の万葉、住吉は当代延喜の古今」―ともに和歌の栄えた、この二つの御代が並び立つ様を高らかに朗誦し、また語る。彼らは万葉・古今をも体現する。「住吉と申すは今此の御代に住給ふ延喜の御事」現行『高砂』の演技、友成についての延喜叙爵阿蘇宮大宮司の伝承を見る限り、『高砂』の時代設定は聖代延喜の御代と考えるのが無理のないところと考える。古今注を朗誦し語る神はさらに人間に親しく、「中世古今注」を引用し論証する。現行クリ・サシ・クセの聴かせどころである。松の美しく威厳ある姿。和歌との親和性・永遠性、「譬なりけり常盤木の中にも名は高砂の。末代の例にも相生の蔭ぞ久しき」末永い御代の譬えとされ　常盤木のなかでも　高砂の名は　遠い先の世までめでたい例となり　相生の松の姿は変わることがない　松の神性は「住吉」の名ではなく、「高砂」の名で語られる。やがて住吉に帰る雄松の、雌松への慈しみでもあろうか。前場結びの詞章は、神が影向する依代、神木への崇拝と神との一体化、影向の奇跡が和歌の栄え太平の証として謡う。「今は何をか包むべき。」今は何を隠すことがあろう　この私どもは高砂住江の神がここに　相生の夫婦として現れたのである御正体を明かした神は友成を待つと言い残して住吉に去る。依代である神木を尊崇し神と見る信仰は、降って禅鳳の『嵐山』や戦国期の廃曲『神有月』などにも、顕著である。中世古注によりながら、夫婦の契・永遠性の象徴としての松・万葉古今政教一体の寿ぎ・神木と神との習合が、よどみなく、相生の松の姿を浮かび上がらせる。

後しての登場歌は、『伊勢物語』では帝と住吉大神の相聞歌である。古今では「我見ても」のみが題しらずよみ人しらずとして入集している。影向した大神は社人に呼びかける。「久しき代々の神神楽。夜の鼓の拍子を揃へてすゞしめ給へ。宮づ子たち」あの時のように　社人たちよ　今宵も　代々に奏した夜神楽を　鼓の拍子を揃え囃されて　神の心を慰め清められよ　後して（後シテ）の神性については　現行「上掛」（観世・宝生二流）と「下掛」（金剛・金春・喜多各流）の詞章には相違がある。詞章でみるかぎり、上掛が松の精、下掛が住吉の大神である。

上掛　西の海　檍が原の波間より　現はれ出でし神松の

下掛　西の海　檍が原の波間より　現はれ出でし住吉の

しかし、現実の演技では、上掛二流の「シテ」も、神として舞うと聞く。注15　その神は深遠で清浄な神域に鎮まり、祝詞や神饌を捧げられ神楽や舞を奉られる神ではない。客人に親しく影向し、自らの舞歌で迎え祝福する神である。「げに様々の舞姫の」まこと　とりどりに舞姫が歌う声は澄み　舞姫の舞楽にも力を添えて神は舞い、悪魔を払い太平を寿ぐ。ここにも舞歌を奏する伶人のイメージと重なり、限りなく人間に近づく神の姿がある。それは「千秋の緑」永久の生命を具現した詩的擬人法によって彩られた神、依代である松に融け合い、松籟と一つになって歌い舞う神である。現人神　住吉の大神の神性、それを体現した神主津守氏を仰ぐ中世的認識は、能『高砂』にファンタジーやドラマを超えたリアルそのものを見たであろう。そしてその根底には、修羅闘諍の世に人々に寄り添い舞歌によって祝福を与え続けた、永遠の祖神「翁」への素朴な信仰が宿る。

世阿弥はいう。

遊楽の道は　一切物まね也といへ共　申楽とは神楽なれば　舞歌二曲を以て本風と申すべし　さて　申楽の

舞とはいづれを取りたてゝ申すべきならば　此道の根本なるがゆへに　翁の舞を申べきか　又　謡の根本を申さば　翁の神楽歌を申べきか

『申楽談義』

現行『高砂』の神舞に、明媚な住之江に影向する住吉の大神に重ねて、雄渾の阿蘇の山々と遥かな空の表徴となって戦い続けた、阿蘇宮大宮司の面影を移し見るのは、筆者だけの描く幻であろうか。

4　『高砂』に見る中世的歴史認識

「生の松」「生の松原」が歌枕として、王朝歌人に詠われるのは、「高砂の松」より少し、遅れるようである。

『拾遺和歌集』巻六　別

筑紫へまかりける人のもとに言ひ遣はしける　　橘　倚平

337　昔見し　いきの松原　言問はば　忘れぬ人も　有と答へよ

ここでは「いき」は「行き」と響きあう。「生く」を懸ける例が、巻一八雑賀にある。

1208　今日までは　生の松原　生きたれど　我が身のうさに　歎きてぞ経る

詠者は、筑紫に下向した藤原後生が女である。宇佐使となった歌人藤原実方に託された。「生の松」は「生の松原」に生える松をいい、また、「生の松原」も指した。『詞花和歌集』巻六　権僧正永縁の馬のはなむけ

185　たち別れ　はるかにいきの　松なれば　こひしかるべき　千代のかげかな

「いき」には「生き」と「行き」が添い、固有名詞「生の松原」の「生」が係る。能『高砂』の前場、として連が登場して謡う上ゲ哥の末尾にも、同じ修辞技法が認められる。上ゲ哥の結び「猶いつまでか生の松・それも久しき例かな」、その後わきとの問答が始まる。この箇所の「久しき例」について、能は伝統的に、たたかいの女神神功皇后の地域的伝承を踏まえた解釈を継承する。

明くれば廿九日、生の松原へと皆同行誘ひて立出たるに、大きなる川をうち渡り見れば、右に一村の林有。則聖廟の御社なり。（中略）やがてかの松原に至る。大さ一丈ばかりにて皆浦風に傾げたるもあはれなり。引入て社有。御神は熊野にておはしますとなむ。社の廻りには古木数多群立、木の下は茅原なり。夜の時雨の名残にや、むら〳〵置ける露の末葉うちしめりて、色濃き中に白洲は初霜のまがひたらむやうにて、見過しがたきおりになむ侍る。御神の生きよとて差し給ひけん松は早う朽て、その根を人守りにかけしなど語るも、昔恋しき催しなり。社壇の右の方に大き成まつの、しかも姿常ならず神さびたる有。是は末遠く生の松とも言ふべかりけると見るに、我が齢の程頼む影もなきも心細くて、又はかなしごとを、

明日知らぬ老いのすさみの形見をや世を経て生の松にとゞめん

宗祇『筑紫道の記』生の松原

浦風に傾き群立つ松は、露を呼び茅原を濡らす。神さび常ならぬ姿に聳え立つ松。宗祇の描写は感性豊かに、生の松原を眼前に甦らせる。筑紫の伝承「御神（神功皇后）の生きよとてさし給ひけん松」は、連歌によって詩的共感豊かに受容され、四方に拡散する。そこには「中世日本紀」が成熟してゆく過程に果たした、詩歌とそれを神の詞とする信仰、地域伝承との素朴な繋がりがある。

文学と歴史、宗教と政治の認識は、聖代・聖物への憧憬と神仏への帰依に繋がれ、未分化である。「面白し」という一座の感興が呼ぶ歴史意識の感覚的飛躍と拡大は常であった。「高砂といふは上代の。萬葉集の古の義」和歌政教一体の理念が、連想と感興のままに「神秘」という宗教的共感に辿り着く。朗誦と相老の夫婦のイメージは、永遠の詩歌の聖典　万葉と古今が松の緑に映える夫婦となって今示現し、治世長久を実現するという実感を引き寄せ、聖代の詩歌と舞は、戦乱に満ちた汚辱の世の終息と魂の平安・神の祝福を招く。「千秋楽は民を撫で。萬歳楽には命を延ぶ」この詞章は、詩歌であるとともに舞であり、神に奉げる渾身の、朝夕の祈りでもあったろう。歴史認識は信仰と祈りと一体となった、詩歌と舞によって表現される。

神仏を朝夕に求める精神は、神と人とを近づける。過去と現在を生きて神は、影向し人間に近づく。人は、神に奉げられた詩歌と舞、祈りのなかに、神の姿に近づき、救いを求める。

おわりに

能『高砂』のころ、文学と歴史・宗教や政治に対する認識は、聖なる代・聖なる事物への憧憬と神仏への帰依に繋がれ、未分化であった。「面白し」という一座の感興が、歴史意識の感覚的飛躍と語の拡大解釈を呼ぶのは常である。文脈や記述・総合的な歴史的理解などの、論理には拠らず、詞から感じる連想と感興のままに「神秘」の宗教的共感に導かれて秘説が展開され、結論が現れる。言葉の響き・イメージの豊かさ・身体表現の洗練が、神の姿を借りて不条理な生の本質を訴えかけてくる。五感が具体的に把握する実感とイメージ、それに対する一座の共感が、尊重された。

そこには、聖代の奇跡に仮託して描かれた、太平を希求し死者と魂の平安を祈って闘諍の世を生き抜こうとした人々の魂の現実があり、その真実が投影されている。それこそが現在に至るまで、私どもの心を揺さぶり惹きつけてやまない、その魅力であろう。

能『高砂』は熾烈な戦乱と闘諍の世に生まれた。「わき」も「して」も、その大波に翻弄された阿蘇大宮司と住吉大社である。しかし、この曲には、勝者の驕り、敗者の惨めさは微塵も存在しない。詞章には二〇余に及ぶ詩歌が引用されて格調高く、舞歌と囃子はどこまでも清純・雄渾である。汚辱の世をともに生きその終息と魂の平安を求めた祈りがある。かつて敵として生死を賭けて戦った存在に対して、その誇りと名誉を受け入れ、人間性豊かなやさしさで迎えようとしたこの曲には、中世の人々の心の深甚と清浄な祈りが息づいている。

注1　『神道体系　神社編五十　阿蘇英彦山』『阿蘇三社大宮司系図』続群書類聚本・『阿蘇系図』熊本県立図書館蔵上妻文庫本　同史料考証

注2　『謡曲拾葉抄』巻一　高砂「阿蘇宮の神主友成とは我事なり」項（阿蘇の宮についての記述略）

神主友成は友能か子也延喜の比の人也景行天皇阿蘇に遊歴の時速瓶玉命の子惟人を神職に定給ふ友成は惟人の神胤也神主者其神の主と云義也他の社ては宮司社務社家祝部禰宜なと申也加茂住吉阿蘇三所の限りて古来神主と申習也神始て垂迹ましませし其時より相續て今に神職を司るを神主とは云也

注3　天野文雄「高砂」『能を読む』②

注4　大阪市美術館編『住吉さん』影向する住吉の大神が、幅広い美術品からピックアップされている。

注5　播磨国住吉大社神領復元図　田中卓『住吉大社神代記の研究』

注6　東洋文庫750『催馬楽』

注7　引用歌は、すべて『新日本古典文学大系』岩波書店による。以下同じ。傍線などは筆者による。

注8　世阿弥の伝書は、日本思想体系24『世阿弥　禅竹』による。以下同じ。傍線などは筆者による。

注9　野上豊一郎「謡曲の構成」『能楽全書巻二』創元社　昭和二七年

注10　源通親『高倉院厳島御幸記』治承四1180年

注11　住吉大社文書『神道大系　神社編六』以下同じ

注12　村崎真知子『阿蘇神社祭祀の研究』・『大日本古文書　家わけ第一三　阿蘇文書之一・二』祭祀関係文書

注13　『大日本古文書　家わけ第一三　阿蘇文書之一・二』

注14　『古今和歌集序聞書』（三流抄）鎌倉後期　弘安九1286年頃成立

片桐洋一「女子大文学」国文篇二二号　大阪女子大学國文学科紀要

伊藤正義「謡曲『高砂』雑考」『中世文華論集』

注15「観世」昭和三九年一月号「『高砂』をめぐって」

〈参考文献〉

室松岩雄校訂編集　『謡曲拾葉抄』　國學院大學出版部　明治四二年

佐成謙太郎　『謡曲大観』巻三　明治書院　昭和六年

史料編纂所編　『大日本古文書　家わけ第一三　阿蘇文書之一』　史料編纂所　昭和七年

史料編纂所編　『大日本古文書　家わけ第一三　阿蘇文書之二』　史料編纂所　昭和八年

能勢朝次　『能楽源流考』　岩波書店　昭和一三年

野上豊一郎他編　『能楽全書巻二』　創元社　昭和二七年

高坂好　『赤松円心・満祐』　吉川弘文館　昭和四五年

表章　加藤周一校注　『世阿弥　禅竹』日本思想大系24　岩波書店　昭和四九年

住吉大社編　『住吉大社』　学生社　昭和五二年

神道大系編集委員会編　『神道大系　神社編六　摂津河内和泉』　神道体系編纂会　昭和五六年

福田秀一他校注　『中世日記紀行集』新日本古典文学大系5　岩波書店　平成二年

田中卓監修　『住吉大社史』巻下　住吉大社奉賛会　昭和五八年

田中卓　『住吉大社神代記の研究』著作集7　国書刊行会　昭和四六年

神道大系編纂委員会編　『神道大系　神社編五十　阿蘇英彦山』　神道体系編纂会　昭和六二年

神道大系編纂委員会編　『神道大系　神社編三五　丹波丹後但馬播磨因幡伯耆國』

松田存　『世子・猿楽能の研究』　神道体系編纂会　平成三年
村崎真知子　『阿蘇神社祭祀の研究』　新読書社　平成三年
片桐洋一篇　『毘沙門堂本古今集注』　法政大学出版局　平成五年
木村紀子　『催馬楽』東洋文庫750　八木書店　平成一〇年
住吉大社編　『遣隋使・遣唐使と住吉津』　平凡社　平成一八年
真弓常忠編　『住吉大社事典』　東方出版　平成二〇年
大阪市美術館編　『住吉さん』　国書刊行会　平成二一年
高砂市史編纂専門委員会編　『高砂市史』巻1　大阪市美術館　平成二二年
伊藤正義　『中世文華論集』　高砂市　平成二三年
梅原猛　観世清和　監修　『能を読む』②③④　和泉書店　平成二四年
角川学芸出版　平成二五年

〈参考資料〉　能『高砂』詞章・現代語訳・注

1　詞章底本　謡本『高砂』喜多流刊行会　昭和五七年五月一五日刊

①　役・詞章本文・中入・舞以外の記述は、すべて割愛されている。

②　改行は、見やすさと現代語訳との対照を考慮して、役の謡・詞ごとに行い、謡本の段の区切りなどにある改行は、採用していない。

③　字体は原則として、謡本詞章に拠った。ただし、変体仮名や候の略字体は、現行五十音の仮名と漢字で表記した。
④　詞章中の句点は息継ぎ点である。

2　現代語訳　筆者訳

①　謡本詞章にある、古語としての語意・敬語表現などに、対応できる訳文を心掛けた。とくに敬語表現は、登場人物・見所との、微妙な距離や関係を表現しており、正確な訳を心がけた。
②　和歌の修辞、枕詞・序詞・掛詞・縁語などは、そのイメージ・解釈・言葉の響きを尊重し、現代語に砕いて表現した。
③　①②について、各説がある場合は、一説を採用し現代語として分かりやすく豊かな表現とイメージを生かし、リズムを考慮した。
④　能の詞章が詩歌であるという本質を考慮して、句読点は採用しなかった。息継点で一マスアケを基本とし、表記の上で紛らわしい場合などについては一マスアケとした。

3　注　筆者注

①　役・所・季・番・太鼓・装束附の表記は詞章底本による。
②　作者・参考資料は、考察や理解に資する内容を挙げた。
③　引用詩歌は、本曲成立当時詩歌が朗誦されていた状況を考え、研究史上蓄積された成果をまとめた。

わき　脇連　今を始の旅衣。今を始の旅衣日も行く末ぞ久しき
わき　抑、是は九州肥後の國。阿蘇の宮の神主友成とは我が事なり。われ未だ都を見ず候程に。此春思ひ立都へ上り候。又よき序なれば。播州高砂の浦をも一見せばやと存候
わき　脇連　旅衣末遥々の都路を。末遥々の都路を。今日思ひたつ浦の波。船路長閑き春風の幾日来ぬらん。＊①跡末も。いさ白雲の遥々と。さしも思ひし播磨潟高砂の浦に著きにけり高砂の浦に著きにけり
して　して連　高砂の。松の春風吹き暮れて。尾上の鐘も。＊②響くなり
して連　波は霞の磯隠れ。

わき　わき連　今ここに出で立つ旅は　今始まる我らの旅は　日長く　行く末遠い　幸多い旅となるように
わき　この私は九州肥後の国 阿蘇の宮の神主　世に友成と聞えるは私のことである　私はまだ都を見たことがございませんのでこの春思い立って都に上るのでございます　またよい折であるから　播磨高砂の浦をも見物したいものだと思っております
わき　わき連　旅の支度を整えて　遠い都へはるかな旅を　今日思い立ち波寄せる浦より発って　のどかな海を　春風に吹かれて幾日旅したことだろう　はるばると行方も知れず　空を漂う白い雲のように　いつ着くのかと心もとなく思ううち船ははや播磨潟に入り高砂の浦に着いたのであるもう高砂の浦に着いたのである
して　して連　高砂の　松吹く風に日は暮れて　嶺には日暮れの鐘が響く　あの古歌が詠んだように 明けがたにかけ　春の霜が降りるだろうか
して連　波はたちこめた霞に隠れ　磯も見えず

して　して連　音こそ潮の。満干なれ
して　誰をかも知る人にせん高砂の。＊③松も昔の友ならで。
して　して連　過ぎこし世々は白雪の。積り積りて老の鶴の。塒に残る有明の。春の霜夜の起居にも松風をのみ聞馴れて。心を友とすが莚の。思をのぶるばかりなり
音づれは松に言問ふ浦風の。落葉衣の袖そえて木陰の塵を掻かうよ木陰の塵を掻かうよ　＊④
所は高砂の。所は高砂の。尾上の松も年古りて。老の波もより来るや。木の下蔭の落葉かくなるまで命ながらへて。猶いつまでか生の松・それも久しき例かな。
それも久しき例かな

して　して連　潮騒で潮の満ち干が知られる
して　誰をかも　知る人にせん　高砂の　松も昔の　友ならなくに
年老いた身は　誰も知る人はない　いく久しい高砂の松も
老いた私の　昔からの友ではないのに
して　して連　過ぎて行く年月は遠く　降り積もる雪に似て　白髪に覆われた　老いた鶴の私は　塒で　霜が降りる春の夜寒に目覚める　菅筵の起き居にも　ただ松に吹く風の音ばかり聞き馴染み歌を心の友として　思いを慰めるだけである
尋ねてくるのは　松に吹く浦風　松葉が散りかかる衣の袖に熊手や箒を添えて　木陰の塵を掃こう　ここは高砂　あの嶺に生える松にも年月が経ち　私どもと同じように老いていくのか　浦に寄せる波の音を聞きながら　この海辺で木陰の落葉を掻くうちにこんなになるまで命を永らえて　この後いつまで生きるのだろう　神功皇后がお手植えになった　あの生の松も　いつにまにか　生え茂る松原となって　よく知られた名所になった

わき　いかにこれなる老人に尋ぬべき事の候
して　こなたの事にて候か何事にて候ぞ
わき　此所に於て高砂の松とは何れの木を申し候ぞ
して　さん候高砂の松とは。取分此の松を申慣はして候
わき　さて〳〵高砂住江の松に相生の名有り。當所と住江とは國を隔てたるに。何とて相生の松とは申し候ぞ
して　さん候。古今集の序に。高砂住の江の松も相生のやうに覺えとあり。＊⑤　尉はあの住吉の者。姥こそ當所の人なれ。知る事あらば申さ給へ
わき　不思議や見れば老人の。夫婦一所に在りながら。

わき　もしもし　こちらのご老人に　お尋ねしたいことがございます
して　私のことでございますか　どのようなことでございましょうか
わき　ここで高砂の松というのは　どの木を申すのでしょう
して　そうでございますね　高砂の松とは　とりわけ　この松のことを言い習わしております
わき　なるほどそれにしても高砂住江の松は　相生といわれていること住吉とは国も隔たっているのに、なぜ相生の松と申すのでしょうか
して　そうでございますね　古今集の序に　高砂住江の松も相生のように覚えとある　この老人はあの住吉の者でございます　こちらの老女がこの土地の者です　知っていることがあれば　申し上げなさい
わき　不思議なことだ　いま見たところ　老人夫婦は一緒にいるの

遠き住の江高砂の。浦山國を隔てゝ住むと。いふは如何なる事やらん

つれ　うたての仰候や。山川萬里を隔つれども。互に通ふ心遣ひの。妹背の道は遠からず

して　まづ案じても御覧ぜよ

して　して連　高砂住の江の。松は非情の物だにも。相生の名は有るぞかし。ましてや生有る人として。年久しくも住吉より。通ひなれたる尉と姥は。松諸共に。此の年まで。相生の夫婦となるものを

わき　謂はれを聞けば面白や。さて〳〵さきに聞えつる。相生の松の物語。所に聞き置く謂はれは無きか

して　昔の人の申しゝは。これはめでたき代の譬なり

して連　高砂といふは上代の。萬葉集の古の義　＊⑥

に住江高砂と　遠く海山を隔てて住んでいるというのは　どういうことなのだろう

して連　へんなことをおっしゃるのですね　山川はるかに遠く隔てられていても　互いに心を通わせ思いやる二人には、遠い道のりなどというものはない

して　すこし　お考えになってもごらんなさい

して　して連　高砂住江の松のように　心がないというものでさえ、相生といわれている　ましてなお　命を得て人となり　長い年月住吉から通い慣れたこの老人と老女が　松と同じように　この年まで　相生の夫婦でいるのを　どうして不思議なことだなどとおっしゃるのでしょう

わき　そのような由緒を聞くと心惹かれます　ところで　さっきお聞きした相生の松について　この土地に言い伝える話はないのか

して　昔の人が申しましたのは　これはめでたい御代の譬えである

して連　高砂というのは上代の　万葉集の昔を意味し

して　住吉と申すは今此の御代に住給ふ延喜の御事
して連　松とは盡きぬことの葉の
して　榮は古今相同じと
して　して連　御代を崇むる譬なり
わき　よく〱聞けば有難や。今こそ不審春の日の
して　して連　光和らぐ西の海の
わき　かしこは住の江
して　して連　ここは高砂
わき　松も色添ひ
して　して連　春も
して　して連　わき　長閑に
同音　四海波静にて。*⑦　國も治まる時津風。枝をならさぬ御代なれや。*⑧　あひに相生の。松こそめでたかりけれ。げにや仰ぎても。事も愚かやかゝる世に。住

して　住吉と申すのは　いまこの御代におられる延喜の帝
して連　松とはいつまでも尽きないという　言葉の譬え
して　栄えは　昔も今も同じと
して　して連　御代を崇めた　譬えである
わき　よくよく聞くと　実にありがたい　今こそ不審は
晴れ　春の日の
して　して連　光も和らぐ　西の海の
わき　あちらは住江
して　して連　ここは高砂
わき　松の緑は深く
して　して連　春も
わき　して　して連　のどかに
同音　四方の海は波静かに　国も治まり　吹く風も時に適って木々の枝を騒がせることもない平和な御世である　このよい御代にめぐり逢わせ　相生となるこの松こそめでたいではないか　まこと

めると民とて豊かなる・君の恵は有難や君の恵は有難や
わき　尚々高砂の松のめでたき謂はれ委しく申し候へ
して　懇に申し上げうずるにて候
同音　それ草木心無しとは申せども花實の時を違へず。＊⑨
陽春の徳を具へて南枝はじめて開く　＊⑩
して　然れども此の松は。其の気色とこしなへにして花
葉時を分かず
同音　四つの時至りても。一千年の色雪の中に深く。＊⑪
又は松花の色十かへりともいへり　＊⑫
して　かかる便りを松が枝の

に申すまでもないことながら　松も寿ぐこの御代に住む　民は
君の豊かな御恵を　ありがたく　得がたいものと　仰ぎ見るので
ある
わき　なお続けて　高砂の松のめでたい由緒を　委しくお話ください
して　道理を尽くしてお話申し上げましょう
同音　そもそも　草木は心がないものとは申しても　花が咲き実の
なる季節を間違えず　光あふれる暖かい春が巡ってくれば　南側
の枝から花を咲かせ始める
して　けれどもこの松は　その緑は永久に　花を咲かせ葉を落とす
季節の変化はなく
同音　四季それぞれの時　千年の緑は雪の中に深く　またその花は
千年に一度咲き　その営みを十回繰り返すと伝えられる
して　このようなよい時節を待つ　松の枝に宿る

同音　言の葉草の露の玉心を磨く種となりて。生きとし生ける物毎に。＊⑬　敷島の陰に。寄るとかや然るに長能が言葉にも。有情非情の其の聲皆歌に洩る丶事なし。＊⑭　草木土砂。風聲水音まで萬物を籠むる心有り。春の林の。東風に動き秋の蟲の。北露に鳴くも皆、和歌の姿ならずや。中にも此の松は。萬木に勝れて。十八公のよそほひ。＊⑮　千秋の緑をなして。古今の色を見ず。始皇の御爵に。＊⑯　預かる程の木なりとて異国にも。本朝にも萬民これを賞翫す

して　高砂の尾上の鐘の音すなり

同音　暁かけて。霜は置けども松が枝の。葉色は同じ深緑立ち寄る陰の朝夕に。掻けども落葉の尽きせぬは。眞なり松の葉の散り失せずして色は猶眞拆の葛永き代

同音　数限りない美しい露にも似た和歌の言葉は　心を磨く種となって　命のあるものはみなそれぞれに　和歌の恵みに　預かるという

そうであるから　長能の詞にも　有情非情にかぎらず総てのものの声は　歌でないものはない　草木や土風の声 水の音までも万物がこめた心がある 春の林が東風にどよめき　秋の虫が冷たい露に鳴くのも すべて　和歌の姿ではないのかとある

なかでもこの松は全ての木々に勝れて　十八公といわれる美しく威厳ある姿 千年の緑を保って 昔も今も色を変えることはない秦の始皇帝に爵位を賜わった木であると　外国でもこの国でもすべての人々が褒め讃える

して　高砂の嶺に　鐘が響く

同音　明け方にかけ 霜は降りても 松の枝の　葉の色は変わらず深い緑　木陰に立ち寄り　朝な夕な 掻き集めても集めても　落葉は尽きない　ほんとうに　松の葉の散り失せずして眞木のかづら

の。＊⑰　譬なりけり常盤木の中にも名は高砂の。末代の例にも相生の蔭ぞ久しき

同音　げに名にしおふ松が枝の。げに名にしおふ松が枝の。老木の昔顕して其名を名宣り給へや

して　して連　今は何をか包むべき。これは高砂住の江の。神ここに相生の夫婦と現じ来たりたり

同音　不思議やさては名所の。松の奇特を顕して

して　して連　草木心なけれども

同音　畏き世とて

して　して連　土も木も

同音　我が大君の國なれば。いつまでも君が代の。住吉にまづ行きて　　あれにて待ち申さんと。夕波の汀なる蜑の。小舟に打ち乗りて。追風に任せつゝ沖の方へ出でにけりや沖の方へ出でにけり

と古今の序に　末長い御代の譬えとされたのである　常盤木のなかでも　高砂の名は　遠い先の世までめでたい例となり　相生の松の姿はかわることがない

同音　まことにその名にふさわしい松の枝　相生の美しい松の枝を広げ　老木の昔を明らかにして　その名をお名乗りください

して　して連　今は何を隠すことがあろう　この私どもは高砂住江の神がここに　相生の夫婦として現れたのである

同音　不思議なこと　それでは　名所の松が奇跡を現し

して　して連　草木は人の心はないのだけれども

同音　畏れ多い御世と

して　して連　土も木も

同音　わが大君の治める国であるから　いつまでもこの君の世に住むことを　望む　私はともかく住吉に行き　あちらでお待ち申しましょうと　夕べの波がうち寄せる汀から　繋いである　海人の小舟に乗り込み　追い風に乗って　沖をさして出て行った　沖の

中入

わき　脇連　高砂や此浦舟に帆を揚げて。此浦舟に帆を揚げて月諸共に出で潮の。浪の淡路の島影や。遠く鳴尾の沖過てはや住の江に著にけり。はや住の江に著にけり

して　我見ても久しくなりぬ住吉の。岸の姫松幾世經ぬらん。＊⑱　陸ましと君は知らずや瑞垣の。＊⑲　久しき代々の神神楽。夜の鼓の拍子を揃へてすゞしめ給へ。宮づ子たち

ほうに去っていった

中入

わき　高砂の　この浦にいま帆をあげて　この浦に舟の帆をあげて
月の出とともに　満ちてくる潮に乗り　白波のかなたに淡路の島影を望み　はるか鳴尾の沖も過ぎて　はや住江に着いたのである
もう住江に着いたのである

して　われ見ても　久しくなりぬ　すみよしの　岸の姫松いく世へぬらん
私がはじめて見てから　長い年月が経ってしまった　住吉の岸に生えた美しい松は　どれほど長く代を経てきたのだろう
と　御幸された　帝は謡われ　住吉の神は
むつましと君は白波瑞籬の久しき代よりいはひそめてき
私と親しい間柄と帝は知らず　久しと謡われるけれど　私はここに宮居した　長くはるかな昔から　帝を守り続けているのである

同音　西の海。＊⑳　檍が原の。波間より
して　顕れ出でし。住吉の。春なれや。残んの雪の浅香潟
同音　玉藻刈るなる岸陰の　＊㉑
して　松根に椅つて腰を摩れば　＊㉒
同音　千年の翠手に満てり
して　梅花を折つて頭に插せば
同音　二月の雪衣に落つ
舞
同音　有難の影向や。有難の影向や月住吉の神遊御影を拝

と返されたと　伊勢物語はいう
あの時のように　社人たちよ　今宵も　代々に奏した夜神楽を
鞁の拍子を揃え囃されて　神の心を清め慰められよ
同音　はるか昔の筑紫の海　檍が原の　波間より
して　生まれ出たという　神の鎮まる　住吉の　麗しい春はいまこ
こに　雪消え残る浅香潟
同音　玉藻を刈ると詠う　幸豊かな岸陰の
して　松の根に座して腰を摩れば
同音　千年の緑は手に満ちる
して　花咲く梅の枝を折って頭に指すと
同音　二月の雪にも似て　花弁は衣に散りかかる
舞
同音　尊い神のみ姿は現れ　畏れ多いみ姿は現れ　月澄み渡る住吉

むあらたさよ
して　げに様々の舞姫の。聲も澄むなり住の江の。松陰も
映るなる青海波とはこれやらん
同音　神と君との道直に。都の春に行べくは
して　それぞ還城楽の舞
同音　さて万歳の
して　小忌衣
同音　さす腕には悪魔を攘ひ。斂むる手には。寿福を抱き。
千秋楽は民を撫で。萬歳楽には命を延ぶ。相生の松風。
颯々の聲ぞ樂しむ颯々の聲ぞ樂しむ

の　神遊びを拝するあらたかさよ
して　まこと　とりどりに　舞姫が歌う声は澄み　住江の緑の松影が
海の波に映えるさまは　青海波の舞の美しさとはこのようであろうかと思われる
同音　神と君の道は正しく　ここからそのまま春の都へ向かうのなら
して　それは還城楽の舞がふさわしい
同音　そうして君の万歳を祈る
して　清浄な小忌衣を　着つつ舞う
同音　その舞のさす手には悪魔を払い　引く手には寿福を抱き　千秋楽を奏しては民を慈しみ　万歳楽を舞っては寿命を延べる　舞衣の衣づれのようにさわさわと　相生の松に吹く　風はさわさわと　永久に尽きることなく　和やかな　心楽しむ松籟を響かせる

高砂　喜多流
して　老翁
後して　住吉明神
して連　姥
わき　肥後国阿蘇の宮神主友成
わき連　従者二人
間狂言　高砂の浦人
所　前　播磨国　高砂
　　後　摂津国　住吉
季　春
初番目
太鼓　アリ
五流ニアリ
作者　世阿弥
『三道』
『世子六十以後申楽談義』
『能本作者注文』
『二百番謡目録』
参考資料
『古今和歌集』仮名序
『古今和歌集序聞書』
『古今集序注』
『長能私記』等
中世古今和歌集古注

＊前場　ワキ　シテツレの問答・クリサシ　クセで語られる高砂の松の謂れは、曲成立当時の古今和歌集中世古注である。

装束附
して
面　小尉（紐白）
尉髪　襟浅黄
着附　小格子厚板
水衣（肩上ゲ）白大口
腰帯　尉髪
黒絵扇　杉箒
後して
面　邯鄲男
黒垂　透冠
白鉢巻
襟白赤
着附　厚板
袷狩衣　白大口
紋附腰帯　男扇
して連
面　姥（紐茶）
姥鬘　無色鬘帯
襟朽葉
着附　摺箔
無色厚板
水衣（肩上ゲ）杉箒
わき
烏帽子（赤上頭掛）
着附　厚板　袷狩衣
白大口　腰帯　男扇
脇連
烏帽子　（上頭掛）
着附　厚板　赤地狩衣
白大口　腰帯　男扇
間狂言
着附　縞熨斗目
狂言上下　腰帯　扇
作物　ナシ

＊印は、古典引用詩句
＊①幾日来ぬらん
衣笠大臣　続拾遺集
＊②尾上の鐘
大江匡房　千載集
＊③誰をかも
藤原興風　古今集
＊④落葉衣
読人不知　後撰集
＊⑤古今仮名序
紀貫之　古今集
＊⑥高砂といふは
『古今和歌集序聞書』
＊⑦四海　四つの海
衣笠大臣　夫木集ほか
＊⑧枝も鳴らさぬ
王充　論衡
＊⑨花実時をたがへず
鴨長明　無名抄
＊⑩南枝花
菅原文時　和漢朗詠集
＊⑪一千年の色
源順　和漢朗詠集
＊⑫松花の色十廻
大江朝綱　本朝文粋
＊⑬生きとし生ける
貫之　古今序
＊⑭有情非情
藤原長能　長能私記
＊⑮十八公
不詳　　呉録
＊⑯始皇の御爵に
司馬遷　史記
＊⑰眞拆のかつら
貫之　古今序
＊⑱われ見ても
昔の帝　伊勢物語
読人不知　古今集
＊⑲睦しと

住吉の神　伊勢物語

＊⑳西の海
卜部兼直　万葉集

＊㉑玉藻かるなる
読人不知　万葉集

＊㉒松根に椅つて
橘在列　和漢朗詠集

神主友成と阿蘇神社
友成は『拾葉抄』に父は阿蘇神社神主友能、延喜の頃の人とされる。阿蘇神社は肥後一宮。主祭神は火山神　健磐竜命。古代国造の末　大宮司阿蘇氏は阿蘇山麓周辺を支配し、南朝　征西将軍・北朝　室町将軍双方がその巨大な武力に注目した。阿蘇一族は内部にそれぞれに呼応する家を抱え、南北合一後は北朝に次第に接近した。この曲には阿蘇一族のそのような動向が反映していると考えられる。

第一編　北方の古儀復興と再編

第一章　中世の時空と神々

はじめに

世阿弥自筆本『難波梅』で、都人たちに王仁が語りかける場面がある。都人は、梅の花影に伏して、妙なる音楽を聞く。月光爽やかな夜更けである。

王人コトハ
タレカイシハルノ色　ヒカシヨリキタルトイエドモ　ナンシ花ハシメテヒラク　コヽワ所モニシノウミニ
ムカウナニワニ春ノ花ノ　月雪モチル　ウラノナミ　ヨルノフカクノヲモシロサヨ　ユメハシサマシ給ナヨ　注1

現行曲『難波』では、右の「コトハ」は、後ジテ王仁の登場歌　サシの詞章である。後ジテは連面・天冠・長衣・大口のツレ木華開耶姫を従え、一の松に立ち謡う。冒頭句は、『和漢朗詠集』菅原文時の詩句、「誰言春色従東到　露暖南枝花始開」の引用である。

誰かいひし春の色は。東より来るといへども。南枝花始めて開く。ここは所も西の海に。向ふ難波の春の夜の。月雪もすむ浦の波。夜の舞楽は面白や。夢ばし覺まし。給ふなよ　注2

王仁と木華開耶姫は、都人の夢中に現れ、「春鶯囀」をはじめ「萬歳楽」「青海波」など五曲の舞楽を奏する。前場で老人と児（『難波』男）は、それぞれ百済の王仁・梅花の精であると予告している。そうした予告や夢中の舞楽は現行も自筆も、同じである。

『江口』でも、現行・自筆ともに、何処からともなく現れた女が、「江口の君の幽霊ぞ」と声を残して姿を消す。月の夜もすがら読経し弔おうとする僧の前に、遊女があまた出て、舟遊びに色めく。「去りにし古の」という僧に、遊女は長閑に答える。「いや古とは。御覧ぜよ月は昔に變らめや。我等もかやうに見え来たるを。古人とは現なや」いいえ昔とおっしゃるけれど　御覧なさい月は昔のまま変わらないじゃありませんか　私どももこうして来ているのに　昔の人とは変だこと　（自筆本・現行曲とも詞章は同じ。）自筆本『江口』には狂言の詞章が残り、現行よりもはるかに短い。ただ要旨は同じである。

サレバコソ　コレワコノホドモ。タウトイ人ノユメニモ　ムカシノエクチノチヤウ　カワフネニテ　ツヽミシヤウカニテ　アソヒタマウカ　ノチニワカブノボサットナテ　テンニアカリタマウト　ユメニモミ　マタワマボロシニモ　月ヨナントニワ　ミエタマウト　ヲセラレ候ゾ（下略）

されぱこそ　これはこのほども尊い人の夢にも　昔の江口の長　川舟にて鼓唱歌にて遊び給ふが　後には歌舞の菩薩となって天に上がり給ふと夢にも見　または幻にも月夜なんどには見え給ふと仰せられ候ぞ

自筆本の狂言の台詞には、遊女の舟遊びが夢幻のものであることを、明確に認識した詞章が見える。江口の長が普賢菩薩となって西の空に昇る終曲についても、自筆本も現行曲も変わらない。江口で興味深いのは、普賢菩薩の化身でもある江口の長が僧に自ら「幽霊」を名乗り、「幽霊」の原義の用例が見えることである。普賢菩薩でもある彼女に、弔いの読経は不用である。事実後場では、読経の前に彼女らは出現する。彼女は狂言の語るとおり、尊い僧に現れて、西行と交わした歌について語り合い、舟遊びに興じる。

江口や池田・青墓などにあった遊女の里は、鎌倉中期に消滅した。『江口』の夢幻は、普賢菩薩という超越的な異次元の存在ばかりか、一五〇年近い時を遡って滅び去った舟遊びを蘇らせる。『難波梅』では数世紀の時を一気に越え、木華開耶姫の神霊を現形させた。『雲林院』では『伊勢物語』の相伝に励む芦屋公光が夢告により、雲林院の桜にたどり着く。彼は月の夜 夢の中で、二条の后の「執心」と「魄霊」基経から新しい相伝を受ける。

夢中の予告は自筆本『盛久』でも、重要なファクターである。頼朝の御前で処刑される平盛久と頼朝は、清水の観音が翁の姿で出現する同じ霊夢を見る。盛久の処刑人は目が眩み、刀は段々に折れて、処刑は中止された。夢は現実の世界に密接に関わり、時には現実を支配する。他の自筆本でも、塩竈の明神は、阿古屋の松の木の下で月と共寝する藤原実方の（『阿古屋松』）、松浦佐用姫は西国行脚の僧の（『松浦』）、神剣を持つ布留の女は、山伏の（『布留』）夢中に現れる。布留の女は神剣が「これも汝が法味ゆゑ 夢中に現はれ給ふなり」と告げている。「物狂」がこの世の平面的な場の移動の契機であるのに対して、「夢幻」はこの世の現実と乖離して、数世紀に及ぶ時を遡り、聖人と神霊が影向し、異次元の超越的存在と交感する神秘の時空に飛翔する。「夢幻」

の時は過去に限られ、未来にはない。その世界は、法力を得た巡歴の僧や山伏のほか、実方のような和歌や舞楽の名手・公光のような文人などの、いわば貴人に開かれている。彼らが、月澄み渡る深更から明け方の時、咲き誇る桜や松の影、川・汀・神殿など、境である特定の時と場に存在する奇跡の時を、複合的な契機に導かれて実現する。たとえば実方は時雨降る陸奥の安積から、出羽となった歌枕の阿古屋の松まで、老人に案内されて道行する。夢幻の出現はその契機が満たされるとき許された、奇跡である。自筆本は彼らのみが知るはずの奇跡を、貴人の座敷や庭に、勧進に集う不特定多数の都の大衆に、提示する。

須磨は知章が討ち死にした場である。『知章』では、前場の男が姿を消したあと、僧は「ただ今現れつる人も　その幽霊にてましますかや。」と一人ごちる。月はおぼろで、夜の闇が深い。夜もすがら読経する僧の目前に、若武者が姿を現して名乗る。「御弔ひの忝さに、知章これまで参りたり」西国の僧は、霊の懺悔によって、その最期の有様と修羅道の苦患を見る。この曲では、修羅の苦患に落ち僧の効力に救いを抛り頼む魄霊《はくれい》が、読経のさなか現れ、「後の世照らして賜ばせおはしませ」「跡を弔ひて賜び給へ」繰り返される懇願のうちに終曲となる。時は知章の死後三年、この本が成立する二百年以上も前の出来事である。一条朝の『阿古屋松』は三百年、『松浦』になると、万葉の時まで遡及する。修羅の魂魄と交感した奇跡の時、塩竈の明神が阿古屋松に影向した神秘の空間は、遥かに遠い。

自筆本の中で、「物狂」の『多度津左衛門』『柏崎』と『弱法師』は、一見して成立と時を同じくする題材に拠るかに見える。しかし、『柏崎』の主君は、訴訟のため在鎌倉中に病没しており、時は鎌倉である可能性が高い。高野聖と巡礼が登場する『多度津左衛門』については、鎌倉後期以降と上限は推定できるが、より詳細な特定が今は困難である。また『弱法師』の場となった天王寺は、正平年間（一三四六～七〇）に震災を受けている。その西門には、「日想観」を待ち望み、盲目の人々が身を寄せあって集ったという。盲いた俊徳丸の日想観をクライマックスとする、静謐《せいひつ》な諦観と寄り添う妻、父高安道俊が施主として登場する人物配置から考慮すると、『弱法師』の時は、震災以前に下限を置くのが自然である。作者元雅の時空は、成立時に比較的近い傾向があり、盲目の辱めの描写や「物狂」を戒める詞章から、震災ののち、再建された天王寺に設定するのも、可能かもしれない。しかし、まったく確証はない。

応永後半、自筆能本が成立したころ、能は貴人の座敷・庭ばかりでなく、勧進や祭礼に舞台を組み、貴人と都市の不特定多数の観衆を迎えた。その興行では、他座ばかりか他の芸能とも立ち合い、それに打ち勝たなければならなかった。当時、芸能の民は身分の外に置かれた流浪する存在であり、その興行と生命は都市の中で、貴人と大衆の気まぐれな選択に曝され、演目や興行の場をめぐる刃傷は絶えず、つねに危険と隣り合わせであった。他の芸能座との厳しい競合、移ろいやすい貴人と都市の大衆の支持を確かに維持するために、能の題材やテーマ、それと深く関わる時空意識も、都市の貴人と観衆にアピールし、共有されるものでなければならなかったと考えられる。自筆本に見える時空は、南北朝の騒乱と合一後も兵乱が絶えなかった当時から、遥かに遡る奇跡の時であり、空間である。それは、特定の場に特定の人物が設定され、その夢幻として、現れる。現実を超越する、舞台上の夢幻と祈りは、観衆の宗教的な共感やエクスタシーを前提とするかに見える。対象に現行曲を加え、考察をさらに広げたい。

第一節　能の時空

表二　現行能例示比較表

曲名	実盛 二番目	井筒 三番目	泰山府君 四・五番目	山姥 五番目	小鍛冶 五番目
シテ	前 老人 後 実盛（霊）	前 里女 後 紀有常女 （霊）	前 天女 後 泰山府君 ツレ 天女	前　山の女 後　山姥 ツレ 遊女百ま山姥	前 童子 後 （霊狐） 稲荷明神
ワキ	他阿弥上人 ツレ 従僧	旅僧	櫻町中納言 成範	ツレに随行する男 ツレ　従者	小鍛冶宗近 ツレ 勅使 橘道成
アイ	里の男	櫟本の者	花守	案内する里の男	末社または山下者
時/場	五(八)月 加賀篠原の里 前 日中 説法の庭 後 同日 後夜 首洗池	九月 大和石上 在原寺 前 夜 後（次の日） 深更	春（三月） 京　櫻町 前後とも 花盛りの ある月夜 深更	無季（春） 都からの道行 善光寺詣上路の山中 前 ある日の日中 後 同日 月澄み 渡る深夜	（十一月） 一條天皇御宇 前 天皇霊夢の日 宗近私宅 稲荷山 後 鍛冶の時 宗近私宅
作者	世阿弥	世阿弥	世阿弥	世阿弥	不詳
成立	応永年間三〇年 1423）以前	応永年間三〇年 （1423）以前	永享二 （1430）以前	応永年間三〇年 （1423）以前	不詳
参考史料	『平家物語』 巻七 『世子六十以後申楽談義』『三道』 『満済准后日記』①	『伊勢物語』 四/一七②/ 二三/二四 『世子六十以後申楽談義』 『冷泉流伊勢物語抄』	『平家物語』巻一 我身栄華 『源平盛衰記』 巻二清盛息女事 ③ 『世子六十以後申楽談義』 『師郷記』④	『能本三十五番目録』ヤマウハ 『三道』⑤ 『世子六十以後申楽談義』⑥	『保元物語』（主上三條殿ニ行幸ノ事付ケタリ官軍勢汰ヘノ事） 『尺素往来』⑦ 『本朝鍛冶考』 『後愚昧記』⑧

〈参考史料〉

①『満済准后日記』応永二一年1414五月一一日

斎藤別当真盛霊於加州篠原出現。逢遊行上人。受十念云々。去三月十一日事歟。卒塔婆銘一見了。実事ナラバ稀代事也。

②『伊勢物語』（一七段）

年ごろをとづれざりける人の、桜のさかりに見に来たりければ、あるじ、

あだなりと名にこそたてれ桜花年にまれなる人も待ちけり

返し、

けふ来ずはあすは雪とぞ降りなまし消えずはありとも花と見ましや

③『源平盛衰記』巻一　清盛息女事

抑も此成範卿とは、故少納言入道信西の三男也。櫻町中納言と申す事は、優に情深き人にて、吉野山を思出して、櫻を愛し給ひけり。（中略）殊に執し思はれける櫻あり。七日に咲き散る事を歎きて、春ごとに花の命を惜みて、泰山府君を祭られける上、天照大神に祈り申させ給ひければ、三七日の齢を延べたりけり。

（下略）

④『師郷記』永享六年1434九月二一日

於（賀茂）在方卿許被祭大（泰）山府君云々。禁裏御祈也。

＊　泰山府君　中国山東省の泰山に住み、人の生命や禍根をつかさどる神。本来は道教の神。仏教と習合す

ると、閻魔王の太子で生類の生命をつかさどる神となり、地獄の一王・十王の第七太山王とも混同された。また本地を地蔵菩薩に仮託する説もある。我が国では、延命・除魔・栄達の神として、素戔嗚尊・大国主命と同一視されることがある。

⑤『三道』

又、百万・山姥などと申したるは、曲舞舞ひの芸風なれば、大方、易かるべし。五段の内、序・急をさしよせて、破を体にして、曲舞を本所に置きて、曲舞二段ばかりを、後段をばもみよせて、道の曲舞がかりに、こまかに書きて、次第にて舞ひとむべし。

⑥『**世子六十以後申楽談義**』

祝言の外には、井筒・道盛など、すぐなる能なり。実盛・山姥なども、そばへ行きたるところあり。ことに神の御前・晴れの猿楽に、道盛したきなりと存ずれども、上の下知にて、実盛・山姥を当御前にてせられしなり。

⑦『**尺素往来**』 著者不詳・一条兼良仮託。成立室町期

長刀及太刀。腰刀者昔在月山。天国。雲同以後得其名鍛冶。雖有数百人。於其中信房。舞草。行平。定秀。三條小鍛冶宗近。後鳥羽院番鍛冶。御製作者以菊為銘。（下略）

参考『**本朝鍛冶考**』 著者不詳・成立江戸期

宗近一條御宇、永延號三條小鍛冶少納言信西蝉丸或子狐丸とも則此作也。

⑧『**後愚昧記**』 **応安三年1370八月一五日**

今日未刻雷落九條前関白経教第樓上。前関白抜劔子狐。打拂雷公。青侍二人震死。左中将季興朝臣在座。雖

不死病悩

表二に例示した能は、現行曲の中でも年間必ず数回は公演される、常演曲に入っている。常演曲は約百曲とされるが、一般にもよく知られた、『葵上』『邯鄲』『猩々』『羽衣』など、半数以上は作者や成立、傍証史料といった基本的要件が不確定である。なかで、世阿弥に関係が深く、関連史料が信頼できる曲をピックアップした。なお、章を改めて考察する脇能は煩雑と重複を避け、ここでは例示しない。本章ではあらかじめ、自筆本のほかの、明確なテーマを持ち能柄の異なる、まとまりのよい能本を選別し、考察の対象とする方法を採った。

現行曲の分析については、伝承の過程で変化が大きい台詞の詞章や仕方・舞の型・囃子、演出などは、詳細に取り上げて分析する考察を避けた。表二で番付・配役・時・場・作者・成立・参考史料を提示し、注に曲の梗概を挙げ、現行曲の考察対象の範囲を限定した。注3 それは本論の目的が、序章でも述べたとおり、世阿弥の生涯でも前半の時点を中心に、当時の社会の様々な要件の中で、大成していく能と世阿弥という存在を境界領域的に分析し、考察することにあるからである。現行曲は成立や作者が当時に確定されていても、詞章・舞・囃子・演出など、関係史料のあり方を含めて、成立以後数百年の変化について詳細な解明が困難であるうえ、解明されている場合でも、各曲の内容にばらつきがあり、公平な条件として扱えない恐れがある。そこで、表二による骨格と曲の梗概のほか、当時の信頼できる史料を考察の対象に加え、能をその史料から把握する試行を行った。分析は参考史料①～⑧を選択した理由や条件に触れながら進める。

『実盛』は表に挙げた世阿弥の伝書に取り上げられ、応永年中に上演されたという三〇余曲に、世阿弥作として曲名が見える作品である。（『三道』）また、史料①との関連については、すでに能楽研究の側から、成立動機の一つとして位置付ける評価が安定している。注4 このころ、満済准后の醍醐寺清滝の宮では、榎並猿楽が長く楽頭を勤め、大和猿楽や宇治猿楽も榎並の代参を勤めていた。琵琶法師をはじめほかの芸能者の出入りも多く、そうしたことから、平曲や能・田楽などへの准后の関心は高かった。覚一ら平曲を語る琵琶法師が当時、公卿・将軍家をはじめ禁中にも出入りを許されていたことは、諸史料から伺える事実である。能楽大成の草創期は語り物系『平家物語』覚一本の完成期に当たり（同本「灌頂巻」応安四1371年奥付）、『太平記』の成立期と重なる。打ち続く兵乱のなかで、『源平盛衰記』『義経記』『曽我物語』など異本・別本を生み、軍記として成熟しつつあった平曲は、都の広い階層に親しまれ、琵琶法師によって西国や東国に伝播していた。平家の血筋は女性を介し、堂上にも伝えられ、平曲は当時、新興の能よりも高いステータスを持つ、社会各層に浸透した芸能であった。実盛の亡霊の出現は、能の観衆でもある都の貴人や大衆の、上下を問わぬ関心事であったと考えられる。史料①には「遊行上人」とあり、現行曲のワキは「他阿弥上人」という、遊行僧を髣髴とさせる呼び名を伝える。遊行僧とくに時宗の僧は、合戦の場で負傷者を手当てし死者を供養する活動をしていた。実盛が討ち死の場で、みずから親しく懺悔して供養を依頼するのに、ふさわしい対象である。実盛は『知章』の後場と同じく読経のうちに現れ、みずからの討死にいたる戦いを懺悔して、修羅道に落ちた苦患を訴える。霊は暁の月光のなか、なおも弔いを願いながら消えてゆく。

現行修羅能は、平家と盛衰記（『田村』はほかに『清水寺縁起』などの田村麻呂伝説・『朝長』は『平治物語』）を典拠とする一七曲が伝えられている。詞章はどの曲もおおむね、典拠の軍記物と重複する。世阿弥ははっきりと、この能作法を意識していた。（『三道』「三体作書条々」一、軍体の能姿、仮令、源平の名将の本説ならば、ことに〳〵平家の物語のまゝに書べし。）当時の大衆に耳慣れた、平曲などの語りをドラマに仕立て、役（独唱）・地謡（コロス）が歌唱し、編成された囃子に乗って、人気の曲舞仕立てで舞が舞われる。能は軍記の語りを、祭礼や勧進に集う多数の観衆に向かってアピールできる、舞台芸能に昇華させた。その効果は『実盛』の場合、都に喧伝された風聞のさなかで、いやがうえにも高められたであろう。修羅能は現在も能の一つのジャンルとして、正式の番組では、『翁』・脇能に続いて演じられる。その作者に世阿弥が確定または比定される作品群であって、世阿弥との関連が明確なジャンルでもある。能は修羅能によって、広い階層に親しまれた平曲をはじめ、軍記の語りや読みを糾合する方法を掴んだ。ほぼ半数の詞章には、『太平記』の戦闘の描写に類似する「修羅の詞章」も織り込まれている。注5『太平記』は北条氏の滅亡のあと、眼前に流転する人々の多様な闘諍と大量の死の有様に目を据え、追い、ひたすら語り続ける。しかし、能は健礼門院の生涯に六道輪廻を見、その祈りを修羅の世に生きる、すべての生けるものへの救済の祈りとする。(「大原御幸」「六道の沙汰」)その多くのシテは巡歴の僧の読経に導かれ、月に照らされた討ち死の場に現れる。『平家物語』に寄り添う戦闘と死の有様は懺悔となり、修羅道に落ちた苦患から救いを求める供養の懇請に続く。それは現実の、終わりの見えない流転する修羅闘諍の世を、生きなければならない人々の祈りそのものであった。能の庭は、『平家物語』の時空に遡り、集団的な救済の共感とエクスタシーによって、祈りを昇華する場であったと考えられる。修羅能を一つのジャンルとして形成した、こうした観衆のエネルギーと祈りは、能がすべてを吸収し尽したわけではない。当時、幸若舞は長大な語りと舞を次々と紡ぎ、軍記や中世説話を吸収し広汎に展開していた。能は二百年の時を遡って、修羅闘諍に生き、敗者となった武将の懺悔と悔恨、修羅道に落ちた苦患を描く。闘諍に失われた魂の救済とその祈りをテーマとし、本説を平曲として、時空を遡って、その救済の祈りを舞台に展開した芸能であった。

巡歴の僧は『井筒』でも、荒れた在原寺に読経し、夜の月に夢見を待つ。『井筒』の詞章は、『平家物語』を詞章に写した方法が活用され、『伊勢物語』の要約・引用・重複によって展開する。配役は『伊勢物語』中世古注に拠り、伊勢の本文は解体され、能が独自の位置を支配する。たとえば、史料②の「あだなりと」は、伊勢本文で見る限り男性の歌という理解が自然である。しかし能では、後シテ井筒の女の登場歌として謡われる。狂おしい恋慕から涌いてくる、男性と女性の倒錯は、もうここから始まっているのかもしれない。彼女は曲の冒頭から、伊勢古注でも稀な、「紀有常の女」であって、みずから「人待つ女」と名乗り、『伊勢物語』にそって、業平と井戸傍で遊ぶ幼時を回想する。『雲林院』が「武蔵野は 今日はな焼きそ」を春日野の「武蔵野塚」での歌とするように、舞台上には、鎌倉期の『俊頼髄能』などをはじめとする、中世伊勢物語古注が華やかに繰り広げられる。『井筒』の対象となった当時の観客は『伊勢物語』に親しみ、その古注に関心を持ち親しんだ層である。それは堂上や将軍家の和歌会に出席し、古今伝授を望み、その形成にも繋がる人々である。業平を、歌舞の菩薩とする中世伊勢古注は多い。注6 現行曲でも、彼を歌舞の菩薩とし、それに因む舞が繰り広げられるのは常のことである。現行『雲林院』で、後ジテを業平とし、伊勢の品々を語り、序の舞をみせるのは、その余韻であろう。自筆本が提示し現在も伊勢に残る、編者のつぶやきと鬼の基経は現行『雲林院』からは消えた。しかし、現行曲『井筒』は、『伊勢物語』巻一〇・一九・二三の女を紀有常の娘とする古注を残す。適合する残存古注は、冷泉家に伝わる鎌倉期成立の『伊勢物語注』だけである。注7 当時衰退した冷泉派を継承していたのは今川了俊らであった。了俊は、『難太平記』を著わし、九州探題として武名高い北方の武将である。将軍の周辺から、その中世伊勢古注が、世阿弥に伝えられる可能性は高い。戦国以降、伊勢古注は時とともに伊勢の読者から遠のき、現在では研究の対象としてのみ考察されている。注8 しかし、『井筒』は現行の形で残った。その要因の一つは、歌唱と囃子の無理のない、高い技能と個性を発揮できる編成であり、いま一つは典拠『伊勢物語』のテーマを的確に把握し、主人公を「昔男」から彼が愛した「女」たちの「人待つ心」の表徴として「井筒の女」に旋回した能本にある。これらの点は論を改めて考究したい。ともあれ、成立当時、伊勢やその古注を享受した観衆に古の時空を開いたのは、月が冴える深更の時とそこに夢見る巡歴の僧・貴人であったのは興味深い。

『泰山府君』の祭と、咲き誇る桜を照らすのも、爽やかな月光である。天女は月が雲に隠れる間に、花枝を手折って逃れ去る。彼女は泰山府君に引き寄せられてふたたび現れ、舞台はその舞と泰山府君の働で賑々しく終わる。この曲で祭を主催するのは、平治の乱で横死した信西の三男、桜町中納言成範（重範）であり、彼に仕える花守も桜を守り、桜の延命を祈って、泰山府君を迎える。史料④は泰山府君祭が禁裏御祈となり、陰陽師賀茂在方が主宰した記事である。武家でも、足利尊氏薨去の前日に、五檀法を修し泰山府君祭が催行されたことが見え（『愚管記』延文三1358年四月二九日条）、応永頃には日記や諸記録にこの祭が広く認められて、盛行の状況が知られる。この曲はそうした貴人の高い関心をうけ、平家・盛衰記に典拠を求めて制作されたと考えられる。泰山府君祭の祈祷は、息災延命・一家萬福・除災が本来であって、桜の延命という優雅な祈りは、記録で見る限り珍しい。ただ、平曲のこのくだりは「さくら」と呼ばれ、語りを始める最初に、必ず語られるきまりがあった。その慣習からは、一般によく親しまれた説話だったのである。注9

この祭は陰陽道の祭祀であって、『小右記』永祚元989年、すでに祭日勧申の記事が知られる。『朝野群載』は、永承五1050年、即位後の凶兆に冥道十二座に捧げる後冷泉天皇の都状と永久二1114年藤原為隆が冥道十二座に捧げた泰山府君都状を掲載する。為隆は同日閻羅天子にも都状を捧げ、さらに延年益算を祈願している。「銀銭・絹・鞍馬・奴」の献上目録は、形骸化された形跡を残しながら、この祭の起源と招来とを考えさせられる。平家と盛衰記によれば、この泰山府君祭では、天照大神への祈りが捧げられており、当時すでに習合的な祈祷の性格を持つ祭祀であった。注10 この能では陰陽師の登場はなく、貴人の祭祀の具体的な次第に立ち入らない能のスタンスが確認される。能『泰山府君』の天女や泰山府君の出現は、桜町中納言の祭りに応えた奇跡として処理されている。現行曲で陰陽師が登場し、祭壇で祈りを見せるのは下条の男女と関わる『鉄輪』の安倍清明である。『鉄輪』では正先の作物が注連縄で結界され、ワキ清明と戦うシテの鬼女が祈り伏せられる。

『山姥』は史料⑥によれば、「当御前」（足利義持？）に『実盛』とともに演じられた。史料⑤では曲舞をみところにしていて、現行の舞の構成も『三道』の記述の主旨に適う。慶長五1600年まで、演じられた記録は五九回を数え、注11 室町から安土桃山にも親しまれた曲であった。『三道』の近来の能リストには見えない。成立は以後『申楽談義』までの七年間のうち、『五音』よりさらに後であろう。山姥は山に棲む精霊である。その民俗伝承は、近代以降民俗学の興味ある研究対象の一つであり、端午の節句の幟旗にまで描かれる存在である。そうした民俗学や芸能については、先行する能をはじめとする関連分野の詳細な研究成果に譲りたい。注12 山姥は月澄み渡る深山に姿を現す。百万山姥とは、山姥が山めぐりするさまを映した曲舞によって、都でも名高い遊女である。彼女は善光寺に巡礼する善行を果たす志から、山姥の領域に分け入った。江口の君を普賢菩薩の化身とした能にとって、彼女以上に山姥にふさわしい存在はない。山姥は彼女に、みずから思いを述べ、すべての舞いを舞いつつ去ってゆく。月は皓々と、この神秘をあますところなく、照らしつくす。

『山姥』が曲舞の遊女を登場させ、曲中の時が比較的成立近くにでも想定できる能なのに対して、『小鍛冶』は一条天皇（在位986〜1011）の御宇に時が遡る。『小鍛冶』では天皇が見た夢告を契機に、御意のいち早い実現に向かってストーリーが展開する。月に替わって、全曲に通奏低音のように響くのは、天皇の存在である。

御使 橘道成は夢告のその夜、勅を奉じて宗近の私宅に急ぎ、相槌を欠く宗近は急遽、氏神稲荷明神に参拝する。神はすでに、天皇の勅と宗近の窮状を察知しており、童子となって稲荷社近くで彼に呼び掛ける。その神託のあと、舞台は一気に、注連縄を張った鍛冶場に進む。待ちうける勅使の前で御剣は打ちあげられ、神狐は群雲に飛び移り姿を消す。

『保元物語』によれば、軍勢揃いのとき、信西は薄墨染の直垂に太刀をはいていたという。その太刀の銘は「子狐」であった。注13 同じ銘の「子狐」と呼ばれた太刀は実在し、藤原師輔の頃から藤原摂関家に伝領された家宝であった。忠通・頼長が継受し、保元の乱の時は師長のもとにあったかと推察されている。史料⑧は、九条経教邸の楼に落雷した事件を伝える記事である。前関白経教は「剣子狐」を抜き、雷神を打ち払ったらしい。『常楽記』は同日に、青侍二人の雷死を記録している。『北野天神縁起』さながらの経教の雄姿は、「子狐」の霊力とともに、都の大衆が耳目をそばだてた風聞であったろう。九条家に伝存した、この「剣子狐」はおそらく、藤原摂関家に伝領された野剣そのものか、それのゆかりを伝える剣であろう。小鍛冶宗近も現存 銘三条名物三日月宗近が伝える実在の人物らしいことは、先行する論考にも詳しい。注14「子狐」の霊力を語るこの能は、伏見稲荷明神の御使を目の当たりにした都の観衆を魅了し、親しまれたことであろう。

作者不明のこの曲は成立にも各説がある。稲荷の御使は狐である。その狐には、男狐に女狐があった。刀鍛冶の相槌を打つイメージは男狐が無理はなく、童子の姿で神託を下してもいる。一気呵成の展開も男狐が自然に見える。男狐の出現は一般的に古く、史料⑧の出来事をヒントに、この時期を上限とする曲と考えることも可能である。『泰山府君』では桜町中納言という貴人が登場する。彼は実在の人物、信西の子藤原成範である。『小鍛冶』のワキツレ勅使橘道成は架空の人物とされる。実在の太刀「子狐」の由来は平安初期にあり、一条天皇の設定については、もう一話、中世説話の存在を仮定できるのではないかとも考えられる。道成は冒頭、ストーリーや時と場を設定する口開けの役どころであり、固有名詞を畳み掛け、観客に曲のイメージを印象付けなければならない。成立と、当初のスタイルは不明である。実在の天皇・勅・臣下という、事々しい名乗りはおおらかで、スペクタクルでノリのある、メルヘンティックな運びによくマッチする。従者を従えて参詣するワキ当今臣下の場合、日暮れに神の示現を予告され、深更から暁寅の刻に、夢に現形した神の言葉を聞き、その舞を見る。現行曲の当今臣下はこのプロットが典型であって、これは脇能の要件の一つでもある。道成はこの臣下とは別系統で、現行曲『葵上』に登場するワキツレ「朱雀院に仕へ奉る臣下」に近い。葵の上の夫が光源氏であることを知る者には、左大臣の御息女に憑依した御物の怪のさまと調伏を報告し、新たな調伏を実行するのは、この臣下がふさわしく、その美々しい装束は、舞台上にない光源氏への想像を掻き立てる。近江系の『葵上』は、素朴でドラマティックな能をよく伝える曲として知られている。『小鍛冶』もまた、落雷のトピックをヒントに、都周辺の座が演じ始めた小品が原型なのかもしれない。「臣下」がそこに配されるとき、彼の存在によって時空の設定は際立ち、雲居から射す眩いスポットに浮ぶ姿は、舞台に登場する貴人という、他の芸能にない華やかな登場人物と、その人物が立つ夢幻と現実の狭間に、宮廷に取材したドラマの広がりやフィクションにつながる展開が可能になる。『小鍛冶』は都の風聞とその本説、能の創作と能本との関係について、興味深い示唆を与える作品である。

自筆本と表示する現行曲から、能に見る時空認識を検討した。その特色はほぼ次のように、まとめられる。次項では、能に見られる時空認識が、能を生んだ社会のなかで、どのように存在していたかについて、考察を進めたい。

1　過去と現在、異界、死者の世界とのリンクが可能であるという宗教的認識
　現実に、過去・異界・死者の世界とリンクする法力や験力の発動、祭祀の存在を確信し、その超越的な力を具有する、遊歴の修験者・念仏僧などの出家者、巫女・祭祀者に帰依する宗教的認識の社会的展開が認められる。帰依する対象には、生まれながら神に近く、聖別された天皇・貴人が含まれる。根底には神仏に対する信仰と魂の救済を祈願する、強い宗教的感情が存在する。

　霊力を集中し高揚する法事、祈祷、祭祀の宗教的行為や奇跡を尊重し、そこに参加することを切望する生活感情が演者と観衆に共有されている。この宗教的感情の共有は、能成立の社会的前提である。

2　過去・異界につながる時と場—奇跡のスポット—の存在
　黄昏・暁・月光に照らされた深更など、一日なかの過去・異界が交錯する、生死を分ける時が存在する。魄霊や霊鬼、神仏の出現を可能にする濃密な共感をえる特定の場や、群集する庭・座、舞歌・法事、祈祷、祭祀などによって、聖別された場が実現する、このスポットは、現実の時空のなかで時と空間が満ちたとき、奇跡のように、出現する。

3　現在と過去、異界・死者の世界との親和
　過去・異界・死者との遭遇は、可能な生きた奇跡であり、その霊感を尊重し、そこに救済を求める宗教的共感が存在する。

4　聖代への憧憬と回帰の心情

前項1・2・3の奇跡は、能が成立した現実の時空から、遡及する過去に存在する。聖なる過去の時空と奇跡を求める宗教的憧憬から、集中的な祈りが実践され、超越的な力が祈りに応えて、神仏とともにあった聖代への回帰が実現し、そこに救済を得ようとする心情が、広く共感を集める。

5　霊異ある聖剣への崇敬

霊剣は広汎に存在し、それぞれ様々な霊威を発現する。聖器のなかでも高い霊威の象徴である。皇位の正統を伝える神器は、聖器のなかでもとくに神聖な存在とされる。

6　3が仏教的に展開した結果として、現世に六道輪廻の存在をみる認識が形成される。もっともよい例は、能に影響を与えた先行文学『平家物語』に見られる。その「六道之沙汰」で、この世の生に六道輪廻を体現した健礼門院の半生を振り返って、集約的に提示される。

注1　世阿弥自筆能本

世阿弥の自署による奥書があり、自筆と認められる能本。相伝の系列が異なる九巻が現存する。金春宗家旧蔵大和生駒宝山寺蔵本五巻・観世宗家観世文庫蔵本四巻。表題のみならず本文も、マ行音をハ行に表記するなど、当時の慣習に従ったカタカナ表記を主体とする。この漢字混じりカタカナ文は、濁点が付され、係助詞「は」は「ワ」で表記されるなど、宝山寺蔵でほかの手になる「ヨロホシノ本」（自筆臨写本）「トモアキラノ能」（久次筆）と、共通する特徴がある。仮名遣いが自筆本と他の手の能本では一部異なるものの、成立期の能本は現存の史料から、漢字混じりカタカナ表記であったと推定される。現存する最古の能本。すべて重要文化財指定。表章監修・月曜会編『世阿弥自筆能本集』校訂篇（岩波書店　平成九年）に見られるように、ほかの手の二巻も加え、自筆能本と総称して扱う場合もある。

日本語では、すでに平安初期から、表音文字が悉曇《しったん》に倣って五十音に整理され、簡便な確認や暗記の方法として、「いろは歌」が普及した。しかし、その文字表記が必ずしも、実際の発音を正確に反映するものでないことは、現在の日本語ですら、ほとんど無意識に許容されている。世阿弥は「いろは読みには謡はぬ也」（『音曲口伝』）と戒め、「大和の音曲」の「文字訛り」について「かゝり有て、訛り隠る、也。」（『申楽談義』）と歌唱の修練を求めた。最初の音曲伝書『音曲口伝（音曲声出口伝）』とその音曲論を発展統合した『花鏡』はそれぞれ、応永二六1419年・応永三一1424年の奥書を持つ。自筆能本と時期を同じくし、秘伝の充実を計る世阿弥の関心が音曲へと高まり、能本と伝書を一体とした、相伝の拡大に着手した状況が伺える。『音曲口伝（音曲声出口伝）』には、『塩釜』＊現行曲切能『融』の古名。引用句の前シテ登場歌・掛合の一部の詞章は現行に同じ。前シテのカタリは冒頭部分のみ異同。世阿弥作。『ばうおく小町』引用句詞章は現行鬘物『関寺小町』。世阿弥作か。「タゞコトバ」は現在「サシ」前シテの登場歌「上サシゴヱ」。「上ウタウ」は現在「掛合」・地「上歌」。詞章の上では異同は僅少であるが演出は異なることが推察される。二曲について「サシゴト」「上」「下ウタウ」など、自筆本と同じ、歌唱の相違を表示する語が認められる。これは、具体的な曲名・詞章によって歌唱を例示した音曲伝書『五音』上下、作曲・音曲論を整えた『曲付次第』に集約的に発展する。六〇歳を越えた晩年の世阿弥が、能本の固定化とともに、「節付」と「謡」（歌唱）について、洗練と正確さを徹底する指導を実践した試行の跡を見ることができる。

一、音曲の習（ひ）様、二色にあるべし。謡の本を書く人の、曲を心得て、文字移りを美しく作るべき事、一。又、謡ふ人の、節を付て、文字を分かつ（べき）事、一也。文字によりて、かゝりになりて、五音正しく、句移りの文字鎖りのすべやかに聞きよくて、なび〳〵と有やうに、節をば付るなり。さて、謡ふ時は、その曲を能々心得分けて謡へば、曲の付様・謡ひ様、相応する所にて、面白き感あるべし。

『音曲口伝』

『花鏡』でも「音習道之事」の冒頭に、同文を掲載する。能本作者には奏演の全体を把握した、美しい語の繋がり―言葉の響きと曲想を求めているのが興味深い。世阿弥は能本の詞章とくに歌唱部分が詩であることを、認識している。（「花伝」第六　花修云）そして演者は、「節を付て」正確に各句を分かち、文脈を生かした発音・発声をすること。音曲の修練はこの二点であるとしている。『音曲口伝』『花鏡』は右の引用文の後を、次のように結ぶ。

然ば、ただ節の付様を以て、謡の博士とす。文字移りの美しく、清み濁りの節に似合ひたるが、かゝりには成なり。節は形木、かゝりは文字移り、曲は心也。凡、息も機も同（じ）物、ふし・きよくと云も同じ文字なれども、謡ふ時は、習ひ様別なり。稽古云、「声を忘れて曲を知れ、曲を忘れて調子を知れ、調子を忘れて拍子を知れ」と言えり。

又、音曲を習（ふ）条々、まづ文字を覚ゆる事、其後節を極むる事、其後曲を色どる事、その後声の位を知る事、その後心根を持つ事。拍子は初・中・後へ渡るべし。

世阿弥は、作詞・作曲・演者を一身に体現した存在であった。棟梁として一座を率いて能の興行を主宰し、主役を演じて舞人となり、能奏演の台本ともいえる能本を書いた。この史料でも「謡の本を書く人」が「曲を心得」、いっぽう「謡ふ人」が「節付」て「文字を分かつ」など、現在の作詞者・作曲者・歌手とは異なる役割が想定されるのは、そうした座の棟梁の位置に関連していると考えられる。世阿弥の自筆能本には「上」「下」などおおまかな歌唱法が記載され、現在の「ゴマ点」「ゴマ節」といった細部にわたる節付けは部分的に確認されるに過ぎない。それには歌唱の修養が基本的に口伝であるほかに、詞章の正確な発音の習熟と暗記がまず必要とされ、歌唱や朗誦の節は、曲想の範囲で演者の裁量が許されていた可能性が考えられる。すでに「花伝」問答条々において世阿弥は、「稽古とは、音曲・舞・はたらき・物まね、かやうの品々をきはむる形木也。」という。舞台の「位《くらい》・長《たけ》」は「生得の事」と繰り返しながら、稽古を極めれば、欠点は除かれ技は洗練されて、位が自然とでてくることがあると述べる。彼は逡巡する。「幽玄の位は生得の物か。長たる位は功入りたるものか。」四〇歳ごろの世阿弥は、「音曲」を演技を構成する一要素として、「音曲・はたらき」と、他の要素も合わせ意識し、歌唱の発声や発音といった分析的な認識にまで及ばない。演技者として、自己の舞台を稽古によっていかに極めるかを模索していたのであろう。彼は次項「文字に当たる風情」をまとめる。

答。これ、細かなる稽古也。能にもろ〳〵のはたらきとは、これ也。体拝・身づかひと申も、是也。たとへば、言ひ事の文字にまかせて心をやるべし。「見る」といふ事には物を見、「指す」「引く」など云には手を指し引き、「聞」「音する」などには耳を寄せ、あらゆる事に身を〔つかへば〕、をのづからはたらきになる也。第一、身をつかふ事、第二、手をつかふ事、第三、足をつかふ事なり。節とかゝりによりて、身の振舞を料簡すべし。これは筆に見えがたし。その時に至りて、見るまゝ習ふべし。

この文字に当たる事を稽古し極めぬれば、音曲・はたらき、一心になるべし。所詮、音曲・はたらき一心と申事、これ又得たる所なり。堪能と申さんも、是なるべし。秘事なり。音曲とはたらきとは、二つの心なるを、一心になる程達者に極めたらんは、無上第一の上手なるべし。是、まことに強き能なるべし。

詞章の内容のとおり心を働かせ身体を動かし、手・足をつかう。それが能のはたらきである。舞台の演技に習い稽古を積み、「音曲」と「はたらき」が一体となったとき、「無上第一の上手」「堪能」なのだという。「文字にあたる」詞章の文字一つ一つの響き・つながり・意味を吟味し、曲を付け、その音曲によって身体をつかう。この、音曲によって詞章を身体化した演技が、「堪能」であった。

大和生駒の宝山寺には、「世手跡能本卅五番」の題記を持ち、曲名のみが列記された目録が現存する。主要部分は世阿弥の女婿 金春禅竹筆と推測され、用紙上部に右から「ユミヤワタ」ほか三三曲を横一列に併記する。最末尾の「トモアキラ」など後人の加筆とおぼしい筆跡があり、複数の人物が書き継いだ形跡がある。下部の空白に「ヨロホシ」「竿ノ哥之能」二曲が見え、上部に並列された三三曲は「イシカワノ女郎」「ウシヒキノ能」「ハウシヤウ川」以外はすべてカタカナ表記である。本目録の曲名は「ユミヤワタ」が応永三〇1423年奥書の世阿弥の伝書『三道』に『八幡』の別名で記載され、晩年の『五音』『申楽談義』で確認されるほかは、文献上の初出とも、これ以外に曲名を見ない曲が混在する。世阿弥の伝書のほかに、曲名から大成期の能とその伝承を傍証できる興味深い史料である。ここで、その三五曲を五十音順に列挙する。

イシカワノ女郎　イツヽ　ウシヒキノ能　ウタウラ　ウンリンキン　エクチ
かシワサキ　コレモリ
竿ノ哥之能　シロトリ　スミタカワ　スミヨシモノクルイ　センシユ
タエマ　タタツ　タツタヒメ　タママミツ　タムラ　ツネモリ　トウカンコシ
トモアキラ　トモナカ

ノキハノムメ
ハンチヨ　ヒカルケンジ　フセヤ　ハウシヤウ川
マツノヲ　マタカシワサキ　ミモスソカワ　モリヒサ
ヤマウハ　ユミヤワタ　ヨシノサイキヤウ　ヨロホシ

現在の謡本と世阿弥自筆能本は、能の奏演をシテ方から把握したテキストであり、言葉の発声とその伝承を中心に、そこに音楽と舞の伝承を記譜した詞章本であるという、基本的に共通する性格を持っている。本論では、いわゆる『現行曲』を謡本出版を基本要件とし、「番外曲」は伝統的に番外とされる『翁』『鵜羽』や奏演可能な条件を備える曲、「廃（絶）曲」を微かに詞章が残るなど、再演に根本的な構築が必要な曲を仮称する。

注2　佐成謙太郎　『謡曲大観』巻一　明治書院　昭和五年
注3　香西精　『能謡新考―世阿弥に照らす―』作品研究　実盛　檜書店　昭和四七年
中村格　『室町能楽論全集』　わんや書店　平成六年
注4　例示現行能本梗概

○『実盛』
加賀国篠原の里で行われている、他阿弥上人説法の庭に、毎日日中の前後、一人の老人が現れ声明に励む。彼の姿は上人にだけ見え、里人も参会者も上人の独り言を不審に思う。鄙人に名はないと名乗りを拒んだ老人は、人払いを所望する。彼は上人に、自分が篠原の合戦に討たれた、実盛の執心であって、百余年ののち、仮初めに現れたと告白し、池の畔に消え失せる。

池の畔で夜もすがら、別事念仏で弔う上人の眼前に、池の面から花やかに甲冑を帯した斎藤別当実盛が姿を現す。彼は弥陀を讃美して念仏の功徳を渇仰し、修羅の苦患から救済されるために、懺悔する。幽霊は篠原の合戦と実盛の死を物語り、有明の月光のなか、なおも念仏の弔いを願いながら、消えてゆく。

○『井筒』

諸国遍歴の僧は奈良から初瀬に参る道すがら、石上の在原寺に立ち寄り、業平と有常の娘の霊を弔う。そこへ何処からともなく一人の女が現れ、古塚に花を手向けて伊勢の昔を語り有常の娘と名乗って、井筒の蔭に消える。その夜の僧の夢に、女は業平の形見の冠直衣を身に纏って現れる。女が業平を偲ぶ舞を舞い、井戸に映る我が姿に業平の面影を慕ううち、夜は明けて、目覚めた僧の耳に明け方の鐘と松籟だけが響く。

○『泰山府君』

櫻町中納言成範は花に名残りを惜しみ、泰山府君祭を行っている。祭のさなか、美しい花に引かれて天下った天女が、枝を手折って天上に逃げ帰る。現れた泰山府君は、通力をもって天女を呼び戻し、枝を接いで花の命を三七日まで延ばす。

○『山姥』

善光寺詣を志した遊女 百ま山姥は、従者を伴い都を立つ。境川の里人に案内を得、「如来の踏み分け給ひし」上路の深山を徒歩で行くうち、にわかに日暮れて、山深く住む女に会う。女は自分の庵に宿を進め、山姥の霊鬼を名乗り、山姥の曲舞で名声を得ながら、自分を一顧だにしない遊女に恨みを述べて、月の夜声に一節謡えば、真の姿を現すことを約束し、我が妄執を晴らして欲しいと頼んで消え失せる。

遊女の謡う声に、山姥は澄み渡る月光のなか真の姿を現し、深山幽谷を巡る山めぐりのさまを、峯に翔り谷を響かせて舞い、行方も知れず消えてゆく。

○『小鍛冶』

一條天皇はある夜不思議な霊夢を見、橘道成を勅使として三條小鍛冶宗近に御剣を打ち奉るよう仰せ付けられた。有力な相槌の者がいない宗近は途方にくれ、氏神稲荷明神に参って祈る。そこに不思議な童子が現れ、剣の威徳を讃えて励まし、力を添えると約束して夕雲の懸かる稲荷山に消えた。

宗近が注連縄を掛けた檀で幣を捧げて祈ると、霊狐が現れて、相槌を打つ。打ち上げられた御剣に銘が打たれる。表には小鍛冶宗近、裏に神体が打った銘は「子狐」。御剣は勅使に捧げられ、霊狐は再び群雲に飛び乗って、稲荷山に帰る。

注5　現行曲『箙』『兼平』『清経』『実盛』『知章』『頼政』の立働キには、能に組み入れられた、修羅道の舞の痕跡が認められる。また、『八島』はこの世の戦闘に修羅道を見る。

注6　大津有一『伊勢物語古注釈の研究』増訂版　八木書店　昭和六一年

注7　片桐洋一『伊勢物語の研究』〔資料編〕　明治書院　昭和四四年

注8　伊藤正義「謡曲と伊勢物語の秘伝」「金剛」昭和四五年五月

西村聡一「「人待つ女」の「今」と「昔」」皇學館大學紀要18　昭和五五年一月

注9　香西精　『続世阿弥新考』Ⅱ世子語抄一〇 たいさんもく　わんや書店　昭和四五年

注10　黒板勝美・國史大系編修会編『朝野群載』巻十五　吉川弘文館　昭和三九年

この興味深い史料は、元國學院大學文学部教授嵐義人氏のご教示によって知ることができた。

注11　能勢朝次『能楽源流考』　岩波書店　昭和一三年

注12　香西精　前掲書『能謡新考』作品研究　山姥　檜書店　昭和四七年

須田悦生「作品研究　山姥」「観世」昭和五五年五月　檜書店

注13　栃木孝惟『保元物語』新古典文学大系43『保元物語 平治物語 承久記』岩波書店　平成四年
注14　八嶋正治『作品研究　小鍛治』観世昭和五〇年一月号　檜書店

第二節　大外記中原氏注進

北朝が開かれ政治体制が整備されなければならない状況の中で、大外記中原氏には上卿・太政大臣をはじめとして、各方面から、政務にあたって、先例が下問された。ときには都が戦場となり、主上を叡山や近江に遷すほどの流動的な状況のなか、政庁はつぎつぎと直面する事態を処理する必要があった。大外記にたいする下問は必須の現象と考えられる。下問は口頭の場合すらあり、書状のほか御教書などの形式を取った場合も確認される。中原氏は下問の形式にかかわらず、その「不審」の要旨をまとめ、自ら引勘した回答を「注進」して、内容を記録した。大外記への下問は、政庁内の事案・政局への意識を知り、内容の処理や対処は、朝廷・院庁の動向を把握する確実な情報と考えられる。

注進は下問当日または翌日にはほとんど終了しており、先例が多く緊急性をもたない場合にのみ稀に、年代を区切って数回にわたり回答された。その迅速さと整理の正確さから、中原氏には数世代に渡る、文書整理手法が伝承・習得され、「文庫」と呼ばれる収蔵施設が整備され機能していたことが伺える。注1

北朝整備期は、当面する政治課題を解決し、体制を整える重要な時期に当たり、当事者の意図や意識、政治勢力のバランスを知るうえで、興味深い現象が見られる。能は北朝の貴人の愛玩を獲て支持を広げ、興行権を強化し洗練と安定の基盤を形成した。そうして室町後期には次第に、田楽をはじめとする諸芸能を圧してゆく。能が進出する先端には、南都興福寺の薪猿楽に参勤した観世座があり、初代大夫観阿弥は、正慶二1333年に生まれ、至徳元1384年に没した。南北期を生きた観阿弥と子 世阿弥が受け継ぎ大成した能の時空認識が、能を愛玩し支持した貴人の現状認識、ひいては政治・祭祀とどのように連接しまた、乖離するかを分析の基点とし、視点を集中できるよう、史料を考察した。

まず、大成期前夜のエポックの数年に限り、整理を試みた。以後については、政治の動向と記録の残存状態を確認し、順次、連続性を考慮し、試行を展開させたい。もっとも興味深い観応の擾乱期には、諸記録は混乱・錯誤・欠落し、史料の内容は政治と軍事の動向に限られる。兵乱は天下触穢として、朝廷・院の政や公祭の延引・停止を意味した。

観応の擾乱以後、中原氏の勘例が集中して確認されるのは、光厳院葬送である。『師守記』貞治三1364年七月九日条には、大外記師茂が勅問に対し、諒闇について勧進を上申した草案が見える。師茂は父師右の死後、大外記就任にあたって、母禅尼御方から文庫の鍵を渡された。(同記康永四1345年四月二六日条)相続した文庫は擾乱の兵火を免れたらしい。応永三1396年義満が清原頼季を抜擢して以後、中原氏の関心は行事暦注に移る。

表三最初の「遠国崩御天皇廃朝」は八月一九日、按察中納言 勧修寺経顕が御教書をもって下問した事件である。[注2] この日都では、後醍醐天皇が吉野で崩御した風聞が広がっていた。御教書には具体的に、崇徳・安徳・後鳥羽・土御門・順徳院を挙げ、廃朝以下の有無を尋ねている。この日には、大宮中納言四条隆蔭からも、内々の下問があった。下問は晩のことであったが、注進は折り返し、その夜のうちに済まされた。要件は「件度々無廃朝並省略事」である。二八日になって、武家が七日の廃務を決定したという、伝聞が入る。この頃に

は、崩御が一六日であったことが、確実になっていた。注3 公家の沙汰は先日下問二に応えた注進のうち、崇徳院の例によって「無停止」のまま置かれた。ところが、九月一日、奉行勧修寺経顕から、ふたたび下問があり、後深草・伏見院の例により、公家の廃朝七日が注進された。武家の奏請によって決定が覆されたのである。「尤不審也」師守は腑に落ちない。思いがけない変更であったのであろう。八日には五日間の廃朝宣下が下った。「雖無遺詔奏行之、今度儀無先例、新儀御沙汰也、尤不審候」不審は、「無遺詔奏」の決定だったこともあったようである。注4 この廃朝で、九月九日の重陽平座は停止された。一五日には文殿庭中は再開され、同日武家も沙汰始めとなる。関心は神宮造営杣事に移り、勘例が奉行頭に送られているが、詳細な記録はない。二八日の仗議では仗議公卿四人という参陣があり、師守は先例を疑っている。しかし下問がなかったのであろう。先例は挙がっていないまま、参陣が始まる。

表三

大外記　中原氏　注進

件　名	関連事項	先例の年代。年号	注進内容	注進月日	備　考
遠国崩御天皇廃朝	**後醍醐天皇崩御**	**崇徳・安徳・後鳥羽・土御門・順徳→後深草。後伏見**	**廃朝公事省略→廃朝**	**暦応二1339 8・19→9・1**	**武家廃務。武家計申之間9・1より廃朝不審**
賀茂臨時祭勘例	同祭12・1	康平二・六1059・建保三・四嘉元三1305・徳治元1306	臨時祭五節以後酉の例	同・11・10	例　康平二1059より斎行
行幸逗留留	花山天皇光厳院行幸		賢所不渡・御旅所時公事・新嘗祭	同・11・17	例多し
神木動座評定停否氏人参仕の例	**12・29神木動座**	**寛元元・二1243、永仁二〜五1297**	**議定始・評定始のみ執行**	**暦応三1340 正・6**	**神木動座叙位停止 神木動座評定始延引**
神木動座白馬節会省略	**同上**	**永仁三1295・正応五1292**	**省略例詳細に提示**	**同・正・7**	**13日白馬節会省略執行**
神木動座三節会省略	**同上**	**同上**	**省略例簡潔**	**同・正13**	**踏歌節会立楽等省略**
季読経三月	同上	寛元元・宝治元1247・文永五1268・建治三1277・弘安三1280・嘉元元・徳治元1306		同・2・21	執行3月20日 例多し
皇后宮大属任命	同2・23範子内親王立后	建久九1198・建仁二1202・正治三1201		同・2・23	
賀茂祭諸宮使兼弁官	同年賀茂祭	安貞二1228・寛元二・三・建長元1249・文永元・元応元・二1320・延慶二1309・正慶元		同・3・28	石清水臨時祭　舞人軽服勤侍例　弘安六1283　1例のみ
梅宮祭参議行事	同年3月28日梅宮祭	延慶元・正和元1312・同五		同上	上卿不参のまま斎行
同祭弁官行事	同上	永仁三1295・延慶二・正和元		同上	上卿不参のまま斎行
石清水臨時祭	**同年・3・29臨時祭**	**永仁五　異姓人・乾元元1302　藤氏**		**同上**	藤氏出仕
神木動座時賀茂祭藤氏勤仕	**同年賀茂祭**	正安三1301・**同四**		**同・3・29**	同年4月11日警固延引13日着陣14日行列・15日解陣
禁中触穢広瀬龍田祭	同年広瀬龍田祭	応和六966・天暦元947・長元七1034・天喜元1053・永長元	1096・保延二1136・宝治元	1247」 同年6・29	延引・流れ。例他に多し。＊同年記事七月迄
春日神木在京白馬節会	**節会丑斜被始行**	**弘安1278〜88・徳治1306〜8**	**夜陰被始行**	**暦応四1341正月**	**暦応三/6/14春日神木動座**

件　名	関連事項	先例の年代。年号	注進内容	注進月日	備　考
射礼式日延期	**上卿不参　延引**	**寛元四1246・嘉暦三1328 建武五1338**	**同じ２下問について延引例紹介**	**暦応四1341・正・１６**	**暦応三/6/14春日神木動座。公事執行について下問多し**
神木在京園韓祭	上卿参向	正和四1315上卿不参	被止神木・和舞	同・２・８	暦応三/6/14春日神木動座
神祇官卜異	住吉社五体不具穢	保元三1158・正安四1302	軒廊御卜	同・２・２０	廻廊東端乞食法師死去
院国忌上卿不参	**免者上卿不参職事宣下**	**正和四1315・嘉暦四1329**		**同・２・２２**	**近例ノミ注進**
神木在洛時賀茂祭使已下事	**神木動座時藤氏憚出仕**	**弘安五1282・徳治三・正和二**	**異氏出仕例**	同・２・２８	
改元以後政始以前公事	改元	正治三1201・弘安十一1288・徳治三1308・応長二1312	還補天台座主 小除目 石清水臨時祭	暦応五・４・24	此外、行幸並奉幣発遣例猶存之
諸社奉幣納言上卿兼行	同年５月２日春日社奉幣	永仁五1297・応長五1315・正和三1314	石清水社・藤崎宮神体神宝焼失・神輿帰座	康永元1342・５・１	正和三 北畠親房 納言勤仕使事　八幡之他不候
日吉一社奉幣	７月20日日吉社奉幣	保延六1140・建仁三1203・正元元1259・乾元二1303		同・５・５	此外元徳二1330 後醍醐天皇日吉社奉幣
弘安以来摂関一座宣下	５月７日摂関一座宣下	正応二1289・永仁六1298	左記の他１４例	同・５・７	
承明門院ほか四女院崩御	**５月７日永福門院崩御**	**正嘉元1257・正応五1292・嘉元二1304**	**正嘉元・正応五被奏遺令有**	**同・５・８**	**廃朝被奏遺令以後５日恒例臨時公事詳細例有**
改元後政始前廃朝	**同上**	**長治三1106**	**賀茂社焼亡廃朝**	**同・５・１１**	
太上天皇御心喪時御霊会馬長停否	**同上**	**永仁元1293**	**御軽服時不被献馬長**	**同・５・６**	
東宮御軽服	**同上**	**元久元1204・承元四1210・弘安三1280・同五**		**同・６・７**	
祈年穀奉幣十一月十二月	**同上**	**長保三1001・嘉禎二1236・建治三1277・弘安六1283・延慶元1308・永暦元1160・治承四1180・建保五1217・承久三**	**1221」**	**同上**	**此外正応五1292祈年穀奉幣俄停止 異国御祈二十二社奉幣使発遣兼又十月例不及注進**
名家人々不経顕職叙四品時超上首		嘉禎四1238・文永三1266・正応元1288・正応五・正和三1314		同７・１３	洞院公賢７・１２書状不審 当代少々候。他に重職宣下の例を回答

件　　名	関連事項	先例の年代。年号	注進内容	注進月日	備　　考
廃朝後政始被略	**5月7日永福門院崩御**	**弘安五1182・永仁元1293・嘉元二1304・徳治二1307・正和三1314**		**康永元1342・6・10**	**同・7・20政始停止**
釈奠宴座停止	**同　上**	**嘉保三1096〜建長四1252　10例**	**随所見注**	**同・7・19**	**永福門院御事**
釈奠宴座不被停止	**同　上**	**宝治元1247〜正安三1301 9例**	**随所見注**	**同・7・19**	**永福門院御事**
縣召除目吉書奏同日	縣召除目吉書奏遅延	建治三1277・嘉元元1303		康永三1344正・9	此外官奏京官除目例猶存
神社造国司成功	康永三1344正・10春日社造国司募賞	正暦三992・長久元1040・康和二1100・康和三・建久六1195		同・正・10	春日社・杵築社・住吉社2・日前国懸社
心喪中出仕	有文殿沙汰出仕中絶者	永仁五1297〜正和四1315　5例	3例参入	同・8・6	近頃除服吉服出仕其例候
釈奠非参議等着座	8・8釈奠非参議等着座	長寛元1163・建暦元1211・応長元1311		同・8・8	上卿雖被命申詳細不着
淳和奨学両院別当任位次補任	久我通相源氏長者淳和奨学両院別当	建仁二1202〜元亨三1323 7例		同・8・10	
東大寺八幡神輿東寺安置	**8月15日八幡神輿入京**	**永仁二1294〜文保三1319　5例**	**8・16雑訴停止**	**同・8・15**	**文殿・御前評定不定**
東大寺八幡神輿在京中諸行事	**同　上**	**永仁二1294〜文保三1319　5例**	**8・17復任除目有**	**同　上**	**各例入京〜帰座の公事公祭斎行停止例**
東大寺八幡神輿在京中雑訴	**同　上**	**永仁二1294・延慶二1309・文保三1319**	**御前評定・文殿沙汰延引のち実施**	**同　上**	**文保三1319例は越訴庭中・御前評定実施**
東大寺八幡神輿上京例	**同　上** **8月16・19日雑訴停止**	**永仁二1294・同三・延慶二1309・正和四1315・元亨元1321の詳細**	**釈天・穏座宴・音楽無、五節停止**	**同　上**	石清水・賀茂臨時祭舞無・略物音。帰座源氏公卿供奉
復任除目	**同　上　8月17日復任除目延引23日執行**	永仁二・延慶二・文永元1264・建治三1277・弘安三1280	**神輿入洛時不行** **神木入洛時執行**	**同・8・17**	
祈年穀奉幣九月執行	同年9月11日神嘗祭奉幣	**永仁元1293・同3・同5**		**同・9・3**	**近例のみ注進**
維摩会異姓参向	8月15日八幡神輿入京			**同・9・5**	**所見不分明**
中納言例幣参向	**同　上**	**弘安九・正応二1289・正安元1299・嘉元元1303・元亨元**		**同　上**	**この他例多し**
東大寺八幡神輿在京中除目	**同　上** **同9月23日京官除目**	延慶二1309・文保三	**神輿在洛時縣召・京官執行例**	**同9・8**	**京官去去年・去年之外不被行**

表冒頭の暦応二1339年　年中行事・公祭・参考事件をまとめた。行事・公祭項の下に、表作成のとき参考にした諸記録に残る参勤者の職掌別員数を括弧内に挙げた。姓名は煩瑣を避けるため、省略する。表中囲み線によって表示された先例が、執行された先例である。各項とも最も古い先例が採用されている。全体の員数について記録が残り、重複する場合は『師守記』を採用した。員数の記録は前半期になく、6／21　院三席御会から見える。

暦応二1339年　年中行事・公祭・参考事件

正／1　節会　有舞楽
／5　叙位
／7　白馬節会
／8　後七日法・太元法／14結願
／11　縣召始　12／中　13／竟
／16　踏哥節会　停立楽国栖笛
2／18　釈天？
／26　小除目
4／18　警固・／20賀茂祭・／21解陣
／19　日吉祭
5／30　院御楽御会

6／11　**月次祭・神今食停止伊勢路不通**
／21　**院三席御会（文人公卿16人・殿上人7人・序者1・読師2・講師1）**
8／4　北野祭
／11　釈天（上卿1・参議0・少納言0・弁1・外記2・史1・召使1・官掌1）
／12　小除目（上卿1・職事頭1・外記1・史1・執事1）
／15　放生会（上卿1・参議1・弁1・中将2・衛門佐1・外記1・史1・召使1・官掌1・内蔵1）
／16　駒牽（上卿1・参議1・弁1・少納言1・奉行1）
／15　**後村上天皇践祚**
／16　**後醍醐天皇崩御**
／18　尊氏聞南主崩修仏事
／24　**武家罷雑訴**
9／1　公家廃朝
／6　**院宣武家天竜寺創建**
10／1　平座
／3　**長講堂供花　／10結願**
／3　**後村上天皇即位**
／5　暦奏・小除目（上卿1・参議0・外記1・弁1）
／28　松尾祭（頭中将1奉行）

11/4 院舞楽御覧

/5 平野祭（上卿1・弁1・外記1召使1・官掌1・史0・宣命上卿1・使1・内記1）春日祭（上卿1・近衛使1・春宮使1・弁1・外記1・史1・召使1・官掌1・別当1・内侍1）

/9 春日神木動座移殿

/17 吉田祭（上卿0・院使1・弁1・外記1・史1・召使1・官掌1・有官別当1・内侍1）

/22 五節停止（後醍醐天皇崩御による）

園韓神祭（上卿0・弁1・外記0・分配1・史1・官掌1・召使1）

/23 鎮魂祭（上卿0・弁1・外記1・召使1・官掌1・内侍1）

/26 尊氏等持寺後醍醐院百箇日仏事

/28 日吉臨時祭（上卿1・奉行1・弁1・使1・内記0・外記1）

12/10 御躰御卜・軒廊御卜

/11 月次祭・神今食停止伊勢路不通

/18 賀茂臨時祭（上卿1）

/22 春日神木動座金堂

/24 内侍所御神楽 恒例

/25 内侍所御神楽 臨時

/27 任大臣節会（外記2・弁3・史1・召使1）**今年京官除目ナシ**

/28 叙位停止神木動座

／30　追儺・小除目（奉行1）・荷前

暦応二1339年斎行の年中行事・公祭は、観応の擾乱以前の状況をコンパクトに表している。二つの朝廷の存在が年中行事・公祭の催行を妨げ、変則的な状況が慢性化している。典型的な例が、北畠氏が国司を務める、伊勢路不通による月次祭・神今食の停止である。（6／11・12／11）公祭では上卿の不参（11／17　吉田祭・／22　園韓神祭）各役の欠勤・遅刻のため、運営は難渋し変則化する。戦乱の成り行きが不透明ななか、荘園の貢租が減少し、祭費の工面が不如意であるうえ、道中は危険でもあった。都の行事でも役の員数が欠け（8／11　釈天・11／23　鎮魂祭）、同じ日に行事・祭を重ねて催行する試みも見られる。（10／5　暦奏・小除目・11／5　平野祭・春日祭）公事・公祭を追行する意思が減退してゆく中で、6／21　院三席御会は、あきらかに出席者が多い。この傾向は室町期にも継続し、将軍家の月並歌会・摂関家・大臣家などの三席御会・連歌会などが参加者を糾合するようになる。古今伝授や古典籍購読の隆盛は、年中行事・公祭の形骸化の進行と表裏の関係にある。兵乱と貢租体系の変質が都に居住する、公卿・廷臣の意識やコミュニケーションの形態を変化させた結果であろうと考えられる。絶え間のない戦闘が続く目まぐるしい現実から、詩歌と物語が生まれ、神仏に加護されたときに遡及する営為と実践が継続され蓄積される。

表三　注進の各項では、遡れるかぎりもっとも古い先例が採用されて、実行される。暦応三1340年六月二九日「禁中触穢広瀬龍田祭」項には、天暦元947年の例が注進されている。内容は公祭の催行や行事の執行法だけでなく、人事の詳細にまで及ぶ。先例がない施策は実行されない。その典型が、神木・神輿の動座による行事・公祭の延引・停止である。神木・神輿の動座は伝令が付き、都に位置が報告される。神木動座では興福寺

域の移殿・金堂より寺域外では木津・宇治・東寺など、位置が都に近づくにつれて、禁忌が強まる。行事・訴訟の要求によって、衆徒から公卿・廷臣に行事・公祭の出仕について、憚り・不参などの指示が降った。上卿不参や廃朝が先例となったのは、当時の記録に残る例からは、春日神木が寛元年間（1243～47）東大寺八幡神輿は約三〇年後の弘安二1279年が上限のようである。中原氏注進によれば、永仁二1294年の神輿上洛は七月一三日申の刻であった。武士は騒動して京中を馳せ廻り、大臣・諸卿は内裏に馳せ参じた。五基が内裏周辺に、一基が右大将花山第の四足門内に振り棄てられたらしい。神輿は翌日、東寺長者によって寺内に奉迎された。注進によれば、これは弘安二1279年の上洛に先例があったようである。弘安のとき初めて、廃朝が勅問されたとある。一二月一九日の帰座には、源氏の公卿が供奉した。

康永三1344年八月一五日の入洛では、室町幕府 侍所 仁木義長が馳せ向かい、入洛を防いだ。神人は多く打擲され、一基が五条大橋に振捨てられ、そのまま奉安されたという。ところが、翌日、もう一基が東寺に迎えられて入洛した。以後雑訴・五節停止や復任除目・京官除目など、先例を拾いながら、神輿上洛への対応が続いている。

神木・神輿の動座による攪乱は、公事・公祭の遂行の意欲をますます減退させた。白馬節会は省略や夜陰始行などの変則的な方法で、ともかくも続けられた行事の一つである。しかしその実態は、洞院公賢が康永三年正月八日の書状に書き付けた、見聞の感慨がよく表している。「昨日節会公卿無人、頗希代事候歟」注5 それでも彼はあるべき公事・公祭を追求する強固な意志を失っていない。春日臨時祭の式日は秋冬が常である。同年二月一四日勅問を受けたとき、公賢は、その起源となった後深草院の正応（1288～93）の勅願に基づき、式日を二月に帰さなければならないと主張する。「当代令続彼皇統給」公賢は、先例の実現が皇統の正統を継承する、証左であることを自覚している。北方の公卿を主導する彼の意識は、騒乱のなか北方を公事・公祭の執行・継続に向かわせた切実な政治的要因を明示する。注6

ここで、表末尾の康永三1344年の記録に残る、年中行事・公祭と事件をまとめ、中原氏注進と合わせ考察する。『園太暦』によれば、洞院公賢は元日に院御薬を奉仕した。「近来御薬刻限遅々、大略及昏黒仍其後改装束之条遅々然者只拝礼之体ニテ伺候」彼は元日午に支度を終えた。ところが出発は、申になった。前駆が遅参したのである。役にはそれぞれ詳細な装束・所作・位置が決められ、欠けると円滑な行事の進行が妨げられる。装束改・各役遅参・不首尾……諸行事後に早出したものの帰宅は翌日の卯である。当時の記録では、公事・公祭の役集合や催行開始が子であることも少なくない。「老骨窮屈不知為方耳」公賢は五四歳である。二月二二日に上表したものの、翌二三日返賜となり致仕はできなかった。上表は一二月一八日にも行われたが、同じように返された。

康永三1344年　年中行事・公祭・参考事件

正／1　**御薬・院御薬**　**公卿3所役1**　**正／2・／3同**（／3歯固）
拝礼・院拝礼・徽安門院拝礼（／2?・申次別当1）**公卿8・殿上人6・申次院司1**
小朝拝　**出御・公卿8・殿上人6・奉行1**
節会　出御・有舞楽　内弁1・外弁（以下5）奉行1

／3　**吉書奏**

／4　**習礼**

／5　叙位　執筆1・已次1（以下公卿5）・奉行1
／7　白馬節会　出御　国栖　内弁1・外弁1（以下5人）奉行1
／8　斎会始　／14　竟
後七日法・太元法　／14結願
／14　内論議
僧除目
／16　踏哥節会・立楽　内弁1・外弁1（以下8）
／19　院藝御幸始　公卿3・殿上人1・弁1（以下5）供奉
／22　縣召除目　執筆1・已次1（以下公卿5）・奉行人1　／23中・／24竟（清書1）
院評定始　公卿1（以下5）
／27　女叙位　執筆1・入願1
2／4　祈年祭延引　幣料欠如　／29　催行
春日祭使1
／5　春日祭　参向　上卿1・弁及近衛使1／春宮使1
／12　大原野祭
／16　年始政始　上卿1・已次1
／22　後鳥羽院国忌　免者1
長講堂御八講結願

／28　御遊御会始　御所作笛・拍子1・所作1（以下6人）殿上人1（以下4）
閏2／10　院御所詩御会　文人公卿1（以下15）殿上人1（以下14）読師1・下読師1
講師1・御製読師1・同講師1・奉行院司1
／12　院御所両席御会　歌仙公卿1（以下17）殿上人1（以下9）読師1・下読師1
御製読師1・同講師1
御遊　御所作琵琶　拍子1所作及付歌1（以下10）殿上人3・奉行院司1
2／21　祇園一社奉幣　奉幣使従四位　遷宮多年遅滞謝申
3／1　院御燈・御禊　公卿1
／5　院童舞　僧正児童四・五・公卿2
／8　院舞御覧　公卿1・殿上人4・院女房3・伶人？
下野大宝城合戦　南方侍従・其甥敗死
／9　長講堂八講始　／13結願
／13　後白河院国忌
／22　石清水臨時祭　庭座　公卿右正大将1（以下7）使1・宣命上卿1・奉行1
／25　院熾盛光法　阿闍梨1・公卿1（以下9）　4／1結願
4／1　平野祭　上卿1・参議1・弁1・外記1・史2・少納言0
小除目　上卿1・執筆1・奉行1　不被下御教書　職事無沙汰？
松尾祭　当局無沙汰

／2 梅宮祭
／12 祭警護　／14 賀茂祭　／15 解陣
／17 吉田祭　上卿1・弁1・外記1・史1・召使1・官掌1・内侍1
5／4 歩射
／5 日吉小五月会
宮中詩御会
6／10 御体御卜
／11 月次祭・神今食
／24 鳥羽天皇聖忌恩赦
7／7 院両席御会　御遊
／27 院議定　公卿1（以下6）
／29 小除目　上卿1
8／7 軒廊御卜
／10 釈天延引　供物料不足　／20 釈天　上卿0・奉行　参議1　無宴穏座・無三道竪義
／11 定考　近年無沙汰
／15 東大寺八幡神輿入京
雑訴七日停止
石清水放生会

／16　駒牽　上卿1・奉行1

／28　伏見院八講　証義1・公卿1（以下3）　9／3結願

9／9　重陽平座　上卿1・已次1（以下公卿3）

／13　長講堂供花始　／20結願

／23　京官除目　執筆1・已次1（以下公卿5）・関白・奉行1

11／11　梅宮祭臨時祭　上卿1

／14　大原野祭　上卿1

院北斗法　阿闍梨1　／20結願

／18　豊明平座　上卿1・弁1

春日神木金堂遷座

／22　吉田祭

12／21　武家貢馬

／26　賀茂臨時祭　庭座　上卿1

月次祭・神今食　上卿1

／27　内侍所御神楽　綸旨恒例　拍子1・末拍子1

／29　追難　上卿1

除目　上卿1

康永三年の年中行事・公祭については、先例の復活と参加員数の増加が目覚しい。公賢が辛苦した元旦では、御薬・拝礼・小朝拝が復活し、参仕する公卿が認められる。天皇と上皇の長寿延命を祈る御薬は、文和二1353年に記録が途絶え、ふたたび現れるのは応安五1372年である。以後享徳1452〜55まで継続が確認できる。白馬節会は、学殖と見識に秀でた公賢を失望させている。出御を仰いだ白馬節会は弁と奉行の手で執行された。しかし、むしろ参仕の官と出御を留めた記録には、行事と故実の継承を希求する意思も認められる。白馬は神木・神輿の入洛、南軍侵攻のなか、省略の故実を検索し、「無出御・垂簾出御」や「御膳・国栖笛・立楽・坊家舞妓」の省略・停止を試行錯誤し継続された行事である。他の月でも公祭の再生が多い。正月八日始行一四日結願の後七日法真言院・太元法官庁は仏事のため、南北朝・室町期では神木・神輿の入洛の影響が少なく、もっとも安定した行事であった。両法の開始・結願は享徳二1453年まで確認される。以後、後七日法は無沙汰となり、太元法がときに奉仕する僧の従坊に場を移して継続された。仏事のなかで注目されるのは、長講堂八講・供花である。皇室御領の中で一八〇箇所と称された長講堂領は、後伏見上皇から当時光厳院に伝領されていた。建武三1336年法金剛院領などを加え、文和元1352年、院が賀名生に遷されてからも長講堂・金剛院両領は安堵されて、御母広義門院（前左大臣西園寺公衡の女寧子）が官領した。長講堂の仏事は、貢租収納の状況を量る目安となり、世情の安定や朝儀公祭催行の経済的要因を推察できる行事でもある。康永三年には八講（2／22・3／9）供花（9／13）が記録されており、御修法も二回（3／25・11／14）修せられた。月次祭・神今食（6／11・12／11）、公祭では石清水放生会・臨時祭をはじめ大原野祭・梅宮祭などが催行されている。南北朝期賀茂祭が催行できなかったのは、観応三1352年の兵革・文和四1355年の不具穢による無沙汰である。王城鎮護の葵祭は、南北朝室町期にもっとも安定した公祭であった。この祭が停止または無沙汰となるのは、応仁

＝1468年以降のことである。

暦応二年に参加者が多く注目された両席御会（閏2／12）、御遊（2／28始）・院御所詩会（閏2／10）が催された。ほかに密儀であるため載せない詩会・歌会は三回を数える。院を中心に、朝廷の日常にも落ち着きが生まれた状況が伺える。神楽・詩歌は公事執行でも、国栖笛のように部分的に自粛されることがあるものの、神木・神輿上洛のとき藤氏を制して忌避させる対象ではなかった。内侍所神楽は廃務日発物音忌避の対象になっていない。（園太暦延文＝1357年一二月書状）公事忌避に拘束され、孤立分散が強まる状態のなかで、詩歌というフィルターが係けられ、公卿・殿上人を中心とした交流の場が形成できる。院の招請であれば、社会的な名誉も約束され、院の側からは廷臣との距離を測り調整する手段ともなる。詩歌は身分や地位の垣根を取り払い、一座に参加する人々に分け隔てがない柔軟な本質を持つツールである。年中行事では、沐浴・潔斎に勤め、有職故実・家伝・礼法に適う装束・所作が求められる。一挙手一投足蔑ろにできず、恙無く終えるのが、当然とされる。洛中だけでは果たせない役もある。両席御会・詩会は多数の参加者を得られ、安全で料足の負担は少ない。王朝から蓄積された文学という伝統を再確認しさらに、新来の漢詩文に学ぶ好機であった。伝統詩歌の主体である誇りを取り戻し、愛好する人々に身分や階層を越えて開かれる場に参加するメリットは大きい。待機する間には、連絡や談合の機会も得られたのである。

この時点は北方の起源となった延元元1336年から八年が経過している。遠国崩御天皇廃朝をはじめ、神木・神輿の上洛、公事・公祭・奉幣など、緊急の課題が発生した八年である。大外記中原氏注進は、課題の発生・経緯を探り、多くの記録を勘引するうち、直面する問題の発生が一三世紀半ばを中心とする院政期にあることを知らしめた。初め南方にあり、のちに両朝から重用された公賢ばかりでなく、南方から幾分敵視される傾向があった良基など、北方には後醍醐天皇に対する尊崇が終生変わらなかった重臣が多い。年中行事・公祭の復興は、両朝の公卿にとって、天下泰平の政の理想であり皇位正統の実証であった。北方は、現実の諸勢力のバランスと糾合を試行し、柔軟に新しい体制を実現する方法を求め、諸先例勘引の結果として、幕府の存在を容認する院政の継続を選択していく。それは、注進からも伺える、天皇と上皇父子を一体として見る彼らの中世的な感覚に副い注7、廷臣の家職を保障し活動のエネルギーを吸収した。中原氏注進は典型的な一例でもある。北方公家の動向は、北条氏を倒し、征夷大将軍下命を宿願として戦い続け、武家の棟梁であろうとした足利尊氏の意志と整合する。やがてそれは、得宗専制に不満を持って挙兵した武家の勢力を引き寄せたと考えられる。

　貞和年間に回復の兆候が見えた年中行事・公祭は、観応の擾乱をきっかけに三〇年の混迷と無沙汰に停滞する。諸記録は戦況と地震や疫病などの天災について、多くの記述を残し、行事・公祭の記事は少ない。文和二年は擾乱の始まりから足かけ五年目、まだ初期の状況で、比較的公事の動向が記載されている。

文和二1353年　年中行事・公祭・参考事件

正／1　節会　垂簾無出御　停止御膳・国栖笛・立楽

／5　**叙位　俄停止　無執筆人**

／7　白馬節会　垂簾無出御　停止御膳・国栖笛・坊家舞妓　弁2

／8　**斎会停止**

後七日法真言院・太元法官庁　／14結願　4／5大風真言院倒　10／1修造

／11　**縣召除目　無沙汰**

／16 踏哥節会　垂簾無出御　停止御膳・国栖等
／29 禁裏五体不具穢
2／3 大原野祭　延引依禁裏五体不具穢　／17延引祭物不具　／29催行　上卿0・弁1
春日祭　上卿不合期　延引　／22催行　上卿1・弁近衛使1・内侍1
／4 祈年祭　有穢気　無沙汰　近曽無沙汰
／9 釈天　延引廟具不具
／15 園韓神祭　停止社倒之後未被建
後嵯峨院国忌　御八講停止　御経供養
／22 後鳥羽院国忌　御八講停止　御経供養於長講堂　導師1・上達部0
3／3 御燈御禊？
／13 後白河院国忌　御経供養於長講堂
／14 石清水祭　無沙汰
／16 鹿嶋社造替遷宮日時定　香取社？
4／1 平座
／11 松尾祭　延引次支干幣料不足　諸社祭等依同子細延引
平野祭　延引次支干幣料不足　／23 斎行　上卿0・弁1
／12 梅宮祭　延引
／15 吉田祭　延引代始被択日次　／27 斎行　弁

/23　日吉祭　上卿0・弁1
警固・除目　上卿1
/24　賀茂祭　近衛使1
/25　解陣
5/5　賀茂競馬　延引?
5/15　南方軍近日入京　楠正儀軍四天王寺
今月　最勝講無沙汰
6/5　南方軍陣八幡
/6　後光厳院行幸延暦寺　関白良基・公卿1・殿上人3供奉
/8　南方軍攻入京　義詮防戦後退延暦寺
/13　後光厳院行幸美濃　行宮小嶋　公卿1・義詮・殿上人1・少将・弁1供奉
御供　天台座主・前大僧正1
関白良基・右大臣・蔵人留阪本
世上罷文和号用正平
/25　後宇多院聖忌　南主曼荼羅供
7/7　所々乞巧奠不及沙汰
/24　南方軍没落京　義詮西国大軍攻入京　万荼羅供
/25　西国軍入洛

/26 義詮入洛
/27 関白良基参美濃小島宮
8/2 釈天不及沙汰主上御座美濃
/4 北野祭無沙汰
/15 石清水放生会兵革延引
/25 後光厳院還幸垂井行宮造成
9/6 義詮向近江鏡駅　尊氏自関東上洛
/9 重陽平座無沙汰
垂井頓宮御会　詩　文人右大臣　次和歌
/11 例幣無沙汰
/19 後光厳院出御垂井行宮　公卿4供奉
/20 関白・右大臣等帰京
/21 後光厳院入洛　先陣義詮後陣尊氏　公卿5・近衛将・殿上人供奉
世上罷正平号用文和
10/28 議定始　無出御　公卿関白等5
11/21 賀茂臨時祭延引
12/11 月次祭・神今食無沙汰
/15 石清水放生会

／17 **即位日時定　上卿1**

／21 **即位・叙位　執筆1**

／27 **後光厳院即位　無剣璽 元暦例** 内弁1・外弁1・以下9宣命使1・典侍1

行事官中弁1・蔵人方奉行1

／28 内侍所御神楽 臨時 恒例

／29 追儺

除目 今年京官不被行除目依春除目

観応の擾乱は、貞和五1349年閏六月二日の高師直と足利直義の騒擾を発端とする。九月になると軋轢は足利尊氏・直冬の父子にも及び、翌観応元年に直冬追討の院宣が下った。直義は南方に帰順して一時京を制圧し、尊氏との和睦が成立した。南方は南北和合を拒否、尊氏・義詮が降伏すると、直義追討の綸旨を下した。北方の天皇は廃され、神器は賀名生に収納される。観応三1352年南方軍が鎌倉を制圧し、京で義詮軍と戦闘を開始すると、いわゆる正平一統は破綻した。北方の光厳・光明・崇光三上皇・直仁親王が賀名生に遷されたのは、この年の六月二日、それぞれのちに河内にある南方の支配地に留められ、京に還御できたのは、光明上皇が文和四1355年、光厳・崇光両上皇・直仁親王は、延文二1357年である。観応三1352年八月一七日、北方では神器を欠く先例を勘引して、弥仁親王が践祚する。後光厳天皇である。文和二年の年中行事・公祭は省略・延引・停止・無沙汰が続いた。貞治年間には、この記述すら乏しくなる。北方は京の維持が困難な状況になると、後光厳天皇が重臣とともに叡山から近江さらに美濃に行幸した。無事帰京した天皇は、慌しく即位式を挙行する。

天皇は翌文和三年一二月二四日、尊氏・廷臣らと再び近江に退き、同四年三月二八日に帰京する。のちに康安元1361年一二月七日、南方軍入京の前日、天皇は三度目の行幸をよぎなくされ、比叡山から近江武佐行宮に入った。征夷将軍義詮は同月二七日帰京し、天皇は翌年二月一〇日、叡山を経て都に還御する。南方軍四度目、最後の京占領であった。南方が観応三年の京撤退に、三上皇・一皇子を賀名生に遷し、のちの京環御にあしかけ五年を必要としたことは、両朝並立に厳しい側面を生み出した。北方では後光厳天皇が三度、美濃・近江に移り、廷臣は行宮参上か在京かという進退を選択しなければならない状況に置かれた。官職上止むを得ない場合はともかく、各家では青壮年の世代が行宮に参向し、おのずと世代交代が進みまた、道中の安全・機動性の必要から、供奉する武家との隔たりが日常の行動を通して緩和されていった。公賢は環御する天皇の行列に、衣冠・水干・指貫という旅装の朝衣に混じって、朝臣官人二四名のうち一四名の装束が「戎衣《じゅうい》」であると記している。（『園太暦』文和二年九月二二日条）南方軍では皇子も戎衣を召す時もあるとの見聞もあり、北方では行宮に伺候しない者や南方の臨時除目に預かる公家には処罰があるとの風聞が流れて、兵革は日常に目に見える形で迫っていた。（『園太暦』文和四1355年四月一六日条一条経通書状　同書状には「凡両朝相撐之時節　諸家之安否可任天命」の記述が見える。）天皇不在と兵乱のため、京では公事公祭が停止・延引し、北方の行宮では詩歌御会のみが催されている。

『師守記』貞和三1347年一二月二五日条に、小除目並荷前奉行　勧修寺経顕に注進した「天下兵革年始公事」が見える。奉行経顕は「承平・養和・寿永・建武」を例として下問したが、注進は「天慶・養和・建武」の記録が提示されている。天慶三940年正月三日・四日・六日の記事は解文を初め諸卿の動向・朝議・伊勢奉幣などが見え、公事については言及がない。これに注進は「件度三節会・小朝拝等事、外記記無所見、若不被行乎」とコメントしている。以後養和・建武の三例にみえる公事関係の要旨は次のとおりである。

養和三1183年正／1　節会　無出御　左大臣（弁）　国栖不参
　無小朝拝
　無拝礼　院摂関家　依兵乱並昨年東大・興福寺火事

建武三1336年正／1　節会　国栖奏哥止笛　立楽停止　依兵革警護中
／5　叙位
／7　白馬節会　国栖奏哥止笛　坊家奏並北陣雑犯事停止
　其後儀不能注進

建武四年　正／1　節会
　小朝拝　停止　依公卿無人之上天慶例云々
　四方拝　如例
　御薬　如例
／5　叙位停止　天慶三年将門謀虐例云々
／7　白馬節会　垂御簾無出御　不御膳　内教坊奏国栖
　北陣雑犯事停止　依兵革
／16　踏哥節会　国栖奏哥止笛　立楽停止　依兵革

下問と注進は客観的に、忠実な記録を考究しようとする。奉行経顕が四一〇数年以前、平安初期から天下兵革の年号を指摘したのに対して、大外記は寿永には憚りがあって注進できないと断り、記録の残る天慶・養和・建武を注進した。天慶の記録に公事はない。この注進で興味深いのは、建武三・四1337年の北方の公事が続いて記録されていることである。（北方は四年まで建武の年号を用いた。）とくに建武四年は、四方拝・御薬が如例とあり、公卿無人・天慶の例と明記して節会・小朝拝が停止されている。記述が簡略なため、節会が小朝拝と並列されているかどうか不明確さが残るが、文和二1353年前後の公事は、大外記に記録が残る、養和元1181年に類似する。この時点でも、建武よりも養和という、より遡った古儀の尊重が確認できる。また、北方の公事復活について、建武年間当初から、大外記中原家に公事催行の記録が残された実例としても、注目される。

この文和二年の初頭には公事・公祭延引に「穢」の影響が認められる（正／29ほか）。兵革や天皇家・院・将軍家の有事については天下触穢として、五日未満から事態の収拾を待つ不特定の期限まで、公事・公祭の延引・停止があったが、この「五体不具」のように先例による触穢も多く、「禁裏犬死穢」もしばしば延引の原因となった。しかし、偶発事故は、前例を欠く場合、対象とならないままに過ごされる。たとえば、貞和五1349年六月一一日、四条河原で起こった桟敷崩れは、勧進田楽に参集した貴賤百余人が死亡し、負傷者は数限りないという大惨事であった。見物中の将軍尊氏・梶井宮法親王は無事混乱から脱出できたという。この事件は、同日の月次祭・神今食催行にまったく影響はなく、以後の公事・公祭も、同様であった。田楽・河原という条件を考慮しても、先例を尊重する不干渉ぶりは徹底している。貞治六1367年八月二〇日に、禁裏で勃発した、最勝講第二日の南北僧闘諍も、「穢」とならなかった。この事件では些細なきっかけから、南北両僧が昇殿して斬り合い、南庭に三・四人の死者、負傷者百余人、御所の奥まで流血が飛散するという惨状であった。引勘したところ、内裏触穢による最勝講中絶の先例はなかった。そこで、闘諍の二日目はとりあえず中止され、以後は継続して二二日には結願の運びとなった。死者は今川了俊が処置している。この事件は、落命前に門外に搬出できれば触穢に当たらないという、先例が得られ、漸く沈静している。注8 詳細で綿密な記憶や思考は、先例の勘引に発揮され、現状の報告や分析は先例が発見されると停止し、先例の再現にエネルギーが注がれる。勘引や衆議は問題解決や将来の展望には向かわない。先例引勘は、誤りがない絶対的な規範を捜し求める行為のようでもある。

最勝講は、金光明最勝王経の講会である。毎年五月の吉日を選び五日間、清涼殿で修せられた。東大寺・興福寺・延暦寺・園城寺の四大寺から選ばれた僧が、最勝王経十巻を朝夕二回ずつ講じる。最勝王経は天下泰平国家安穏を利益する経典であって、聖武天皇天平三1731年の国分寺建立は本経への信仰から発願された。法会としては、大極殿の御斎会・薬師寺の最勝会が古くから修されている。最勝講は、一条天皇長保四1002年五月七日から一一日の五日間行われた講説を初例とし、そののち、国家鎮護を祈願する年中行事となった。最勝講・法勝寺八講・仙洞最勝講の三講に奉仕することが、僧綱補任の要件とされた。南北朝期にも『建武年中行事』『太平記』二四「朝儀年中行事事」にも挙げられ、当時の関心が伺える。しかし、最勝講が南北朝・室町期をとおして執行されたのは、諸記録にみるがぎり、後醍醐天皇の元応二1320年五月（『万一記』）と、この後光厳天皇貞治六1367年（『師守記』）のわずか二件に過ぎない。貞治の刃傷ののち、両朝合一から応仁文明の大乱に至る半世紀余の期間、一条朝に起源をもつこの年中行事の復活はなかった。金光明最勝王経は天下泰平国家安穏を利益する経典であり、最勝講は南都北嶺を挙げて太平を祈願する御祈りである。四七年の騒乱を経て漸く修する朝廷の宿願を、選別された僧が心得ていなかったとは、考えられない。しかし、彼らは武器を携帯することを許されない昇殿に、刀剣を忍ばせ刃傷に及んだのである。光明最勝王経の利益と国家の平安を祈る公の場としての禁裏は否定された。それは、神木・神輿の入洛・振棄によって、公事・公祭の催行を数年に渡り阻み続けた、衆徒の動向と共通する。個別集団の意思は、瞬間的な憎悪が噴出する暴力によって主張され、生死を分ける決着の連続のなか、流動的に勝者の正統性が選択される。最勝講に先例を勘引し半世紀近い歳月ののち再興を図った朝廷と、ついにそれが中絶に至った経緯は、南北朝・室町期の祭祀再興を考察するとき、興味深い多くの示唆を与える。

前述したとおり、後光厳院が康安元1361年から翌康安二年にかけて南方軍京占領のため近江に行幸するほど、情勢は流動的であった。この康安年間1361・2は地震・炎旱で疲弊した延文1356~61に勝る大地震が頻発した。地鳴りが数か月に及んで、四天王寺の金堂が倒壊、寺社・邸宅も被災炎上した。最勝講で禁裏流血があった貞治1362~68は、春日山の樹木二千本余が枯死するなど（貞治三1364・同五年）、旱魃や疫病の流行（貞治五1366年）が続く。神木・神輿の入洛・在京、振棄は、春日・東大寺八幡のほか、日吉・祇園・八王子・石清水があり、東寺に続き長講堂神木・祇園社神輿奉安が加わって、洛中の騒擾は目に余るものがあった。しかし、公事・公祭には徐々にではあるが、回復の兆が見え始める。

応安六1373年　年中行事・公祭・参考事件

正／1　御薬・院御薬

小朝拝拝礼停止神木在京

節会　垂簾不御　国栖笛立楽停止神木在京　弁2神木在京藤原公卿不仕

／6　叙位神木在京両年停止時依有行例　執筆1

／7　白馬節会垂簾不御　国栖坊家奏舞妓立楽北陣雑犯等停止神木在京　弁1

／8　御斎会停止神木在京

御七日法・太元法始　／14結願

／16　踏哥節会　垂簾不御　国栖笛立楽停止神木在京　弁2

／11　縣召除目停止神木在京

／17　新院御会

／18　即位由奉幣延引

／20　即位叙位延引

即位事延引

／24　内侍所御神楽　臨時　恒例　拍子2奉行1　去年冬延引分

／29　北山第行幸　御車寄師1・殿上人等供奉　即還御

2／7　大原野祭延引　／19斎行

／12　春日祭停止

3／16　石清水臨時祭無沙汰

新院御所二十首和歌講

／18　新院御所三首和歌講

4/4 広瀬龍田祭無沙汰　8/8無沙汰
/8 灌仏無沙汰
/16 吉田祭
/23 警固・小除目　奉行1
軒廊御卜御祖社怪異
/24 日吉祭無沙汰神輿未造
/25 賀茂祭
/26 解陣・小除目
6/23 日吉神輿入洛　/10日吉神輿造替行事所始
8/2 後亀山院即位自践祚六年後
/6 前関白良基放氏大臣以上放氏始于茲
/8 釈天延引　/18 上卿1
/15 石清水放生会　奉行1
9/9 重陽平座　上卿1
/13 三首和歌講　新院三首和歌講
10/16 新院奉献御書于山陵三所
興福寺維摩会無沙汰
/17 征夷大将軍義満第　五壇法始行　/23結願

／23　征夷大将軍義満第　北斗法始行
／26　武家行愛染法於男山
／29　朔旦冬至賀表作者宣下
11／1　朔旦冬至　依万機旬已前　平座　賀表奏依昌泰元898例
上卿1　已上上卿1　已次上卿1　以下2　奉行1　伝奏1
／6　春日祭停止神木在京
／8　吉田社上棟　造替　／14　**遷座**
／13　流人宣下依南都訴　武士赤松性準以下二人
／18　吉田祭
無日吉祭依神輿未造
新院御所大法　／24結願この日新院皇子14歳着袴・10歳得度
／22　大原野祭
／25　小除目
12／1　征夷大将軍義満等持寺八講義詮七回忌　無証義者依神木在京武家親族上達部殿上人着座
／6　義詮年忌等持寺曼荼羅供
／7　武家仁和寺等持院義詮墓所仏事　義満参詣
／21　三社奉幣使発遣
／24　内侍所御神楽恒例　／25　同臨時

／25　朔旦叙位　執筆1・已次上卿1・参議0・奉行1
／27　新院武家貢馬御覧
／30　追儺
小除目
内侍所御神楽臨時　恒例　拍子1

神木在京越年は応安六年の特徴である。神木の動座越年は正応四1291年が初出である。（貞和三1347年一二月二三日注進）この年は一二月二七日に移殿、年明け正月一六日金堂、四月二一日に帰座している。動座は初冬に始まり、翌年の夏に帰座する年越しのパターンであったが、応安に入ると三～五年に渡って在京するなど、越年が常態化した。武家が出陣して入京を防いだのに対して、公家や朝廷・院庁はひたすら霊威を恐れた。邸前に神木を振棄てられた、中納言柳原忠光・蔵人左中弁仲光両人は早々に他所に移住し、（『師夏記』応安四年一二月十七日条）嘉禎二1236年中納言一条実経らが先例となる、着陣神木拝賀は、一般の公家個人から、院におよび、応安五1372年には後光厳院の御拝に発展した。（6／28）翌日は院の沙汰で御神楽が奉納される（6／29）までに至る。（『道嗣公記』）応安六年にも、前関白近衛道嗣が私に令して、神木前に御神楽が奏され、（2／17『道嗣公記』）帰座には藤氏あげての供奉が率先して実行されている。（『さかき葉の日記』）

行事・公祭にも延引・停止が常態化したままである。しかし、よく見ると、省略しながら弁官だけの簡便な執行（正／1・7・16節会）や他氏催行（大原野・吉田などの公祭）が増加し、和歌講・修法など禁忌に触れない行事、昌泰元898年の先例による朔旦冬至・康和四1102年・仁平三1153年の先例による三社奉幣（『後愚昧記』永和四1378年一〇月折紙同年一一月二五日付　中原師香書状）など、神木在京にかかわりのない先例行事の復活があって、行事・公祭にバラエティが増している。神輿振り棄てのあと造替が遅延したため、祭催行が不可能になり、日吉神輿が造替請求のために上洛している。良基放氏も、省略・行事変更にかえって余裕を持ち始めた北方にたいする、南都の苛立ちの現れとも考えられる。流人宣下は流刑地に到着する前に恩赦が与えられる実例が多い。必要最小限の人員で、公事・公祭が催行できるとすれば、財政負担は軽い。春日祭がなければ、その役に伴う旅費の出費もなく、大和に下る道中の不安や煩わしい祭祀参加に装束・人馬の調達・寺社・宿舎への出費をしなくても済むのである。南方軍入京の脅威は去り、京でも地方でも北方の支配が安定し始めて、混迷の中に落ち着きが見え始めている。この状況は両朝合一当初も、しばらくあまり変化がない。注9

南北朝・室町初期の公事・公祭・祭祀に見られる特色

1　勘引された先例による公事・公祭・祭祀の復元と再編

規範性は古い先例ほど高く評価され、公事・公祭・祭祀・人事は具体的に辿れるもっとも古い先例に遡って再興される。再興と直面する諸問題の解決について、もっとも古い先例を勘引して試行錯誤するうち、必要な先例が集中する院政初期・中期に回帰する意思が帰納的に形成される。（復元モデルの形成）公卿・実務者・公家一般ひいては武家、またそれぞれの家・個人で、この認識の差異は大きい。共通するのは、『建武年中行事』に象徴される、年中行事の催行が国を平安に統治する政治と皇統の正統性の証であるという意識である。先例の勘引は実行可能なあらゆる分野に及び、現状のなかで実現と継続可能な年中行事と公祭・祭祀が再編成された。実現の方法と手段は、時に武力の行使も辞さない。その典型が、年中行事の場である都の支配を賭けた攻防である。都は公事・公祭・祭祀が催行される聖別された場であって、神器を欠いても、先例に則ってそこに即位した天皇の皇位は継承され、天皇と上皇がある宮廷・仙洞は、年中行事をはじめとする公事・公祭・祭祀を催行する中心となった。南方では、公事・公祭・祭祀の記録が蓄積されず、践祚《せんそ》には三種神器を伝える意義のみをおき、（『神皇正統記』後村上天皇）天皇葬送については祭儀・仏事に信頼できる記録が残されなかった。

2　神木・神輿の上洛による公事・公祭の撹乱と変質

神木・神輿の霊威高揚と天皇即位の数年にわたる延引、公事・公祭延引停止の越年が頻発した。春日神木が動座し数年にわたって東寺・長講堂に逗留したほか、日吉・東大寺八幡・石清水神輿も上洛し、祇園社・北野に逗留、祇園社・北野神輿とともに洛中振、振棄が繰り返された。

衆徒の指示によって、公事・公祭・祭祀の藤氏上卿の不参（先例　一三世紀中葉）が長期にわたり、平時の公事参加者の員数が減少し、公事・公祭の省略・延引・停止が常態化した。公家には上京神木に対する畏怖・忌避行為が広がり、礼拝・供饌・歌舞奉納、帰座供奉は関白など藤氏の高位・高官に及んだ。（二条良基『さかき葉の日記』）

3　南北の抗争による公事・公祭執行の障害・兵革天下触穢など、触穢による公事・公祭の停止・延引

北畠氏が南方の伊勢国司となり、北方の祈年祭・新嘗祭は伊勢路不通のため、催行が困難となった。兵革天下触穢による公事・公祭の停止・延引は観応の擾乱が典型である。料足不足による停止・延引も多く、園韓神祭のように祭祀の場を喪失し、復元不能となる祭祀・公祭が認められる。

4　先例が存在しない状況への不適応と修法・詩歌会・舞楽の盛行

南北の抗争・騒憂の常態化は、先例が追行できない深刻な対立や憎悪を生み、最勝講の延引・停止、禁裏での流血に見られる、公儀の否定・公事の破壊を引き起こした。公事でも、御祈の主旨に賛同する寺家が請負う修法は、後七日法・太元法のように神木・神輿の動向の影響を免れ、請負う寺家の斡旋や移動によって洛中の場を確保しながら、比較的容易に催行された。禁裏・院庁・将軍家で金輪法・尊勝法など修法による御祈が盛行する。また、・詩歌会・舞楽は公事・公祭が衰微して作法・所作の伝承が困難になるなか、主催者のもとに、詩歌・舞楽という分け隔てが比較的ゆるやかな芸能を楽しみ、身一つで参会できる、時代の嗜好にマッチした交流の場を形成した。

5　武家　計・申し入れによる朝儀・公祭の変化

表三遠国天皇廃朝のように、武家の申し入れ・計らいで、公事の執行が変更された。

義詮以降の将軍が院文殿に出席する機会が認められ、文殿の中に武家が常時席を保有できる環境が整えられる。御訪として、公務・朝儀・公祭・祭祀の歳費の武家負担分が公祭・公事催行の必要条件となっていく。武家は公事・公祭の執行を御訪として経済的に支えたばかりでなく、神木・神輿の入洛に対する布陣を行い、洛中の治安を維持し、公事・公祭の円滑な催行の環境維持に努めた。武家は藤氏と血筋を異にし、神木・神輿の上洛による、禁忌は及ばない。神木・神輿の背後には大衆・神人の武力の脅威が存在し、単純な宗教的霊威として処理できない状況がある。洛中の騒擾を鎮めるうえでも、武家が武力を行使し、公家側の警察機能を補填する必要があったと考えられる。

武家は官位上昇に伴い、公事・公祭などの祭祀に参加し、次第・作法などを伝承し、延引・停止を阻止する存在となる。

注1　遠藤珠紀『中世朝廷の官司制度』吉川弘文館　平成二三年
遠藤氏によれば、後醍醐天皇に抜擢された清原頼元が建武二1335年局務を去ったあと、応永三1396年同頼季が義満に抜擢されるまで、大外記は中原氏の西大路・正親町・六角の三流が家職として継承していた。
注2　表三作成と以後の考察に参照した、主要関連史料は左の通りである。
①『師盛記』少外記・記録所寄人中原師盛の日記。六四巻。暦応二1339～四、康永元1342～三、貞和元1345～三・五、文和元1352、延文元1356、貞治元1362～六、応安元1368・四・七。応安四・七は他者の記録か。ほかに押小路文書貞和三断簡、同五　五月記、同五　八・九月記が残存。
②『続史愚抄』柳原紀光編。八一巻。亀山天皇から後桃園天皇にいたる編年体の史書。亡失書『新国史』にかわって『三代実録』以後を継承する意図があった。宇多天皇から後深草天皇までの草稿は柳原家と宮内庁書陵部所蔵。
③『園太暦』『中園太相国暦記』の略称。従一位太政大臣洞院公賢の日記。延慶二1309より延文五1360までの一二〇余巻。現存するのは応長元1311の正本一巻のみ。流布本甘露寺親長の抄出写本は延慶四（応長元）1311～延文五1360を断続的に収録。他に六種の伝存本、逸文がある。
④『康富記』権大外記中原康富の日記。九三巻。国立国会図書館蔵。首巻応永八年記は父英隆記か。現存応永二四1417～二七、二九、三〇、三三、正長二（永享元）1429、嘉吉二1442、三、文安元1444、五、宝徳元1449～三、享徳二1453、三、康正元1455。記のうち、永享年間1429～41欠如。別記に『永享二年大嘗会記』『石清水放生会記』
⑤『尊卑分脉』『公卿補任』『常楽記』『愚管記』『後愚昧記』『公忠公記』『空華日用工夫略集』『師郷記』『公定公記』『薩戒記』『満済准后日記』などのほか、『神皇正統記』『太平記』を必要に応じ参照。

注3　『師守記』暦応二1339年八月二七日条

注4　文殿庭中・記録所・評定所・雑訴・越訴沙汰、武家評定（雑訴）

文殿（庭中）は院文殿。北朝の評定の座。月下旬に式日。ほぼ十日から五日の間隔で開かれ、大外記・弁官と上卿は定席、上卿故障のときは延引。他の臨席者には義詮以後の将軍・院・主上が見える。足利尊氏・直義兄弟は、参内または院参のみで文殿に伺候した形跡はない。記録所・評定所は雑訴・越訴を処断した。越訴には文殿衆のほかに、伝奏が着座した。月下旬に式日があり、式目がある。式目の詳細は不明である。文殿と同じく、ほぼ十日から五日の間隔で開かれ、大外記・弁官と上卿は定席。応安には正月一七日ごろに記録所始があり、文殿始は三月の年もあった。大外記は武家評定（雑訴）の日程を把握しており、日記にはその動向についての記録が散見する。院文殿の活動は貞治年間1362～68に終息に向かい後光厳院院政期1371～74補任は形式的となり、義満の伝送支配など室町殿の政治システム形成の中で、変質する。

師守は大外記中原氏の当主ではない。『師守記』に「家君」とある人物が、当主父師右（康永三1344まで）・兄師茂である。師守は家君を補佐し記録の管理・諸種の文書授受・作成に当たった。文殿庭中・記録所など、堂上の評定で定座にあるのは「家君」である。師守が許されて同伴や同席する機会は、少ない。その場合『師守記』には必ず、その旨の記述が見える。師守の不審は、評定の場に居合わせない立場から、発せられているとも考えられる。彼は下問を受けると直ぐ、関係書類を索引し注進を作成しているが、父や兄が不在の時は先方に送るのを控え、その意向を受けてから返答している。下問は文殿に関係し、朝廷・院の役職の上で先例を照査する必要が生じた殿上人を中心に、二条良基・洞院公賢から案件の奉行まで広範囲である。天皇・上皇の下問は『師守記』にはなく、洞院公賢の『円太暦』に見える。その場合、公賢は直接回答を奏上した。公賢が大外記に下問するときは、書状によっており、良基は記録の内容から判断すると、口頭が多い。ときには師茂・師守を私邸に参上させ面談している。洞院公賢の身分や立場は規範性を帯びまた、南北両朝に深く関わり、おのずから得る情報や処理法も大外記とは異なっている。『師守記』の注進が下問から殆ど日を置かず行われた現実は、当面する施策の処断に必要な案件が大外記に下問されたのであり、記録とその保管・検索という、職務に忠実な家職への処断が、流動する状況のなかで必要とされた事態によると考えられる。

注5　『円太暦』康永三年一月八日条
注6　『円太暦』康永三年二月一四日条
　公祭は朝廷の手を徐々に離れ、形骸化する。この年の松尾祭・園韓神祭・鎮魂祭それぞれ事態が異なる例を、左に挙げた。上卿不参は観応の擾乱をきっかけに常態になる。公祭や奉幣の記録に上卿の勤侍が回復するのは、将軍義持の時期である。
　10／28　松尾祭　近年自当局不及下知。寮役如例也
　11／22　園韓神祭　不及置式　依上卿不参也、件社顛倒云々。雖然如例被例之、
　　／23　鎮魂祭　不及置式
注7　この中世的な感覚は『長寛勘文』中原業倫勘文（長寛元1163年四月七日）に明白に見られる。「太上天皇与正帝無別」
注8　『花園天皇宸記』延慶四1311年正月一六日条
　狼藉は踏哥節会の参陣前であった。血が注いだ南殿の板敷きを修理職が削った後、節会の諸事が常の如く進行する。落命前門外に引き出せば、禁裏穢とならない先例が簡潔に勘引されている。
注9　早島大祐　『室町幕府論』　講談社　平成二二年
　早島氏は、義満時代の儀礼・祭祀の追行状況を整理し、「朝廷の儀礼は等閑にふされていた」と概況を分析

した。拙考でも、義満の公卿昇進の前後より、諸記録の関心は公事・公祭催行を離れ、義満の意向や動向に注目が集中する。速断は控えるとしても、応永三1396年清原頼季が義満に抜擢されたことが、この事態の推移の象徴的なファクターではないかと考えられる。

第三節　光厳院葬送

光厳天皇は後伏見天皇の第一皇子である。正和二1313年七月九日に降誕し、立親王は同年八月一七日に行われた。名は量仁。御母は広義門院寧子（前左大臣西園寺公衡の女）である。嘉暦元1326年七月二四日に立太子。元徳元1329年一二月二八日に元服し、同三1331年九月二〇日に践祚する。廃位は正慶二年五月二五日。在位は三年である。立太子は、後醍醐天皇の皇太子邦良親王の死去にともない、鎌倉幕府の支持により実現した。践祚も鎌倉幕府の推挙による。後醍醐天皇が討幕を果たせず笠置にのがれたため、（元弘の乱）践祚に剣璽渡御《けんじとぎょ》はなく、一〇月六日に引渡しを受けた。廃位は隠岐から脱出した後醍醐天皇が、伯耆船山行宮で発した詔による。建武三1336年二月一四日西国に敗走する尊氏は、備後鞆で院宣を得た。院宣は後伏見院とも光厳院ともいう。都に攻め上った尊氏は光厳院に政務を上奏し、院の弟豊仁親王が八月一五日践祚した。光明天皇である。一二月二一日後醍醐上皇は神器を奉じて吉野に潜行する。南方には大覚寺統の後醍醐天皇があり、北方に持明院統の光明天皇が即位して、南北両朝が並立した。光厳院の院政は、光明・崇光（光厳の皇子）天皇の一五年間である。観応二1351年一一月七日、後村上天皇は北方の帝位を廃し、翌観応三1352（＝文和元）年閏二月二一日北方の三上皇（光明・崇光・光厳）前皇太子直仁親王を男山（石清水八幡宮）に遷した。三上皇と直仁親王は同三月四日に河内東條城、同六月二日に賀名生に還御する。南方軍が男山を退去して、尊氏・義詮軍が京を回復した同年八月八日、光厳上皇は賀名生で落飾した。法名は勝光智、戒師は西大寺元耀上人である。この日直仁親王も落飾した。京では尊氏・義詮が広義門院に申し入れ、良基ら北方諸臣が申請して、八月一七日光厳法皇の第三皇子（崇光院の弟）弥仁親王が践祚する。後光厳天皇である。注1

光厳法皇は文和三1354年三月二二日、二院・入道親王とともに、大和から河内天野金剛寺に還幸した。同年四月一七日北畠親房が賀名生に薨去し、後村上天皇が吉野の宮を遷している。しかし、そうした動向との関連など、詳細は不明である。光厳院はかねて夢窓疎石に帰依し、金剛寺に移ったあとは孤峯覚明を尊崇して禅衣を授かり、法名を光智とした。天野から京への還御は、光明院が翌文和四1355年八月八日、崇光・光厳両院と入道直仁親王が延文二1357年二月一八日である。それぞれ到着したのは伏見殿であった。諸人不可参との沙汰があり、広義門院寧子とは対面した。光厳院には四月七日ごろに疱瘡の風聞がある。対面を果たした広義門院は閏七月二二日に伏見殿で崩じる。光厳院が深草の金剛寿院に入ったのは、御母の崩じた以後と思われる。

光厳法皇はその後も禅に精進し、清渓通徹・春屋妙葩に師事した。晩年は無範和尚と号し、丹波山国の常照寺に住した。貞治元1362年九月に吉野に御幸し、後村上天皇との対面があったという。注2 二年後の貞治三年七月七日、常照寺で崩御した。翌日、遺言によって隠棲していた小庵の後の山で火葬し、そのままそこが陵となった。山国陵という。石塔は置かず、陵に椿・楓・柏を植えた。分骨は天竜寺と河内長野市の金剛寺の二箇所、京都市右京区の金剛院に髪塔がある。

光厳法皇御領は、後醍醐天皇が元弘三1333年に定めた播磨国衙領から、院政期に父後伏見上皇の長講堂領・

法金剛院領・室町院領を合わせた。正平七1352年後村上天皇は金剛院領・長講堂領を安堵し、光厳院が南朝の支配地に環幸した間は、広義門院が管領した。院の御領は、北方の朝廷の財政を支えた荘園である。延文二1357年帰京後、法皇はふたたび御領を管領したが、貞治二1363年崇光院に伝領した。(「光厳院御置文案」)院の日記は、元弘二1332年の「正月御記」「御即位記」「玄象牧馬事」など、儀礼についての逸文が、僅かに残されている。

光厳院の御悩の風聞が都に流布し始めたのは、貞治三1364年四月ごろである。院は丹波山国の小庵 常照寺で多年遁世の生活を続けていた。御悩は両三度、その後食事が取れない状態が続き、七月三日危急が告げられて、日野時光を奉行として、八千四百基の石塔が建立された。崩御は七月七日丑刻である。御年五二。丹波国山国 小庵常照寺に、御禅体の崩御であった。院には遺勅があり、前因幡守平惟清が遺勅使として、一三日には遺勅奏が行われた。遺勅は廃務を五日とし、任葬官・挙哀・山陵・荷前停止、固関警護・素服停止、一年の間燕飲・作楽・着美服停止が繰り返されている(『師守記』)。注3 崩御の翌日すでに院の遺骸は火葬され、遺言によって、石塔を建てず、埋葬の上に椿・楓・柏が植えられていた。

堀裕氏は、葬送の概念としての「不死の天皇」を提唱し、天皇は在位のまま死ぬことはなく、院(ただ人)として死亡することで、自身の望む形での墓所・供養を整えることが可能となったと指摘した。注4 また、大塚未来氏によれば、天皇家の葬送が泉涌寺に固定化するのは光厳院の皇子後光厳院以降であるという。注5 光厳院は禅僧として精進し、法皇としての葬送を断ち、「ただ人」として自身の望む形での墓所・供養を整えて埋葬され、悼みを一年間の日々の謹みで受けようとする意思を伝えている。暦応二1339年八月一六日吉野行宮に崩じたとき、後醍醐天皇は逆賊未だ殲滅せざるを恨みとして、左に法華経を把り、右に剣を按じて昇仮したと伝えられる。天皇は遺勅により、終焉の姿のまま厚い棺槨に座し、円丘を高く築き北向きに葬られた。(『太平記』)南北を分けた後醍醐天皇と光厳院は、それぞれ「ただ人」として死を選び生涯を終えたかにみえる。それは、もっとも神に近い高御座が、もっとも人間らしい生を生きる「ただ人」の座として許される、この時代の象徴なのかもしれない。

光厳院の遺勅は、先例によって廃朝が沙汰され遺勅奏があった。次第と遺勅は記録されている。北方では崩御の翌八日から、先例どおり三〇日の天下諒闇の穢が始まっていた。同日大外記師茂は参内し、記録所に大夫史量等五名も参内して諒闇奉行 職事決定が進められている。延久1069~74・建久1190~99の例「可被用之」との沙汰があり、両度の葬送と中陰仏事・諒闇中の雑事が引勘され終夜清書を加え、翌九日に注進された。七月一〇日、四条中納言油小路隆家の使者が伏見殿から路次に、師茂家に来訪する。使者は昨夜の注進を書写した旨を告げ、八日に行われた丹波常照寺の光厳院大葬について、「唐様以龕葬申 云々、猶可尋記」(『師守記』七月十日条)と知らせてきたのである。この日、大外記中原氏には、文永・元応・元亨と天暦八954年朱雀天皇皇后の諒闇の情報も届いた。法皇崩御によって参内する義詮の五〇騎に及ぶ執事・若党の行列を、師守は一族三人と連れ立ち、姉小路洞院で密かに見物している。

一一日には延久・建久・文永の初七日の寺、常住寺・仁和寺・東寺・西寺などがリストアップされ、諒闇中の局務出仕の員数が検討されている。一三日の遺勅奏を経て、一四日には、御倚廬渡御や建久以後内裏より下賜された素服の例が下問され、一五日には七々御誦経使定が動き、一六日になると、諒闇中諸公事停止についての書状が、諸方面を往復している。師茂が二条良基・洞院実夏・一条経通を初めて、八家を歴訪し、御訪・素服・諒闇の沙汰について、調整した。後三條(延久)・後白河(建久)の先例を用い、御体御占・月次神今食と平座の停止、賀茂祭延期などが再度確認されている。
御誦経使定については、はじめ後白河院の先例により、常住寺・仁和寺・東寺・西寺・延暦寺・法成寺・蓮華王院が定められた。しかし、廻文案では使に指名された一四名全員が不参を申し立てた。「所労故障」「難事故障」「下向田舎」「他行」である。あらためて参議不参弁官執筆の例、寺々不審の勘引が行われた結果、衛士・使部の向不向が定められ、御訪の提示があり、七寺の一部が変更された。

御訪　召使百五〇疋・使部百五〇疋・内竪百疋・六位史家連四百疋・官掌二百疋・陣官人百疋・衛士百疋
七寺　常住寺・仁和寺・東寺・西寺・蓮華王院・浄金剛院・天竜寺

常住寺は野寺という寺名で知られた、桓武天皇の御願寺である。遺構は北野廃寺と名付けられた山城北部最古の寺院跡として知られる。この光厳院の御誦経使派遣以後、明応九1500年まで、御誦経七寺の筆頭に名が見える。西寺は衰退していたが、東寺に対し、後白河院の先例でも蓮華王院と名を連ねた寺である。浄金剛院・天竜寺は光厳院が師事し、この葬送全体を沙汰した春屋妙葩（『迎陽記』）の所縁によるものであろう。この二七の派遣で御訪と七寺が定まり、後日の御誦経使派遣は先例に基づき、七七日まで派遣の沙汰があり、（三七欠四七欠、五七以降使部・衛士・代参・六七派遣七七欠）後中陰・御錫紵の先例を勘引して実施の努力が続けられた。大塚未来氏の前掲論考によれば、葬送に伝奏と奉行が揃うのは室町期の後小松院明徳四1393年が最初で後土御門院明応九1500年まで継続した。天皇家の葬送から概観すれば、北方の皇統の祖である光厳院の葬送は、室町期の天皇葬送のなかでも、大外記から中陰仏事・諒闇雑事の先例が勘進され、後三條（延久）・後白河（建久）の先例を用い、衆議をかさねて、室町期の天皇葬送の祭儀が形成されてゆく過程が追跡できる。院の遺志による禅僧としての大葬という事態を前提としてなお、後三條（延久）・後白河（建久）の先例を生かし、実現を模索する北方の動向が注目される。武家は師守らがひそかに見物した、義詮の参内以外、目立った動向の記録はなく、崩御直後はもちろん、大外記師茂が遺勅奏のあと歴訪した諸家のなかにも、将軍家は入っていない。六条院の遺勅奏に基づく遺令は、時の大外記清原頼業に下されており、師茂の二条良基邸への祇候とその後の歴訪はそうした先例によるものであろう。御誦経使に指名された一四名が全員不参を申し立てた結果、室町期の先例となる、御訪・七寺の決定がある。寅の刻に面々が退出した御誦経使定の次第は「初度之儀無為　神妙々々」と結ばれた。諸司では杢寮・蔵人・渡官方の関与が見える。武家が御訪を負担することは、鎌倉幕府にも見える、将軍家の先例であり、規模多少や手続きについて史料を欠くものの、足利将軍家の御訪関与と支出は、義詮の参内の事実からも、ほぼ疑いのないところと考えられる。なお、光厳院の墓所となった常照寺は天皇が開基した寺として、現在、常照皇寺と称し、山国陵のほかに、後花園天皇陵・後土御門天皇分骨所・後花園天皇妃嘉楽門院藤原信子の分骨塔と伝えられる塔がある。

注1　三上皇直仁親王の男山・東條・賀名生への還御や動向は『円太暦』の該当箇所による。『円太暦』は観応の擾乱前後の公事・公祭に関心を示し、記録が継続する史料である。擾乱当時の公事・公祭についてはすべてに延引・停止・無沙汰が連続する。観応三1352年は、もっとも安定した公祭 賀茂祭も停止した。同年は、京に上皇・法皇をはじめ、賀茂祭の警護小除目・祭・解陣の主体となる天皇が不在である。

注2　飯倉晴武『地獄を二度も見た天皇　光厳院』平成一八年 吉川弘文館 は、この『太平記』の説を否定する。

注3　六条院の遺勅は光厳院の遺勅と同内容であって、また後三条院は廃朝五日以外同内容である。（『師守記』紙背文書）遺勅は類型化が進んだ文書であり、葬送の実態と合わせ意義を考察する必要がある。

注4　堀裕　「天皇の死の歴史的位置―「如在之儀」を中心に―」「史林」　昭和六三年

同氏　「死へのまなざし―死体・出家・ただ人」「日本史研究」４３９　平成一一年

谷川愛　「平安時代における天皇・太上天皇の喪葬儀礼」「國史學」１６９　平成一一年

注5　大塚未来「中世天皇家の葬送」「國史學」２０２　平成二二年

第四節　師郷記の年中行事

『師郷記』三五巻は、大外記兼助教　中原師郷の日記である。応永二七1420年正月から長禄二1458年二月まで断続して残存する。別本「恒例臨時公事可存知事」と題する『師郷朝臣記』は故実書である。室町期の比較的安定した、公事・公祭の催行を知る基本史料の一つであり、将軍は足利義持・義量・義教・義勝・義成義政の五代に渡る。

本論は、能楽大成期のなかでも、観阿弥と世阿弥の青少年期という、いわば草創期にスポットをあて、南北朝室町初期の社会の諸事象から、能が生成され創出される諸条件を帰納し、考察することを目的としている。『師郷記』は、対象の時期としては外縁に当たり、第一巻冒頭に掲載されている行事暦を取り上げて、南北朝・室町初期と比較し、ここでは概観だけを試みる。室町期の比較的安定した社会の詳細な分析は、機会を改めて詳述したい。

遠藤珠紀氏は前掲書『中世朝廷の官司制度』で、局務中原氏が一三世紀初頭、行事暦注（具注暦に付された年中行事の予定表）の規範テキストとなる『師光年中行事』を保有していることを指摘し、この規格を持った中世主流の行事暦注を中原氏型と名付けている。

同氏によれば、行事暦注の現存初見は、『御堂関白記』長徳四998年の具注暦であるという。また『小右記』にも、暦に記され行事予定を参照している記事がみえ、氏は、年中行事の円滑な催行のため、このころ行事暦注がある程度普及していたと推察している。終見は、中原師藤書写『貞即記』紙背寛正五1464年具注暦である。従来、平安～鎌倉期に特有のものと考えられてきた行事暦注は、一〇世紀後半から一五世紀半ばまでは、実際に利用されていたと考えられる。応仁・文明の乱を契機として、朝廷の儀式は多く廃絶し、行事暦注の存在は辿れなくなった。

初期の行事暦注は、清涼殿殿上の間に置かれた「年中行事御障子文」によって、宮廷社会に成立した共通規範に拠っている。この障子は仁和元885年藤原基経の献上を最初とし、注1 以後改定が行われて、摂関家・院御所に広まり、『西宮記』『政治要略』などの年中行事書にも形式や項目が受け継がれた。平安中期、儀式は天皇と内裏の存在が重んじられ、その場も朝堂院から内裏へ移行する。注2「年中行事御障子文」はそうした変化のなかで、年中行事催行を安定させた。遠藤基郎氏は一〇世紀後半～一一世紀に見える、初期の行事暦注を検討し、「年中行事御障子文」を規範としながら、記主の判断によって内容や形式に個性があり、一二世紀以降、各種の年中行事書、とくに中原氏流年中行事書の規格が利用される状況と異なることを指摘している。氏はこの変化の要因を院政の成立におき、儀式が天皇・摂関・上皇の三極に変質し、中世社会の文化的衝動による分裂のなかで、新しい「知」のネットワークが形成され、官司請負制が進展した経緯に求めている。注3 中原氏型行事暦注の成立は、鎌倉初期の朝議復興の機運に、中原氏が代々蓄積した年中行事の記録・行事書を編纂し、外記局での地位を固めた動きと一致する。儀式運営の変質と復興のなかで、中原氏は行事暦注の慣習を生かし、外記局の実務運営をとおして、院政期にマッチした規格をもった行事暦注を提示した。年中行事の運営に直結する行事暦は、新しい情報と知識を引き寄せ、改訂と再編を促した。中原氏流年中行事書は、鎌倉期初頭の『年中行事秘抄』『師光年中行事』があり、今に伝わるものとして『師遠年中行事』『師元年中行事』『年中行事秘抄』(多数)『師光年中行事』『師緒年中行事』が挙げられる。行事暦注は、こうした中原氏流年中行事書を規範テキストとして編纂された。行事暦注と年中行事書との関連、年中行事書の詳細な検討は、遠藤珠紀氏・所功氏・五味文彦氏・遠藤基郎氏の諸論考注4に譲り、中原氏行事暦注の典型とされる『師光年中行事』について、遠藤珠紀氏が前掲書で項目のみを抽出した一〇月分と、『師守記』貞治三1364年三月一九日の紙背に残存する年中行事暦二・三・八・九・一〇月分の一〇月分『師郷記』応永二七1420年の年中行事暦から、同じく一〇月分を提示し、その様式・記述から可能な範囲で、室町期の実態を分析したい。

師光年中行事

一日　改冬装束事

　旬事

　主殿寮進御殿及炭事

　兵庫寮始発鼓音事

師郷記

一日　旬　頭左中弁

　改御装束

師守記日付記載ナシ

平座　一臈皆参　一臈　利顕

東寺灌頂二臈　二臈　康隆

御禊　出御一臈

　頓宮四臈　四臈　師興

二日　内侍所奏新嘗会稲粟事
上亥日上亥日内蔵寮進餅事
（中下亥亦同）
三日　左右衛門府築弓場事
蓮華王院惣社祭事
五日　射場始事
残菊宴事（近代不行之）
六日　興福寺法華会事
七日　国忌
（廃務、崇道天皇公家不知行之）
一〇日興福寺維摩会始事
一三日東寺灌頂事
一七日吉祥院御八講事
二一日大歌所初事
二四日法勝寺大乗会事
二九日智証大師忌日事
今月事選吉日

五日　弓場始
十日　興福寺維摩会
十一日土御門院御国忌
十三日東寺灌頂
一四日法勝寺大乗会
撰吉日事

大乗会　二臈
奉幣　二臈
御卜　四臈
政付内文四臈
請印
除目　四臈
日時定　一臈
行幸　一臈
行啓　二臈
官奏　一臈
宣下　四臈
着陣　四臈
免者　二臈
大祓　四臈

定臨時祭使以下事　大糧申文

大糧申文事

点定五節舞姫已下事

師光年中行事暦は、日付脇に行事によって上下二段に区別されて記載され、月頭に神事の禁忌事項があり、月末に「今月事」として式日に吉日を選ぶ行事がまとめて掲載される。上段は院の影響が強い行事、下段は天皇に関係する行事である。右記の一覧はそうした規格を外し、項目を機械的に並列した。蔵人行事・太政官行事・共同経営の行事が見え、諸寮・諸司の関係行事が挙げられ、仏事には南京三会の興福寺維摩会・院政期に新設された法勝寺大乗会・東寺灌頂が記載されている。『師郷記』は二段別表記は採用されていない。諸寮・諸司の関係行事は姿を消し、室町期に復興、継承できた太政官行事と興福寺維摩会・院政期に始まる東寺灌頂・法勝寺大乗会の仏事が残り、土御門院の国忌が新設されている。『師郷記』には先例の勘引記事はほとんどなく、言及する先例は室町期のものである。年中行事はここでリストアップした行事が、上卿不参の場合も催行されている。『師郷記』を見るかぎり、諸寮・諸司の関係行事が特に勘引され、復興した形跡はない。

年中行事再興に試行錯誤した『師守記』の断簡は、再興を目指した平座・東寺灌頂・御禊・大乗会の年中行事と宮中行事・臨時奉幣などの行事を予想し、担当上卿を記したメモ状の一段書きである。ここに挙げられた行事について諸記録を点検すると、一日の平座は、上卿以下が故障を申し立て停止されている。(『迎陽記』)他の行事については記録がなく、催行はなかったと推測される。この月は一八日に故光厳院の百箇日仏事が大光明寺で挙行された。二七日に『新拾遺和歌集』の撰者民部卿為明が薨去し、頓阿が編集を相続している。一一月に年中行事催行の記事は見当たらず、一二月二一日には、興福寺の訴えで神木が入京し、長講堂に安置された。この年は諒闇と神木在京のまま、越年する。（『師守記』）
北方の年中行事再興は、遡及できるかぎりの先例を勘引し、その先例による祭祀を目指した。光厳院葬送にも、その意志と遂行の努力が確認できる。中原氏年中行事を概観するとき、一世紀に及ぶ苦闘の結果、室町期に復興、継承できたのは、一部の太政官行事と仏事・新設の国忌であったと結論できる。この詳細な推移は、機会を改めて実証・分析したい。『師守記』にある絶望的な状況の中で、北方が再興にかけた意志を、次に将軍家の側から考察を試みる。

注1　新訂増補国史大系『帝王編年記』・群書類従第一〇輯『年中行事秘抄』
注2　黒須利夫「『年中行事障子』の成立」「歴史人類」21　平成五年
注3　遠藤基郎「年中行事認識の転換と『行事暦注』」十世紀研究会編『中世成立期の政治文化』東京堂出版　平成一一年
注4　遠藤珠紀　前掲書
所功『平安京儀式書成立史の研究』国書刊行会　昭和五九年
五味文彦『書物の中世史』みすず書房　平成一五年
遠藤基郎「外記の家の年中行事」「国史談話会雑誌」５０　平成二二年
遠藤基郎『中世王権と王朝儀礼』東京大学出版会　平成二〇年

第五節　足利将軍家と宮廷祭祀

『園太暦』貞和元1345年八月一日条は、足利尊氏が男子を失った風聞を伝える。「彼辺騒動云々。実否猶可尋」。翌二日、雑訴などの停否を勘引し、評定延否について勅答する。とりあえず、最愛の男子を失った悲嘆に配慮し、二日の評定は延引となる。先年将軍は幼少の女児をなくした。公賢はその沙汰を「物騒之間忘却了」と、大外記師茂に下問し、注進を待ちながら使者を将軍邸に遣わした。師茂は即日注進する。先例は、四件ある。

正安四1302年八月六日	関東飛脚六波羅探題	将軍久明親王姫君死去	院文殿評定	無所見
同年　一〇月五日	関東早馬六波羅	貞時嫡子菊寿丸年五死去	院評定所出御	七箇日停止
延慶二1309年一〇月六日関東飛脚六波羅		貞時息女夭亡　御前評定延引　一一日文殿沙汰		五箇日停止
康永元1342年一〇月三日		尊氏息女六歳昨月他界　一四日越訴・庭中沙汰		七箇日停止

師茂は、親王将軍と執権北条氏の例を、「関東将軍相州有事」と一括して並列する。四例目は、公賢が詳細を忘却したという将軍尊氏の息女であろう。関東の有事が「天下穢」となった先例は、一四世紀を待ってからである。史上によく知られた建久八1197年七月一四日頼朝の息女大姫死去の時点では、「天下穢」の忌避はまだ、現れていなかったと考えられる。この四例でも、正安四1302年八月六日将軍姫君の例は「無所見」とある。

大外記師茂はもっとも早い将軍の姫君の例に準拠すべきとし、雑訴の日限を守る旨を注進する。しかし公賢は直義の来訪で両人邸既に触穢とし、関東触穢の時は京都も定汚との見解を披露する。そのうえで、「雑訴事七箇日停止」釈天停止・放生会延引を奉答した。公事・公祭の催行はこの主旨によって進行していく。かつて公賢は都の在々所々の田楽繁盛を「天魔之所為」と慨嘆し（『園太暦』応長元1311年三月二日条）、嫡子実夏の鞍馬参詣を、当家の先例にないのを理由に批判したセンスの持ち主である。「天下穢」は神木神輿在京と並んで、公事公祭催行の最大の障害であった。大外記の注進を退けたのは、将軍息女他界の先例や、「天下執権人」（『園太暦』康永三1344年一二月二二日条）直義の意向によるのであろうか。それとも、奉答にある「洛中更不可有不触境界」という意識によるのであろうか。大外記の注進では、足利将軍家が鎌倉幕府の将軍家と執権を総括した「関東」として処遇されている。この点について公賢はとくに触れず咎めもしていない。北方の朝廷ではまず、足利将軍家と宮廷祭祀との関わりが、鎌倉期の「関東」として位置付けられ、騒乱の流動的な状況から、時宜を得た処置が採用されたと推測される。

　尊氏は「将軍」「征夷将軍」「鎌倉（前）大納言」「尊氏卿」と呼称され、のちに貞治二1363年閏正月一四日参議として拝賀している。しかし、参議となっても文殿に伺候した形跡はない。彼について諸記録は、将軍としての、戦闘や騒擾時の動向が一般的である。彼が大納言として八葉車を召し、直義・師直と数百騎の配下を従えて威容を見せたのは、天竜寺供養であった。（貞和元1345年八月二九日）尊氏に対し弟「左兵衛督」「武衛」（ほかに三条殿・錦小路殿）直義（卿）は、官途奉行石橋和義・二階堂行秀を管轄し、幕府の評定を主宰して官途推挙権を掌握していた。金子拓氏は直義が「主従制的支配権」を大名・御家人に対して保有していたとする。彼らの官途はすべて、鎌倉幕府と同様、幕府を通して朝廷に申請され、任官者は「成功銭」にあたる「御礼」

を朝廷と幕府に納付した。注1　直義の権限は大きく、院に突然参入し、（東宮益仁親王）践祚（直仁親王）立坊を申し立てた時、朝廷は一日も置かず、「御大慶不能左右日来之御本望」と勅定を下した。翌日には、新帝御座所など先例勘引に動いている。（『園太暦』貞和四1348年九月二八日条）北方は、光厳天皇が鎌倉幕府の推挙によって立坊・践祚しており、直義の行動は、先例による幕府の評定を前提とした申し出でなのか、尊氏との合意の上なのか、経緯は不明である。直義も文殿に参じた形跡はない。個々の案件で、院・天皇に直接参上し拝謁を許されている記事が諸史料に散見する。参上時の交渉記録などは、個々の事例にはなく、右の事案は例外的なものである。

　直義は、尊氏が征夷将軍に任じられた暦応元1338年一〇月に石清水八幡宮、一一月には今熊野社に参詣した。以後もこの二社への参詣は多い。公賢に「執権之人」と呼ばれた直義の信仰は、国家鎮護の神 石清水と、熊野にあるかに見える。彼は熊野本山遷座の、康永三1344年五月一七日、本山の儀式に従い、今熊野と稲荷社に参詣した。その行列には、先達のほか、配下の武将が従っている。精進屋を出て、折烏帽子に浄衣の彼は徒歩で今熊野に向かい、稲荷社からの復路は、輿に乗ったという。『師守記』にはその参詣行列が記録されている。

御精進屋参候	10
御参詣奉行	2
供奉人奉行	1
路次奉行	2
先達方人数	3

先陣　御神馬五疋　**後陣**
雑色ら　御料蔵三荷御引馬一疋　雑色ら
松明取
右力者　**小先達**　左力者
同宿9　**同宿9**

中間松明取　**児**　中間松明取　同宿　２１
侍法師　**御先達**　侍法師　力者１４皆衣着
松明　御香炉持　**殿（直義）**　御香箱持　松明
新蔵人　**新蔵人**
同１０　同１０
御参詣供奉人
浄衣着　７　**浄衣着６**
帯太刀　１０　**帯太刀　１０**
供奉人１４　**供奉人１３**
此外匠作

行列は総勢一二〇を超える。太字は姓名が判明する員数である。神宝に替えて先陣・後陣を置き、神馬五匹・料蔵三荷を先頭におく武家の陣立である。児の同道は、建保五1217年『後鳥羽院修明門院熊野御記』にも見える。浄衣の供奉人筆頭には、直義の腹心として彼の没落とともに捕らえられ、流地への路次で殺害された上杉重能が、供奉人筆頭には、高師直が進む。師直はのちに、重能の子能憲に父の仇と狙われ、観応の擾乱の混乱に乗じて殺害された。供奉人は今川貞世ら、すべて幕府の要人である。浄衣の供奉人はおそらく直義党とも称される、大小名や家人であり、供奉人は足利将軍家周辺の執事・家人、大小名であろう。公賢に一条経通が洩らした「凡両朝相撐之時節 諸家之安否可任天命」の感慨は、武家をも含む、当時の人々全ての境涯であった。（前掲『園太暦』文和四1355年四月一六日条）直義は貞和五1349年閏六月、尊氏の執事高師直との対立が武力抗争に発展し、八月一二日尊氏邸に逃げ込む。尊氏の三男義詮が鎌倉から迎えられて彼の政務を継ぎ、同年一二月出家、翌年南方に走った。直義は、元弘三1333年一二月成良親王を奉じて鎌倉に下り、建武二1335年七月、中先代の乱のさなか護良親王を鎌倉で殺害している。南方との和解に逡巡する尊氏を退け、政務を委譲されるなど（『梅松論』）、厳しく南方と対峙した過去の経緯を振り返れば、注2 彼が南方に留まるのは不可能に近い。同腹で一歳違いの兄 尊氏は、建武三年八月一七日、清水寺に捧げた願文に、直義の安穏を祈った。

この世は夢のごとくに候　尊氏にたう心たはせ給候て　後世たすけさせをはしまし候へく候
今生のくわほうにかへて　後世たすけさせ給へく候　今生のくわほうは　直義にたはせ給候
て　直義あんをんにまもらせ給候へく候

二日前の八月一五日、北方では光明天皇が践祚した。この践祚は尊氏の申し入れによる。彼は征夷大将軍となり、足利将軍家を拓くのを待つばかりのはずであった。しかし彼は、のちに北方の重臣となる良基と同じように、後醍醐天皇に対する尊崇の思いを持ち続けた一人である。「この世は夢のごとくに候」尊氏はこの世の己を捉えかねている。私に道心を下されなさって、なにとぞ、私の後世をお助けくださいませ。今生の果報にかえて、私の後世をお助けくださいませ。今生の果報は直義にお与えくださいませ。なにとぞ、直義を安穏にお守りくださいませ。尊氏は現世の利益を給うはずの観音に、「後世たすけさせ給へく候」と祈る。己を棄てて祈れば、大慈大悲の観世音菩薩は直義をお守りくださると信じていたのであろうか。

直義が南方に走ってかつての敵と組みし、己に刃を向けたとき、尊氏は弟と戦うときを知ったのかもしれない。今生での果報を思い切り、後世を祈った尊氏は、直義に幕府での日常の政務を分割し、軍事指揮権を握っていた。注3「夢のごとくに候」とはいうものの、今生の己は修羅闘諍を生き、後世は修羅道に落ちる。尊氏は道心を求めて観音の導きを頼み、後世の救いを得ようとした。しかし兵乱は「直義あんをんに……」という彼の祈りを微塵に砕き、尊氏は直義と争い戦闘を交える。讒謗・裏切・死骸陵辱……、執事師直・師泰兄弟が殺害され、直義・師直の私闘は諸将を巻き込んで、尊氏・義詮と直義・直冬、南方勢力が三つ巴で戦う一〇年を越える死闘となった。観応の擾乱である。文和元1352年一月尊氏は鎌倉で直義を捕らえ、二月直義は急死する。残された直冬は南方に下って、文和四1355年一月入京し、尊氏・義詮を近江に追った。尊氏は比叡に陣を置き、東寺に陣を張る直冬と、洛中で激戦を繰り広げる。入京の二か月後直冬は京を脱出し、中国地方の諸将を再編して勢力の挽回を図った。彼は尊氏の庶子である。尊氏は子と認めず、直義が養子として直の字を与え、直冬を名乗らせたという。注4 足利初代将軍尊氏は、幕府草創の二十年間生死をともにした、弟直義、血を分けた庶長子直冬と戦闘を交え、彼らを退けた。彼の修羅闘諍の生は、北方の公家のいう「穢」そのものである。公事公祭は兵革を天下触穢とし、諒闇に謹み不具・死穢を忌避し、玉体安全・天下泰平を天神地祇に祈願する。尊氏の「直義あんをんに……」「後世たすけさせ給へく候」という修羅の祈りは、大慈大悲の観世音に捧げられるしかないものである。尊氏と直義は、神仏習合の石清水・熊野に参詣し、天竜寺・安国寺を創建する。公祭に与かる春日・日吉・岩清水など既存の社寺は神木・神輿を上洛させて公事公祭を延引停止に追い込み、洛中を撹乱した。足利将軍は出陣して神木神輿の上洛を阻止し、鎌倉以来の御訪により、騒乱のために滞る公事公祭の催行費用を徴収負担し、後醍醐天皇の鎮魂を祈る天竜寺、国家の安泰・死者の冥福を祈る安国寺の、新しい寺院の創建を奏上・遂行する。尊氏が直義・師直・和氏らと普請に臨んだのは、怨霊への恐れもさることながら、注5 無常の騒乱に引き裂かれ死に追いやられる死者への回向と鎮魂を果たしたいという、仏の慈悲を求める信仰によるのではないかと考えられる。貞和元1345年叡山は強訴して、院の天竜寺供養臨席を阻み、上皇は翌日の仏事にのみ臨席した。

康永三1344年五月、浄衣をまとい今熊野に徒歩で向かっていたとき、直義は何を祈ったのであろうか。熊野は当時南方の支配地であった。半世紀ののち甥義満は伊勢神宮に参拝を果たし、以後足利将軍の参拝は慣例化する。注6 義満の女・側室は、守護の庇護のもと熊野に詣でた。注7 直義は、こうした将軍家の将来を予測できたであろうか。熊野から伊勢へ、南北朝室町期は、信仰の潮流が大きく変化を見せ始める画期でもある。注8 それは、直義と義満の間隔でもある。足利将軍家は、一世代ごとに存立の条件が異なり、個人の出自、性格・境遇、兵乱の状況といった偶然性に、その権力の基盤自体が制約される。直義の「左兵衛督」は鎌倉二代将軍頼家の官であり、尊氏の「鎌倉(前)大納言」は鎌倉在住のため権大納言を任官と同時に辞した源家将軍の官にちなむものであろう。それは、準摂関家相当とされた官位でもあった。直義の政務は、鎌倉幕府の制度・組織を受け継ごうとする意思が認められ、彼は鎌倉府の全盛を執権北条泰時に見、その政治を踏襲しようとした。注9 しかし時は、尊氏・直義を任じた天皇家は南北に対峙し、武家の鎌倉支配すら危うく、戦い続けなければ己の命や家臣・本貫の地も失いかねない闘諍の世である。噴出する対立と闘争のなかで、尊氏・直義の第一世代は、足利将軍家の祖所在地を選択し組織を草創して、北方天皇家の正統と存続を軍事面から支えなければならなかった。二人が元弘の乱以降二〇年近くに渡り戦陣をともにできたのは、同腹で一歳(二歳説もある)しか違わない年齢差に負うところが大きい。父は足利家総領貞氏、母は関東の有力武将上杉頼重の女清子である。同じ母親に愛育され、妾腹ながら足利総領家の子弟として教育と鍛錬を受けた幼少年期は、直義を分身のように思い遣る尊氏の願文によく現れている。尊氏は一五歳の元応元1319年、従五位下治部大輔となり、妻に執権守時の妹 六波羅探題北条久時の女 登子を迎えた。[注10] 腹違いの兄の死後総領としての地歩を固め、実戦のなか急速に抜きんでた存在となった尊氏との相違が、直義に理解できていたであろうか。足利将軍の戦闘で見られる特色は、転進自在な機動力・高い情報収集と発信能力・強い軍律・物資補給能力など、総合的な戦闘能力の高さと柔軟性である。[注11] このような武力集団は、短期的な戦闘の勝敗や政治情勢で形成できるものではなく、戦いの後方に養われた安定した領地支配と戦況に対応できる補給能力、家臣団の鍛錬と高い結束が不可欠である。家臣団の結集の核は「弓矢の将軍」と仰がれた尊氏であり、直義は尊氏と一体である限りでの、足利将軍家の執権に過ぎない。尊氏と執事・家人との間を裂き、南方に組して刃を向けるのは、直義自身にとって自殺行為に等しい。直義は理知的であり冷静沈着な性格だったという。彼の慢心は何処から生じたのであろう。同じ破滅への軌跡が、庶子直冬にも認められる。直冬の生没年は未詳である。諸研究の推測では、二代将軍義詮の二・三年年長であるらしい。[注12] 彼の母は身分の低い越前局で、一夜通いの子ともいう。尊氏は出生時から子と認めず、成長してのちは、鎌倉東勝寺の渇食となった。尊氏の将軍就任を聞き、上京して認知を求めたが入れられず、直義が養子とした。出生時に子と認められない庶子が一族に入れられるのは、嫡子が絶え一族の存亡に関わる場合が多い。当時、嫡子義詮は鎌倉に留まり、関東を管領する重責にあった。異腹で年長の庶子直冬が、他家ならまだしも、叔父直義の養子となり、京の父尊氏の側近くあることは、家臣団の中に火種を持ち込む危険性が高い。出生時から子と認められなかった庶子直冬には、義詮に仕える忠誠をもって、父に対して自身を位置付け、認知を求める努力こそが肝要である。乳母子の身の処し方を顧みても、血族の進退には家臣団の秩序と結束の維持を視野に入れた、自重と配慮が求められる。尊氏は直冬と最後の激戦を展開したとき、我が子の退路を絶とうとはしなかった。直冬は忽然と東寺の陣から去り、中国地方を転戦し父と義詮を脅かしただけでなく、尊氏の死後も動乱の火種となった。

尊氏・直義の第一世代は鎌倉末期の騒乱のとき、二〇代半ばの成年に達していた。次世代の義詮は、幼少年期から、戦場を体験する。元弘三1333年、父尊氏は後醍醐天皇の隠岐脱出の報に西上し、義詮は母と人質となって鎌倉に置かれた。父が後醍醐天皇に帰順したため、抱かれて下野に逃れ、新田義貞の鎌倉攻めには父の名代として家臣を率い参陣した。五歳である。建武四1337年北畠顕家によって鎌倉を追われたが、翌年顕家が西上して鎌倉に戻り、細川和氏・頼春らに補佐されて、関東を管領した。彼が父尊氏に招かれ京に移ったのは、貞和五1349年二一歳のときである。失脚した叔父直義に代わって、幕府の政務を担当し、翌年参議兼左近中将に任じられた。観応の擾乱では、京を支えきれず、観応二1351年に丹波・兵庫、文和二1353年・同四年に近江・美濃に走った。延文三1358年四月三〇日父尊氏が死去し、同年一二月八日、征夷将軍となる。三〇歳である。尊氏が後醍醐天皇の挙兵に初めて西上した年齢は二五であったが、義詮は上京後九年、父の西上時に五歳増さる年齢で、父尊氏死後の幕府を統率しなければならなかった。関東から彼を補佐した細川清氏を執事とし、翌延文四1359年一一月関東執事畠山国清が東国の軍勢を率いて上京したが、在京の家臣、仁木義長らと対立は止まず、翌年には国清は京を去り、康安元1361年執事清氏も離反する。義詮は後光厳天皇を奉じ今熊野に避難し、南方に帰順した清氏らの入京を避け、近江に退いた。しかし、この四回目最後の京都占領では、南軍は交戦することなく京を退却する。直義の失脚後、幕府は執権泰時の幕政を理念とする執政を解き、尊氏＝東国・義詮＝西国とそれぞれ恩賞給付・官途挙状発給を分担し、注13 半済認可・停止令（延文二1357年令）を運用して武家・寺社の支配を再編した。内乱が旧来の公事公祭の財源を縮小し、武家御訪が重要な財源となり恒常化する。（観応元1350年一一月尊氏申請状）義詮はその転換点の象徴的存在である。幼少年期には幕府本貫の地関東を管領し、上京後は父尊氏の戦闘の後方を守って武家と在京の秩序を整え、内乱のなか戦闘を避けて天皇を奉じる義詮の進退は在京の将軍家の位置を確かにした。時折みられる義詮の文殿臨席、文殿への恒常的な武家参入の記録も、その証左の一つである。文殿の武家は輪番から外れており、活動の詳細は不明であるが、記録には姓名が残され、実務は担当せず、（『師守記』）幕府とのパイプの役割を持っているものと考えられる。北方の宮廷は、幕府の在京に対応し、鎌倉将軍家の先例から離れ、足利将軍家を宮廷の秩序に位置付けようとしていた。貞治六1367年義詮は二条良基の計らいで、中殿歌会に参仕している。南方は畿内に楠一族と寺社、吉野河内の行宮、伊勢の国司北畠氏と中部・関東で呼応する大小名、征西府護良親王が活動し、北方の皇位に安定には、足利将軍家は不可欠である。義詮の呼称として「大樹」が諸記録に確認されるのも、幕府と将軍家の支配の浸透を物語るものであろう。しかし、北方の宮廷で、足利将軍が宮廷祭祀に「準摂関家」同等またはそれに勝る役割を果たすのは、義詮の死後、一一歳で将軍となった義満の成人を待たなければならなかった。永和四1378年二一歳の義満は、権大納言兼右近衛大将に任じられる。頼朝以来という右大将拝賀奏慶のため、彼は二条良基に所作・作法の伝授を受けた。良基の扶持で、義満は参内し白馬節会の見物している。二一歳の将軍は「御監宣旨」「白馬奏」などの案内を受け、御前での進退を学ぶことから修得に勤めたという。義満の参内には、彼が指名する出仕の公卿に、一万匹もの御訪が送られ、周辺に伺候して功あれば、官位の奏請を受ける栄誉もあった。彼の朝儀参加は注目の的であったが、宮廷祭祀の所作・作法を習熟し、院・廷臣の抵抗を鎮めるのには、二条良基・将軍家の縁戚日野氏の他に、近衛道継ら公卿の容認が必要であった。藤氏に公事公祭の忌避を迫った神木・神輿は源家将軍には通じず、康暦二1380年一二月一五日の帰座を最後に、神木入洛は途絶える。応安年間1368~75に始まった段銭・棟別銭などによる、公事公祭の臨時・恒常財源整備は、康応1389~90にかけ調達方式が成立した。朝儀復興はようやく暁光を見る。注14

義詮は晩年、中国地方に威を張る大内弘世の帰服を得て、周防・長門の守護に任じ、直冬を庇護した山名時氏を降伏させた。(貞治二1363年)同年、足利基氏が上杉憲顕を関東管領に迎えていた。基氏は前年畠山国清を討ち貞治三1364年には、世良田義政を自刃させ、鎌倉府の関東支配も落ち着き始めている。高麗使に返牒を与えた貞治六1367年、義詮は病に伏し、義満を後継に立て、細川頼之を讃岐から迎えて執事(管領)とした。頼之は五年前、義詮に反した細川清氏を讃岐に討ち、伊予の河野通朝を世田山城に自殺させて、四国の支配を進める実力者である。義詮は一二月七日三八歳で死去する。幼少年期から戦場に足利軍を率いて関東を管領し、父尊氏を支えた生涯であった。

義満の母は岩清水八幡宮社務善法寺通清の女紀良子、良子の母は順徳天皇皇子四辻宮善統親王の孫である。足利将軍は初めて皇統の血筋を受けた母を持った。貞治五1366年天皇より名字義満を賜い、従五位下となる。九歳である。一〇歳で父の死とともに足利家を継ぎ、翌年元服して征夷大将軍に任じられた。彼が政務にあたったのは、応安五1372年一五歳のときである。永和元1375年一八歳で従三位に昇った。一二歳の世阿弥が、今熊野で義満に見出されたのは、この年か、または前年の応安七年とされている。同四年三月一〇日義満は室町新第に移った。彼は堂上の公卿となって参内し、良基の扶持を得て、公事公祭に晴れやかな役を許されるようになっても、祖父尊氏・直義、父義詮の信仰を忘れなかった。六月に准三后宣下を受けた、永徳三1383年一二月一四日の夜、彼は家臣を召し、義堂周信と月光にてらされた相国寺の普請場で、土を荷う。尊氏・直義が天竜寺創建のとき、自ら三度に亘り土を荷った故事を喜び、それに習おうとしたのである。（『空華日用工夫略集』永徳三年一二月十四日条）

本章は、南北朝・室町初期の朝儀復興の過程を追い、足利将軍が「室町殿」と称せられるに至るまでの幕政とその信仰との視点から、照射を試みた。義満は一一歳で将軍となり、後小松天皇は六歳で即位した。天皇が至徳四1387年一月三日一一歳で元服したとき、三〇歳の左大臣義満は理髪を勤め、加冠を勤めた六八歳の太政大臣良基と練歩した。（『実冬公記』）北方は少年の主上と青年の将軍を戴き、明徳三1392年閏一〇月五日の南北朝合一に向かっていく。一一歳の将軍と六歳の天皇が、北方の体制を強化した事実は、当時の社会心理を映して興味深い。義満の動向については、概略に留め、あらためて、考察する。

注1　金子拓『中世武家政権と政治秩序』吉川弘文館　平成一〇年

注2　笠松宏至「足利直義」豊田武編『人物・日本の歴史』五　読売新聞社　昭和四一年

注3　峰岸純夫『足利尊氏と直義』吉川弘文館　平成二一年

室町幕府初期の政治機構の中で、尊氏と直義の分権が現実の機関に及ぶ実態については、諸説ある。佐藤進一氏は、将軍尊氏が侍所・恩賞方・政所を、直義が評定を主宰し、安堵方・引付方・禅律方・官途奉行・（門注所）を支配していたとする。直義の権限をより広く認める説もある。峰岸純夫氏は、尊氏が侍大将・守護を、直義が、鎌倉府と評定に関わる、侍所・恩賞方・政所・安堵方・引付方・禅律方・官途奉行・門柱所を抑え、守護も支配下に置くとする。草創期の足利幕府の機構については、史料の制約が大きい。そのため、尊氏と直義の分権を明確にするのは困難である。

注4　瀬野精一郎『足利直冬』　吉川弘文館　平成一七年
注5　森茂暁『中世日本の政治と文化』　思文閣出版　平成一八年
『保暦間記』『天竜寺造営記録』など、北方の周章や哀傷、恐怖を伝える史料は多い。
注6　萩原龍夫　『中世的祭祀組織の研究』　吉川弘文館　昭和三七年
注7　『熊野詣日記』応永三四1427年住心院法印権大僧都実意記録　同年九月足利義満女南御所に進上。
熊野に詣でたのは、南御所・今御所・義満側室北野殿である。南御所・今御所は義満が寵愛した娘達で、将軍義持・義教の姉妹である。北野殿は高橋殿とも呼ばれ、義満の寵を受けた側室として『世子六十以後申楽談義』に逸話が見える。実意によれば、彼女は応永三1396年から、熊野詣一三度に及んだという。
注8　前掲書　萩原龍夫　『中世的祭祀組織の研究』
注9　前掲　笠松宏至「足利直義」
注10　高柳光寿『改稿足利尊氏』　春秋社　昭和四一年
注11　上島有『足利尊氏文書の総合的研究』本文編・写真編　国書刊行会　平成一三年
足利尊氏には、一〇名に及ぶ右筆が仕え、作戦に当たっては、経文転読・凶徒退治祈祷命令など、関係方面の諸社寺に、百通を越える御教書が発せられた。これは筆跡から鑑定された事実である。諸社寺は領主であるばかりでなく、当該地域の信仰の核であって、遂行命令は将軍の作戦意図を知らしめ服従を促す有効な手段となる。尊氏は日本の歴史上、もっとも多くの古文書を発給した一人とされており、足利将軍は戦闘の局面ばかりでなく、地域の諸勢力の情報収集・分析と懐柔に勝れた力を保有していた。
注12　前掲瀬野精一郎　『足利直冬』
注13　高柳光寿前掲書

金子拓　前掲書
松永和裕「室町期における公事用途調達方式の成立過程」―「武家御訪」から段銭へ　「日本歴史」597
松永氏によれば、観応の擾乱期の官途推挙は、尊氏・義詮が個別・臨時に、武士から差し出された言上状に、自らの証判を加え推挙するタイプであり、早急な軍事動員の必要性と成功の不要が密接に関連していると指摘されている。騒乱の終息から義満期初期までに、公家に対する推挙文言のみのものが、定着し制度化する。
注14　小川剛生『二条良基研究』　吉川弘文館　平成一一年

第六節　神々の変容

南北朝・室町初期の国家恒例の祭祀と公祭のモデルは、南北両天皇家の正統を賭けた抗争と試行錯誤の中で形成された。天皇家には南北の政治的軍事的状況の結果、複数の天皇・上皇・法皇が並立し、北方では、その存在全体の整合性を肯定的に包摂する位置付けを選択した。院政である。朝廷はその体制の中で、当面する諸問題の解決に先例を勘引し、もっとも古い先例の実現を正統の理想として実践する努力を継続した。先例には平安中期の祭祀制に遡る事例まで挙げられ、その遂行が志向された。北方の公卿には、国家の恒例祭祀と公祭の催行が政治であり、現実には存立の要件である軍事力となる武家を峻別し、足利将軍家とそこに集結する大小名は、院政期の関東として位置付け、処理されようとする。そこには、一二・三世紀を中心に形成された穢意識の強化と顕在化があった。北方で勘引された先例から、穢意識と神木・神輿上洛の朝儀・公祭の省略・延引・廃止・藤氏上卿忌避について、先例を遡及しもっとも古い主なものを列挙すると次のようになる。なお、朝儀・公祭はそれぞれ微妙に省略・延引・停止の内容が異なる。影響が現れた時点を簡潔に例示した。

兵革天下穢	寿永二1183年
五体不具穢	保元三1158年
禁裏蝕穢	康保三 966年
在京女院有事崩御	正嘉元1257年
関東有事	正安四1302年
神木動座	正応四1291年
東大寺八幡神輿入京	弘安二1279年

穢は罪・禍・過を包摂する、感覚的なタブーである。直接接触して伝染するだけでなく、空間を超えた忌避の感覚によって、伝播し拡大する。公賢が尊氏の息男の死に見せた蝕穢の意識は、彼の時空感覚によって強化され、朝儀の先例を覆す判断を生んでいる。穢意識の形成や進化は、神託や予兆といった神の意志の発現を契機とするよりも、日常的な経験によって蓄積される、無意識に近い感覚ではないかと考えられる。公事・公祭の穢は一時的でなく、先例が記録され永久的に継続する穢意識である。穢のタブーは、内乱のなかで公家社会が収縮し京都に縮小される過程で、強化されていった。朝儀の主体であり、公事公祭を司る公家が穢に自縛され催行に無気力になる状況は、朝廷政治の衰退を意味する。先例を勘引し実践する意思は、タブーを認識し容

認しつつ、朝儀、公事・公祭の歴史や意義、各家に伝承する有職故実を確認し結集して、朝廷内の無気力を克服し、意志の統一を得る機能を果たした。

武家は産土神に育てられ、仏に宿命を知り、戦いのなかで多くの神々に遭遇する。彼らは神仏習合の信仰を持ち、仏に殺戮の生を享け、修羅闘諍の輪廻を生きる罪人である。兵革と死を穢と忌む北方の公家にとって、武家の存在そのものが、穢であった。彼らは骨肉を割かれる日常を過ごし、己の罪を眼前に見て、仏に救いを求めつつ、戦いの世を生きた。天下泰平・国土安全を神々に求める思いは切実である。彼らは宮廷で神に仕える生を得、血に穢れることのない人々の、天神地祇に平安を祈る祭祀を、己の祈りと合わせて支えようとした。

穢意識が浸透し、天神地祇に対する祭祀は忌避された。その忌避行為が恒常化するなかで、神そのものの姿が変容する。伝統的な天神地祇は清浄と霊威を高め、穢れた人々は祭祀を忌避し恐れる。洛中振りを事として群行する、公祭の神々の神輿や神木は、洛中の平穏と朝儀催行を守ろうと陣を張る武家の隙を突いて、洛中に奉安され礼拝や舞歌が捧げられた。神輿や神木上洛の要求は、朝議には上っても、洛中に周知される情報ではない。洛中振りや神木・神輿の振捨ては、神仏の怒りとして恐怖をそそったことであろう。祓や禊は、清浄と霊威を高め、怒りを露にする神々を離れ、人それぞれの穢にまかせ、それぞれが祭祀できる神々に祈られた。物忌などの陰陽師の計らいと禁忌は日常生活を律し、御衰日は朝議・公事・公祭に優先する。泰山府君祭は天皇も祭るものとなり、陰陽師が主宰する私的祭祀・仏に求める修法が盛行した。注1 それぞれの祈りに寄り添い聞き届ける神仏が形を顕わにする。宗牧が『当風連歌秘事』に、夢想・法楽の月次・初心講の絵像の神としたことで知られる、連歌の神 渡唐天神も、その例である。

渡唐天神は、宋朝禅林リーダー無準師範（1177〜1249）のもとに菅原道真が参禅し嗣法を許されるという、時空を超えた両者邂逅の中世説話の神である。画像も描かれ、連歌の神となって流布した。禅僧と天神信仰の結びつきは、鎌倉期には栄西が入宋前に大宰府天満宮・安楽寺に参詣した例があり、南北朝になると、貞治元1362年相模の天神廟に祭文を捧げた義堂周信、観応二1351年元からの帰国船で北野天神の冥助を得た東福寺霊見など、禅僧の北野天神信仰が散見する。唐土に関連付けた天神賛詩も増え、応永年間には、周防・長門・豊前三国を領有する大内盛見が、将軍義持に秘蔵する天神画像を献上するまでになった。注2

足利将軍家と天神の関係は深く、建武三1336年湊川合戦に向かう尊氏が、天神の御使の照らす光に守られ、戦勝を得た奇瑞は名高い。吉澤氏によれば、将軍家では毎月二五日に舞歌を伴う天神講が開かれ、（初見『中院一品記』暦応二1339年五月三〇日条）、尊氏第近くの土御門高倉天神社でも、天神講が催された。北野天神社には、法楽連歌が奉納されて、連歌講も早くから結成されている。数百年の時と日本と中国の隔たりを越える渡唐天神説話は、禅僧の夢想と北野信仰を融合させた中世的な思考の産物であった。

神仏と人間世界を融合させた中世の神々は、「本地物」にも見ることができる。注3 有名な浦島太郎の物語は、南北朝まで遡る古絵巻（宇良神社蔵）と室町期の絵本が残り、神社縁起から御伽草子本に至る過程を辿ることができる作品である。浦島説話の諸伝本には「本地」と称する題名はない。しかし、浦島明神の縁起として、仮構の物語をもって神仏の人間時代を語る、「本地物」の形式に当てはまる物語である。『熊野の本地』の古縁起には、院政期の長寛元1163年に天台山王子信垂迹の「熊野権現御垂迹縁起」があり、（『長寛勘文』）鎌倉期にはその本源を天竺に求める説が生まれ、熊野の本地の主流「五衰殿物語」に発展した。熊野権現として祀られる諸神は、もとは天竺マガダ国の大王や后、王子などであって、本国で耐え難く厭わしい種々の苦難を味わいつくし、日本に飛来して神と顕れたという。「熊野の本地」は南北朝室町期を通して様々な伝本を生み、江戸初期まで広く流布した。松本隆信氏によれば、本地物は、『熊野の本地』のように日本古来の神を対象とする『厳島本地』『上野国一宮事』『塩竈大明神御本地』『釜神事』など三一系統、仏・菩薩・諸天などを対象とする『阿弥陀の本地』『金剛女草子』『さいき』など一二系統がある。本地物の神仏は、元は人間で、人界にあって種々の苦難を経験し(前世)、そのような人間の苦を救うために神仏と現れたとする縁起を持ち、前世では仏や聖人の奇跡に助けられ、想像を絶する辛苦を凌ぎ、時空を超えて神仏となって顕れる。

『熊野の本地』では、九九九人の后に嫉妬され、山中で殺害される女御の有様がクライマックスである。大王の子を宿す彼女はまだ、産み月に達していなかった。ひたすら観音に祈り千手経を読誦するうち、玉のような王子が生まれる。首を取られ捨てられた彼女の骸は、乳を出して我が子を養い、成長ののち朽ちて、独り残された王子は鳥獣を友として暮らした。やがて聖が虫食いの歌の告げを得て、王子を尋ねてくる。王子は、山中に苦行し一七〇〇歳の齢を得た彼に学問を学び、父王と再開を果たした。

仮題『天照大神本地』慶応義塾図書館蔵本では、皇祖神天照大神も、前世の辛苦を受ける。大神の前世は、はらなひ国の大王けむたつは王である。彼は子がなく、観音に三年三月祈って王子を得るが、三年後王子の母后は死ぬ。新しく迎えた后は、凛々しく成長してゆく継子めうをん太子を恋慕し、拒否されると激怒する。王宮には窃盗・放火が始まる。継母は太子の仕業と王に讒言するが、大王は彼女の企みと悟って、太子や一万人の家臣・ち一上人とともに、大船に乗って国を離れた。船は摩迦陀国に立ち寄ったのち、大唐・高麗・百済・新羅を経て、日本に着く。けむたつはは我が国の王と成り、天照大神と顕れた。内宮はけむたつは王で本地は大日、外宮はめうをん太子で、本地は十一面観音という。

光明に満ち清浄な永遠の命を生きる、高天原の自然神は遠い。神仏と顕れるのは、はるかな唐・天竺の尊貴な王・王子であり、厚い信仰によって仏に加護された貴人と、山野に修行し永遠に近い命を得た聖である。彼らの前世の運命は、騒乱の世を生きる人々の辛苦がリアルに映される。死んだ母親の乳房を吸う乳児は騒乱の日常であり、(『方丈記』)現実では、母の体は日々崩れて乳児は野犬に食われ、養育者を得るまで成育するのは奇跡である。勝れた宗教者には、そうした奇跡の生育伝承を持つ実在の人物がある。(『今昔物語集』)本地物の王子は仏の加護を得て母の胸は朽ちず虎などの野獣に守られて、聖に養育された。神仏の仮構の前世は本朝にはない。そこで尊貴な血と信仰を持つ王が、同じ辛苦に悲しむ人々を救おうとして、仏の御教が伝わった道を辿るように、本朝に神仏となって顕れる。

唐渡天神が連歌の神となり、本地物の神が本地垂迹・神仏混交の山岳信仰と修験者への尊崇を母体とした庶民の神々となるように、世阿弥自筆本『難波梅』の神は、舞歌に生きる大和猿楽が都の貴人の座敷や勧進猿楽の観衆に提示した神である。自筆本は冒頭部分が欠如しており、百済国の王仁と、代々の栄華を守る木花開耶姫の神霊を夢幻のなかに見た人物は不明である。しかし、「都人」と呼ばれて回向を必要としない聖人と神の影向を迎えられるのは、他の自筆本などの検討からも、貴人以外はありえない。山伏が脇の為手が演じた『布留』にも見られるとおり、世阿弥の配役は能本の類型化とは、程遠い。道行には熊野参詣の復路でもある紀路が謡われていて、現行の三熊野復路の貴人は「当今臣下」であるかどうかは別としても、自筆本の配役に近いと考えられる。終曲の詞章には、「春鶯囀」「秋風楽」「万歳楽」「青海波」「採桑老」「抜頭」の六曲の舞楽の具体的曲名が織り込まれている。現行『高砂』の阿蘇大宮司を迎えた住吉大神は、「還城楽」「青海波」「千秋楽」「万歳楽」が織り込まれた地謡に合わせ、囃子の拍子に乗り、所作する。自筆本には「舞アルヘシ」(『盛久』『江口』『阿古屋松』)「舞フヘシ」(『阿古屋松』)「舞楽ノ体ナルヘシ」(『布留』)など、舞についてのト書きが散見する。『難波梅』は舞のト書きをもたず、詞章を吟味し音曲と囃子にのって身体をつかう、棟梁「堪能」の演技所作のみせどころであったろう。詞章には、「イロ〱ノフガクヲモシロヤ」とあり、百済国の王仁と木花開耶姫の神霊は、数々の舞楽が繰り広げられるさまを、舞台に演じたと推測される。

大和猿楽が都の貴人の座敷や勧進猿楽の観衆に舞歌で提示した神々は、足利将軍の迎える神となった。その歴史的な過程については、章を改めて考察する。

注1　村山修一他編『陰陽道叢書②中世』　名著出版　平成五年
注2　吉澤元「応永期における渡唐天神説話の展開」　史學雑誌120編10号　平成二三年
注3　松本隆信『中世における本地物の研究』　吸古書院　平成八年

おわりに

本論は、能楽大成期のなかでも、観阿弥と世阿弥の青少年期という、いわば草創期にスポットをあて、南北朝室町期の社会の諸事象から、能が生成され創出される諸条件を帰納し、考察することを目的とする。

当該期については、南北朝から戦国期までを室町とする時代区分がある。本論は芸能を対象とし、社会の中で身分の外に置かれ、社会の動向に大きく影響を蒙る存在を考察する視座から、南北朝・室町前・中・後期、戦国期という区分を採用した。とくに南北朝期は、皇統が南方・北方に分かれて公家社会が分断され、内乱が東国から西国に及んだ激しい変動期である。観阿弥は享年五二、その死は、至徳元1384年である。南北朝は彼の生涯を覆い、合一の明徳三1392年、子世阿弥は三〇歳であった。世阿弥は父とともに、幼少年期と人格形成期を南北朝の動乱の中に、生きたのである。

その前後の時代区分については政治の中心地から命名された、飛鳥・奈良・平安や安土桃山・江戸、近代以降は元号に従うスタンダードな区分によった。むしろ、問題となるのは、原始・古代・中世・近世・近代・現代という、比較史的な発展段階を踏まえた区分である。近世は日本史に設定された、江戸期を指す固有の呼称であり、安土桃山が包摂される安定した概念であるが、それ以外は諸説あって、さしあたり中世のもっとも早い時点は、法制史から提言された、延喜式制定時を画期とする一説である。ユーラシア大陸の東端、大小の険峻な島々からなる我が国は、地政治学的に孤立分散の条件を内蔵し、有史以来大陸の強い干渉を受けにくい距離もあいまって、停滞傾向も根強い。外国文化の影響は波状的で征服を伴わず、とくに指導的階層では、自らの荘厳のために先進地中国や朝鮮を介して許容範囲で文物や技術を輸入する。その表面だけの現象を観察すると、実態を見失いかねない。能楽大成期の観阿弥と世阿弥の青少年期という、いわば草創期を対象とする本論では、中世を平安後期の院政期から戦国期までと設定し、この仮説に沿って考察を展開した。院政期に設定したのは、熊野信仰が堂上の公卿・院、北面の武士から雑人にいたる広範囲の階層、東北から西国に及ぶ広範囲の地域に確認される状況や、今様・白拍子舞など地下の芸能の発展、説話文学の白眉『今昔物語集』の成立、『保元物語』『平治物語』から『平家物語』に至る軍記物が題材とする、騒乱と平家の政権の出現といった事象が、日本史固有の発展や比較史から見た中世の概念にも、抵触しないのではないかと判断したからである。

考察を進める方法として、序論　能『高砂』にあらわれた、聖代に仮託しつつ戦乱と闘諍の世を生き抜こうとした祈りとその現実を踏まえ、自筆本と世阿弥に関係の深い現行曲から、能に見る時空認識を検討し、その特色をまとめる作業を、第一節で行った。自筆本は、世阿弥が固定化し大和猿楽に伝承しようとしたテキストである。都での多くの上演を経て安定した、当時の能を知る一級の史料であり、成立期からは足利将軍をはじめとする、武家の宗教的な真情や時空意識を映す史料でもある。能が公家に受け入れられるのは、室町後期以降であって、二条良基のように少年鬼夜叉（一説に世阿弥の幼名とされる）を連歌の席に入れ、藤若の名を与えるといった行動は、例外中の例外といってよい。『満済准后日記』には、禁中清涼殿東御殿にエナミ猿楽などが召され、「禁中猿楽其例更以不可在」と眉を顰め諸人閉口したという風聞が記録されている。（応永三四1427年正月二二日条）能が公家社会に受け入れられるようになるのは、世阿弥から一世代あと、女婿禅竹のころからである。しかし、応仁の乱で公家の生活空間が破壊され、朝儀の空間に異変が及んでも、禁裏で公に能が演じられることはなかった。

第二節は、大外記中原氏注進を整理し、南北朝・室町初期の先例勘引や古儀復興の方針を分析して、北方朝廷の動向について歴史的な変遷を追った。第三節は年中行事を中心とする常儀から視点を変え、北方皇統の祖、光厳院の葬送を、同じ視点で分析したものである。第四節では思考の見通しを得るため、大外記中原師郷の年中行事暦に触れ、室町中期に至る外観を試みた。大和猿楽は足利将軍家の支持を得て京都に進出し、洛中の諸芸能と競合・吸収し合うなかで、急速に洗練されていった。しかし、北方で能を容認した有力な階層は武家であり、寺社は立地や文化的政治的条件で関心が異なり、公家一般は無関心に近く、将軍家の演能でも「能有」「例能有」とまれに記録が散見できるに過ぎない。仙洞演能の風聞が聞えるのは、将軍義持・義教の頃である。こうした能を容認しない朝廷の意識は反って、能の時空認識が、能を生んだ社会のなかで、どのように存在していたかを知る好材料に見える。

分析の中心的な史料『師守記』は勘引した先例、朝廷の裁許のほかに、大外記中原氏一族の生活を詳細に記録しており、家君が一族を引き連れて、一同牛車にギュウ詰めになり、六角堂や因幡堂に参詣したり野遊のために郊外へ出かけたりといった、庶民的な日常を窺うことができる。こんなに大勢の乗った牛車を引く牛がいるのだろうかという疑問は、やがて、中原氏の牛が良基や道継に貸し出され、公卿のお歴々の車を引く記事で解決される。怪力の牛は、一時期、お試しやおあやかりにはまって活躍したようである。中原氏は、身分制の厳しい公家の社会で、家職を忠実に果たし、上下に偏頗なく牛の貸借までこなす一族であるらしい。お産といえば陰陽師、文庫改築といえばまた、陰陽師と、陰陽道に律せられるなかで、覚一の平曲や歩き田楽に興じている。能が師守の関心を引いたのは、貞治三1364年の京都薬王寺で行われた大和猿楽の勧進能である。ほかに能と判断できる記事は確認されていない。これは師守自身の個性や立場を踏まえた忌避というよりも、質が高く、個別分散した当時の文化の特質によると考えられる。一二歳の世阿弥が今熊野で一八歳の将軍義満に見出されたのは、『師守記』末尾の応安七1374年または、翌永和元年との二説がある。大和猿楽の京都周辺の活動は、将軍の同朋衆や周辺の大小名などに関係する貴顕のあいだで、注目を集めていた形跡があり、すでに公卿として堂上で重い立場にあった一八歳の将軍義満が大和猿楽に接する場として、将軍家と所縁が深い今熊野が選択された可能性は高い。

南北朝・室町初期の公事・公祭・祭祀は、実行可能なあらゆる分野の先例を勘引し、もっとも古い例に遡って再興の努力が続けられた。北方の試行錯誤のなかで、実現可能な年中行事や公祭・祭祀が再編される。その方法は、建武初年から先例勘引と執行の記録が残る痕跡から見て、建武の新政ですでに試みられた施策ではなかったかと推測される。（兵革天下触穢）『師郷記』の応永末年に表れる年中行事暦は、室町期の固定化された公事・公祭・祭祀のタイム・スケジュールであり、固定化は、南北朝合一ののち政情の安定につれて整えられた。外記局での、清原氏と中原氏のバランスの変化もその証左の一であるのかもしれない。機会を改めて考察したい。

北方では、固定化まで一世紀近くに渡って、観応の擾乱の絶望的な状況の中でも、この営為は継続した。第二・三節で整理し分析したとおりである。北方朝廷の努力は、足利将軍の軍事力による擁護と支持なしには、不可能であった。足利将軍の目的は鎌倉幕府を継承する、武家の棟梁としての覇者の地位である。第五節で考察した、その信仰は、神仏習合の、戦闘行動の主従関係から生まれた、擬制的で素朴な血族意識を母体としている。第一世代の尊氏・直義は、年中行事をはじめとする宮廷祭祀や、京での参拝の作法などには明るくはなかったようである。康永三1344年正月二八日、二人はそろって石清水八幡宮に参詣する。その前日、洞院公賢のもとに武家の使者が使わされた。安芸守成藤という。公賢は簾外に召し謁した。伝えられた用向きは、直義・尊氏の明日に迫った石清水参詣の神拝などについてであったらしい。公賢は両段再拝の儀について、あらましを教授したという。（『園太暦』康永三1344年正月二七日条）その後も面談の内容は不明であるが、直義がみずから公賢のもとを訪れる記事が『園太暦』に見える。尊氏が男子を失った悲しみを思いやり、とりあえず翌日の雑訴停止を奉答した公賢の「穢」の認識は、こうした交渉を重ねて形成されたと考えられる。

洛中で身近に接する個人的な交渉や南北の厳しい抗争は、武家と公家の間隔を近づけたが、朝儀の理解や擁護となると、武家と公家の協調は容易ではなかった。佐々木道誉高氏は駒引に貢納する、諸国から集められた馬の隊列を襲撃し貢馬を略奪している。彼は馬を返却しなかったようで、困った朝廷は、馬寮に繋がれていた馬を引いて天覧をしのいだらしい。能に見る時空認識には、朝廷を擁護した武家の、武力を頼んだ殺戮や略奪、戦闘での策略や作戦といった、当面の衝動や策謀とは異なる宗教的真情が伺える。それは、将軍とはなにか、武士とはなにかという、彼らの人間としての自覚、自己への問いかけと、神仏への信仰であり、天神地祇に清浄な祈りを捧げようとし、国家の安泰と平安を祈った、北方の祭祀を擁護した祈りでもある。

ここで、能に見る時空認識と祈り、南北朝室町初期の公事・公祭・祭祀に見られる特色との関連をまとめて、本章の結びとする。

1　聖代への回帰と憧憬

北方では公事・公祭・祭祀の諸問題を、辿れる限りもっとも古い先例に遡って再興することが、天下泰平・国家安穏の統治であり皇統の正統性の証であるという信条が継承された。南方でも後醍醐天皇が遺勅でみずから追号して醍醐帝の御代を理想とし、その実現を標榜した。公家社会と、その血と伝統を引き継ぐ寺社にとっても、聖代への回帰は、広く浸透した共通の信条であると考えられる。北方は先例の勘引から、院政初期や中期に回帰する意思が帰納的に形成された。

能は、遊歴する修験者・出家者・巫女などの祭祀者や天皇とその臣下などによって、夢幻の中に、神仏・霊鬼・魄霊が出現する過去の奇跡の時に救済を求めた。その実現は、過去・異界とリンクする法力や験力、祭祀の超越的な効験による。霊力を持つ存在が主宰する祈祷・祭祀・法事は、太平と安穏を齎すものとして尊崇される。

能に現れた宗教的帰依は、宮廷の祭祀を擁護する、足利将軍をはじめ武家が中心となる階層の、社会的合意を形成する役割を果たしたと考えられる。

2　祭祀の場としての内裏・洛中と聖別された時空認識

京都に定められた、天皇と上皇・法皇の御座所・太政官庁は、公事・公祭・祭祀催行の場であり、天皇と政務をとる上皇・法皇が定位置に存在することが、安定した催行の基本条件であった。内乱で天皇が近江・美濃に行宮を置いた時期には、行宮でも京の禁中でも公事・公祭・祭祀は、催行されなかった。また、朝儀は子前後の深夜に参集し、子や丑の刻に始まり、日の出前にあたる寅から卯を挟んだ時刻に催行され、長いものは翌日の深更や卯に終了する場合もある。催行はほぼこの刻限が守られ、寅の刻は、朝儀の催行が多い。

能では過去の奇跡の時や異界は、特定の場と時が満ちたとき、奇跡のように出現する。神仏が影向する依代の老木・討死の場・寺社の境・群集する法会などの場に、暁・月光に照らされた深更、黄昏が訪れるときである。脇能には神の影向が、寅の刻として詞章に明示されている曲もある。

能と朝儀の時空の認識は、類似点が明らかである。祭祀の時空が持つ宗教的な意義や催行時の心理を理解する素材の一であり、宮廷の祭祀が聖別され許容される普遍的な時空認識の存在が認められる。

3　「穢」と「修羅」

南北の抗争は、伊勢路不通・料足不足といった直接の障害も生んだが、「兵革天下穢」など触穢による忌避が、催行の主体である公卿を自縛し、停止・延引が常態化した。「穢」は伝染する不浄で、罪・災禍とも同一視される。具体的には病気やお産といった血や火・五辛、地震・風雨・鳥虫・妖怪の災、外来人・仏法にまで及ぶ広汎なタブーであった。南北朝・室町期は、穢に満ちた汚辱と兵乱の世であり、触穢意識が蔓延し永久化する状況があった。触穢は穢が外在するという基本的な宗教的認識に立っており、忌避に内攻する行動を生み、祓・禊がそれぞれの触穢について、個別的に励行された。穢に満ちた汚辱と兵乱の世に、神々に近い清浄な世の先例に聖代の実現を求めては挫折し、神仏の霊威を恐れては、神木・神輿にひれ伏し、朝儀を忌避する悪循環が生まれた。伝統の文学・古今伝授・有職故実が実践・集積されたのは、内攻と忌避の裏面でもある。

能に表れる武家の信仰は、自らを修羅と見、現世の宿業と六道輪廻を定めた神仏に捧げられる。罪は人間である彼らの存在そのものと不可分に内在する。騒乱のなかで殺戮を繰り返さなければ、生きる術を持たない己の罪と宿業に日々直面し、平安と秩序を願い後世の救いを求めた。死者の冥福を回向し、神仏を拝して、救いの奇跡を待望する真情は切実である。足利将軍の修羅闘諍の生は、北方の公家の言う「穢」そのものである。武家は、宮廷で神に仕える生を得、血で穢れることのない人々の、天神地祇に天下泰平・国土安全を祈る祭祀を、己の祈りと合わせて支えようとした。

修羅能に現れる源平の武将は、前世の戦闘を懺悔して再現する舞を舞い、修羅道に落ちた苦患を謡う。終曲では回向の懇願・無常への回帰・仏果の拾得を切望する。武家にとって無常の騒乱に引き裂かれ死に追いやられる死者は己自身であり、打ち砕かれた悔悟と魂の救済への希求は、彼らを単なる戦闘の勝敗者・殺戮者・武力をかざす恣意的な権力者ではなく、人間として、神仏に向き合いこの世を生きる人々の魂を受け止める、治者としての自覚と精進を自らに課し、文化の創造者としての洗練を荷い、育成と奨励に向かわせることとなった。武家は朝儀の障害である神木・神輿の上洛を阻止し南北の抗争の終息を計る一方で、京都に天竜寺、諸国に安国寺を創建して、騒乱に引き裂かれ死に追いやられる死者の回向を建言した。また古代インド・中国の宋の例により、京都と鎌倉に五山十刹の制度を整え、禅宗に帰依する。北方に皇統が分岐する起点となった、光厳院の信仰と生涯は、禅を北方で許容する一つの要因でなかったかと考えられる。北方の朝廷の古儀復活と一体となった、五山十刹の体制は、きわめて中世的な祭祀機構を構成することになる。

南北朝・室町期の騒乱の中で、武家が主導して生まれた文化については、これまでに優れた研究者が論考を発表し多くの業績が蓄積されている。ここでは、能がまぎれもなく、その文化に育まれて彼らが持つ初めての支配者の舞楽となり、現在も日本を代表する芸能として、生きていることを確認するに留めたい。

4　能の時空観と変容する神々

能では、人間がこの世で、時空を超越する力を持つことができる存在であった。自然の神秘の中で自身の霊力を高め、神仏に通じる祈念の力を併せて、その不思議を奇跡として、みずからのものとして実現できると信じられた。聖なる教・聖なる物は信じる者と所有する者に、生死を超越する力を約束した。そうした宗教的真情は、人間と神仏を無限に接近させる。そして、その模索と試行の方法とユートピアのイメージは多様である。あるものは一座の心を合わせて死者と語り魂の安息を得、あるものは神仏の助力を得て聖なる物を創造し聖なる人を見た。あるものは異界と現在を行き来して、悟りを得、あるものは異国の地で聖者と語る。無常の修羅の世に、自らの世界が崩壊してゆく人々は、かつての平安と豊穣と神々の恩寵を祈念して、死力を尽し、あらん限りの方法を試行して祈りを捧げた。

この南北朝・室町期にある濃密で人間性に満ちた多様な真情は、この世で人間が時空を超越した力を得ることができると考え、祈りと精進、神仏への信仰を捧げた普遍的な中世の姿を示しているのではないかと考えられる。

南北朝・室町初期の騒乱のなか、北方は皇統の正統性を求めて試行錯誤のうちに古儀を復活する努力を続けた。それを支持し軍事的に擁護する足利将軍家と武家は、次第に治者としての祭祀を自覚し、神祇と仏への信仰をみずからの祭祀機構として構築してゆく。世阿弥にとって能は神楽であり、神仏に捧げる天下泰平・国土安全の舞楽であった。本論はそれをあたりまえと退けるのではなく、彼と父が生きた騒乱に身を置き、身分外にある芸能の民が、なぜ、天下泰平・国土安全をテーマとする舞を舞い続け、夢幻のなかに問い続けたのかを、当該期の社会の諸事象を信仰と祭祀のあり方から考究し、能が生成され創出される諸条件を分析し考究した。室町幕府の支配については、政治史経済史から優れた論考と考察が蓄積されている。義満の支配を「室町殿の王権」という概念で規定し、「治天の王権」との相互関係を分析した考察も活発に展開されている。本論は南北朝・室町初期を対象に選び、宗教的社会史的な視点から、芸能である能の大成期初期の諸条件を考察し、観阿弥と世阿弥の活動を分析・理解する目的を持っている。「王権」という比較史上の概念は包括的で魅力的であるが、規定内容については見解が分かれ、それと関連して用いられる「室町殿」にも、武家伝送の実態や権限をめぐって意見の相違もあるため、「王権」「室町殿」は用いなかった。将軍はそれぞれ一般に知られた固有名詞を採用し、将軍個人を指すのに相応しくない場合には、足利将軍、足利将軍家と呼んで、宗教的社会史的に実証を尊重することを心がけた。また年号は、能が北方で発展した芸能であることから、すべて北方の年号で統一している。

〈参考文献〉各節の注に掲載した文献を除く

室町幕府右筆（著者不詳『花営三代記』群書類従巻459　続群書類従完成会　昭和四年

佐成謙太郎　『謡曲大観』　明治書院　昭和五年

塙保己一編纂『常楽記』　群書類従巻513　続群書類従完成会　昭和七年
岩橋小彌太　『日本藝能史』　藝苑社　昭和二六年
黒板勝美・国史大系編修会編　『尊卑分脈』第一編　吉川弘文館　昭和三二年
横道真里雄・表章校注『謡曲集』上・下日本古典文学大系　岩波書店　昭和三五年
林屋辰三郎　『中世芸能史の研究』　岩波書店　昭和三五年
池田広司「能『山姥』の旧跡・伝説をめぐって」　「観世」　昭和三八年
河原正彦　「古代宮廷儀礼の社寺祭礼化「藝能史研究」№7　藝能史研究会　昭和三九年
黒板勝美・国史大系編修会編『続史愚抄』新訂増補国史大系　吉川弘文館　昭和四一年
矢野太郎校訂『康富記』　巻1～3　史料大成　臨川書店　昭和四二年
竹内理三編　『洞院公定公記』　史料大成　臨川書店　昭和四三年
藤井貞文　小林花子校訂『師守記』第1～10　史料纂集続群書類従完成会　昭和四三～五一年
金井清光　『能の研究』　桜楓社　昭和四四年
豊田武　飯倉晴武校訂　『山科家禮記』史料纂集　続群書類従完成会　昭和四五年
岩橋小弥太・斎木一馬校訂『園太暦』（昭和11年刊複製本）　続群書類従完成会　昭和四五年
香西精　『世阿弥新考』正・続　檜書店　昭和四五年
臼井信義　嗣永義照校訂『教言卿記』第一～四　史料纂集　続群書類従完成会　昭和四五年
森末義彰　『中世芸能史論考』　東京堂出版　昭和四六年
久保田収　『中世神道の研究』　神道史学会　昭和四六年
坂本賞三　『日本王朝国家体制論』　東京大学出版会　昭和四七年

香西精　『能謡新考』　檜書店　昭和四七年
村田正志校訂『兼宣公記』史料纂集　続群書類従完成会　昭和四八年
表章・加藤周一校注『世阿弥　禅竹』日本思想大系　岩波書店　昭和四九年
橋本義彦『平安貴族社会の研究』　吉川弘文館　昭和五一年
網野善彦『無縁・苦界・楽』　平凡社　昭和五三年
増補史料大成刊行会編『康富記』　臨川書店　昭和五四年
後藤　淑『能楽の起源』正・続　木耳社　昭和五六年
佐藤進一『日本の中世国家』　岩波書店　昭和五八年
徳江元正『室町藝能史論攷』　三弥井書店　昭和五九年
網野善彦『中世の非農業民と天皇』　岩波書店　昭和五九年
五味文彦『院政期社会の研究』　山川出版社　昭和五九年
所功『平安京儀式書成立史の研究』　国書刊行会　昭和五九年
佐久間淳一「越後の妖怪」　「自然と文化」　昭和五九年秋号
二木謙一『中世武家儀礼の研究』　吉川弘文館　昭和六〇年
萩原龍夫『伊勢信仰Ⅰ』民衆宗教史叢書　雄山閣　昭和六〇年
藤井貞文・小林花子校訂『師郷記』1～5史料纂集　続群書類従完成会　昭和六〇～六三年
横道萬里雄『能劇の研究』　岩波書店　昭和六一年
網野善彦『異形の王権』　平凡社　昭和六一年
大津有一『伊勢物語古注釈の研究』　八木書店　昭和六一年

黒田彰　「『泰山府君』と千秋万歳」　「藝能史研究」94号　昭和六一年
横道萬里雄・小山弘志・表章編　岩波講座『能　狂言』7巻　岩波書店　昭和六二年
細川涼一　『中世の律宗寺院と民衆』　吉川弘文館　昭和六二年
能勢朝次　『能楽源流考』　岩波書店　昭和六三年
後藤淑　『能の形成と世阿弥』　木耳社　昭和六四年
史料編纂所編　『後愚昧記』　大日本古記録　巻1～4　岩波書店　昭和五九～平成四年
和田英松注解　所功校訂　『新訂建武年中行事注解』　講談社　平成元年
山路興造　『翁の座』　平凡社　平成二年
岩田勝編　『神楽』歴史民俗学論集Ⅰ　名著出版　平成二年
今谷明　『室町の王権』　中央公論社　平成二年
黒田俊雄　『日本中世の社会と宗教』　岩波書店　平成二年
松田存　『世子・猿楽能の研究』　新読書社　平成三年
梶原正昭・山下宏明校注　『平家物語』上下　岩波書店　平成三年
史料編纂所編　『実冬公記』　大日本古記録　岩波書店　平成四年
水上一久　『時宗阿弥集団の研究』　池田書店　平成五年
黒須利夫　「『年中行事障子』の成立」　「歴史人類」21　平成五年
岡田莊司　『平安時代の国家と祭祀』　続群書類従刊行会　平成六年
黒田俊雄　『黒田俊雄著作集〈第一巻〉権門体制論』　法蔵館　平成六（昭和三八）年
井原今朝雄　『日本中世の国政と家政』　校倉書房　平成七年

天野文雄　『翁猿楽研究』　和泉書院　平成七年
宮田登　「宗教民俗論（王権論）を中心に」「国文学」42巻1号　平成九年
堀内秀晃・秋山虔校注『竹取物語　伊勢物語』新日本古典文学大系　岩波書店　平成九年
須田悦生　「作品研究　山姥」「観世」平成九年九月号
本田安次　本田安次著作集『日本の伝統芸能』巻17　錦正社　平成一〇年
鎌田純一　『中世伊勢神道の研究』　続群書類従完成会　平成一〇年
細川涼一　『中世の律宗寺院と民衆』　吉川弘文館　平成一〇年
東大史料編纂所編『薩戒記』　岩波書店　平成一二年
岡田荘司編　『祭祀と国家の歴史学』　塙書房　平成一三年
今谷明編　『王権と神祇』　思文閣　平成一四年
佐藤厚子　『中世の国家儀式』中世史研究叢書4　岩田書院　平成一五年
石井進　『日本中世国家史の研究』石井進著作集巻一　岩波書店　平成一六年
上島亨　「日本中世の神概念と国家観」『中世一宮制の歴史的展開』下一宮研究会　平成一六年
表　章　『大和猿楽史参究』　岩波書店　平成一七年
松本育代　『中世王権と即位灌頂』　森話社　平成一七年
総研大・国立歴史民俗博物館編　『儀礼を読みとく』　吉川弘文館　平成一八年
西弥生　『中世密教寺院と修法』　勉誠出版　平成二〇年
表　章　『能楽研究講義録』　笠間書院　平成二二年
阿部猛　『中世政治史の研究』　狭山日本史研究会企画部　平成二二年

西本昌弘　『新撰年中行事』　八木書店　平成二二年
峰岸純夫・江田郁夫編『足利尊氏再発見』　吉川弘文館　平成二三年
伊藤聡編　『中世神話と神祇・神道世界』　竹林舎　平成二三年
西谷地晴美　『古代・中世の時空と依存』　塙書房　平成二四年
脇田晴子　『能楽から見た中世』　東大出版会　平成二五年
清水克行　『足利尊氏と関東』　吉川弘文館　平成二五年
井上亮　『天皇と葬儀』　新潮社　平成二五年
大和田努　「院文殿衆としての外記中原氏―中世朝廷官司の院評定制との関係をめぐって」　北大史學55号　平成二七年

第二章　神々と舞歌―院政期の舞歌と児

はじめに

院政期は、南北朝・室町初期の古儀再興で、北方の復元モデルとなり、勘引の先例によって描かれた、原風景の時代である。本章では、その心象風景を、祭儀と舞歌をテーマに蘇らせ、能が生成される神々の庭とそこに繰り広げられた芸能の考察を試みた。対象には、祭儀と舞歌については熊野御幸を選び、御幸や祭礼の行列と舞歌に加わった児について、さらに考究を進めた。方法として、院政期に成立した『今昔物語集』の「児」と「童」の用例を分析し、当時の幼いものの意義を考証した。児は直義の今熊野参詣でも、小先達と先達の間に同宿に続いて進んでいる。少年世阿弥を児と呼んだ義満は、相国寺大塔落慶供養に、陵王の装束の慶御丸と伴の上童六人を伴い、華麗な行粧で衆目を集め、絶賛を博した。（一条経嗣『相国寺塔供養記』応永六〔1399〕年九月一五日）児は宗教的儀礼や芸能という不特定多数の観衆が予測される場で、独自の役割を持つ存在であった。

能を大成した大和猿楽は、興福寺・多武峯・法隆寺などに参勤し、神仏習合的な寺院の仏事や南都の伶人の舞歌に触れ、新座の田楽・宇治猿楽と競合する環境にあった。宮廷の祭儀と舞歌について、身近に知識を得て理解する機会は、観阿弥・世阿弥の京進出以後と考えられる。熊野詣での王子や本山の庭は、参詣するものに等しく開放されており、庭で演じられる舞歌は、神々に奉納されるだけでなく、庭に憩うすべての人々が賞玩を許された舞歌である。能は場と芸能を享受する観衆に対して、同じ方向性を持つ芸能であって、熊野御幸を対象としたのは、この点にある。なお本章では、史料の文章を項目に分けて俯瞰し、また、大量の用例を整理するために、付表により、論旨を展開した。分り易い進行を心がけ、小項目を立て、参考文献も各節ごとに掲載した。

第一節　熊野御幸の祭儀と舞歌　―『修明門院熊野御幸記』を中心に

1　熊野御幸と能
2　藤原頼資の生涯と熊野参詣
3　『修明門院熊野御幸記』に見る旅程と祭儀
4　熊野御幸に表れる舞歌
5　神々と舞歌

1　熊野御幸と能

『修明門院熊野御幸記』は承元四1210年四月一七日、女院の精進屋入御から始まり、同年五月一五日最勝経結願で終わる。供奉殿上人少納言藤原頼資の記録を、彼の息男経光が書写した。明日は都に還御となる五月一一日の午後、頼資は長柄御所から水無瀬殿に向かう修明門院の御船に、一艘の船が近づくのを見る。

「権弁一人候御船、予用私船、令過江口御之間、遊女船一両参進付御船」

淀川の河口近い江口には、南北の川をさしはさみ、遊女の家が連なっていた。西行と遊女妙が詠み交わした故事と歌が、『撰集抄第九』『新古今和歌集 巻十』に見える。

西行　世の中を 厭ふまでこそ かたからめ かりの宿りを 惜しむ君かな
遊女　世をいとふ 人とし聞けば かりの宿に 心とむなと 思ふばかりぞ

世阿弥自筆本には、現行曲と詞章の異同があるものの、この二首の契機と遊女昇天をプロットとし、大概が一致する『江口』がある。注1　能『江口』は江口の君の魂霊がシテ、（天王寺に詣でる＝観世現行本）諸国一見の僧がワキである。シテは供の遊女の漕ぐ屋形舟に乗って月澄み渡る川面に浮かび、滅び去った古の舟遊びを歌い舞う。やがて彼女は普賢菩薩と現れ、船は白象と変じつつ、光とともに西の空に飛び去っていく。

御幸の船列にゆったりと近づく遊女船は、多くの陪従に咎められ隔てられることもなく、やがて女院の御船に漕ぎ寄せる。「遊女船一両参進付御船」御幸の祭儀で、幣立や奉幣使として伺候した頼資の簡潔な記述のなかで、能の橋掛に浮かぶ舟は、一瞬夢幻の雲霧を打ち破り、眼前の現実となって迫ってくる。熊野御幸には、能が遥かな古と懐かしみ、夢幻の中に蘇らせた世界が実在していた。

能『巻絹』では、帝の霊夢により、千疋の巻絹を三熊野に納め給う宣旨が下される。勅使が熊野に参り諸国の絹を集めるなか、都の使いが著しく遅参し、咎めを負って縛られる。その時音無の天神に憑かれた神子が現れ、使いが途中献じた歌に免じて許しを乞うた。

使い献上の歌　　音なしに　咲きそめにける　梅の花　にほはざりせば　いかで知らまし

縄は解かれ、神懸りした神子は祝詞を奏し神楽を舞う。

『巻絹』で使いが詠んだとされる歌は、『沙石集巻五』では、後嵯峨院御熊野詣のとき、「伊勢の夫」が詠んだ歌である。注2『巻絹』は音無川を音無天神とし、熊野御幸の記憶は、微かに、諸国から徴した巻絹となって残存しているかに見える。

熊野御幸は、『巻絹』にとってだけ遥かなものだったのではない。現在、能に熊野御幸を題材とした曲はない。ただ熊野信仰をテーマとした曲としては、番外曲『護法』がある。作者は世阿弥と伝えられる。が、傍証は乏しい。番外の経緯は複雑であった。

宝生流は大正期まで伝え、大正八・九1919・20年の宝生流修正正本で番外となった。近世には、上懸本系とされる本のほか、仙台本・米沢本など二〇本を越える写伝があり、観世元章の明和改正本にも含まれている。あらたに復活した曲もある。平成五1993年復曲の『護法』は、登場の役とプロットは生かしつつ、熊野の中世的本地説や利生譚を大幅にカットした作品である。この公演では、狂言方を自在に配役した。

『護法』には別名も多い。「ゴホウ」系には『護王』『娯王』など、「ナトリ」系には『名取』『名取嫗』『名取老女』などがある。「ナトリ」系はこの能の場、陸奥国名取によっており、この地に熊野三所権現を勧請した「かんなぎ」（本によっては「禰宜」「宜禰」）名取老女に因むものである。「ゴホウ」系は、名取老女の捧げ参らせる祝詞に応え幣の先に示現した、熊野の「護法（午王）善神」に拠る。善神は別の役者が演じる場合と、老女に憑いて示現する展開がある。後者は能柄も異なって、老女「かんなぎ」の神懸りという、演劇的な工夫と演技のテクニックを必要とし、社会的理解の普遍性も問われる。

「善神」は熊野より、虚空を飛んで示現する。若く盛んなときは遥々年詣でを続けた老女は今、「行歩」も叶わず、自ら名取に勧請した熊野三所権現を、日頃巡り続けて熊野をしのぶ。老女に「善神」を呼ぶ力を蘇らせたのは、熊野の山伏（本によっては僧）である。彼は松嶋・平泉一見の御暇乞いに本宮証誠殿に通夜を申し、霊夢に名取老女を知り、権現から、熊野の神木なぎの葉になぞられた虫食いの歌を授かって老女に届ける。しかし、老女は老眼が進み、虫食いの文字は定かでない。老女の乞いに山伏は大声で読み聞かせ、勧請した熊野三所権現の案内をうけて、感涙にむせぶ老女にその場で臨時の奉幣を勧める。

熊野の神歌集『御抄』の冒頭歌に類似する、権現の御歌

道遠し　年もやうやう　老いにけり　思ひおこせよ　我も忘れじ

熊野の御使い護法（午王）善神は、熊野三所権現と現れ衆生済度の方便をなし給う謂れを説く。あらたに告げ知らせた神託は、名取老女の子孫に至るまで「二世の願望。三世の所望。皆悉く願成就」であった。『護法』には、熊野信仰の特性がよく示されている。

熊野参詣という過酷な巡礼を伴う、宗教的実践
熊野三所の神々と信者を仲介する、修験者（僧・山伏・先達）の存在
子孫に及ぶ現世的な願成就の発現
陸奥国名取という遥かな地、注3「行歩」も叶わぬ老女にまで及んだ高遠な神慮

これらは現実の宗教的実践の中でどのように発現し、継承されていったのであろうか。『修明門院熊野御幸記』の主人公は、名取老女とはこの世で対極にある、後鳥羽院の寵妃 後の順徳天皇の御母 藤原（高倉）重子と陪従の中納言 藤原頼資である。貴人の実践と信仰の記録から、あらためて熊野信仰の実態についての分析と考察を進めたい。

2　藤原頼資の生涯と熊野参詣

付表1参照

『修明門院熊野御幸記』の記録者、藤原頼資は寿永元1182年に生まれ、嘉禎二1236年五五歳で薨じた。父は権中納言藤原兼光、五男である。勘解由小路また四辻を号し、日野家の分枝 広橋家の祖となった。後円融院御母 准三宮 崇賢門院仲子は頼資から六代後に当たる。頼資の熊野参詣は二二回、一〇歳年長で日野を継ぐ兄資光は二五回、後鳥羽院の討幕に関与し、承久の変に参じて御殿場で斬首された藤原宗行は二二回である。前掲『修明門院熊野御幸記』五月一一日条の権弁は宗行であり、頼資は後鳥羽院と修明門院の熊野御幸でも、宗

行は院方の、頼資自身は女院方の殿上人として、同行している。
頼資は二〇歳の建仁元1201年に、式部省の省試・登省、翌年には紀伝道の最終試験・方略を経て献策となり、建仁三1203年、縫殿権助従五位下に叙せられる。彼の初期熊野参詣の記録は、行程が明確でなく、進発以降の記録された日程からも三山巡礼を明確にし難い。ただのちに、彼の参詣記録の画期となった、『修明門院熊野御幸記』承元四1210年四月二七日条で、頼資自身、三山参詣を六度に数えており、同年の私的参詣記録七度を参考にすれば、この期の参詣は三山にまで至る行程であったとも考えられる。記録では、仕官や昇進と参詣は併行している。しかし、むしろ注目できるのは、進発前の北野参詣と兄資実と同道した形跡が認められることである。熊野参詣の祭儀が一族のなかで継承され、参詣という巡礼が、その実践によって、一人一人神の照鑑を仰ぐ志を育てる。建永二1207年二月一〇日の述懐は興味深い。

「予雖有参詣之志、被妨貧気不参、生前遺恨何事過之、心中為恨不少、志之至、神定照鑒給歟」

頼資は官人として順調に昇進し、承元四1210年修明門院の御幸を、宗行に次ぐ殿上人・実務官人として供奉した。以後、彼個人の参詣記録は行程や日程が確認でき、内容が充実する。頼資参詣記録中期である。また、頼資の熊野参詣に関わる奇跡体験は生涯に三度あり、後述　承元四1210年一〇月三日三鍋王子と建保四1216年三月二三日塩屋上山の、命婦拝礼はこの期のものである。
この時期の頼資には、建暦二1212年・承久二1220年に、修明門院サイドの人事の影響が認められる。しかし、頼資は御幸供奉のなか、公務のあいまに自分の先達と私的な奉幣も行ったにも拘わらず、御幸の直後に数えた自身の参詣数に、御幸の回数を含めていない。さらに、建保四1216年の記事では、前年拝命した遷宮奉行を辞退したばかりか、宿願を果たすため身暇を乞い、五歳の経光を同道して熊野に参詣している。遷宮奉行を辞してすら、参詣のための身暇を許された頼資の行動に、当時の熊野信仰の強い普遍性が伺える。頼資が拠った宿願の内容は明記されていないが、小童経光の熊野参詣そのものであったとも考えられる。頼資は自筆の心経を本宮で供養するのを例とし、三鍋王子で権現の示現を蒙ってからは、感涙止まぬままに、路次の王子社両三箇所の宝前に、参詣の度、御正体の鏡を奉納する願を立てていた。

建保四1216年三月一七日 田辺「小童（五歳の息男経光）為快実檀越」

さらに廿日、本宮では経光とともに濡藁沓巡礼・宝前奉幣・経供養・神楽・護身僧八口という一連の祭儀を行い、翌日には、宝前巡礼・油戸給宝印・挿奈木葉を受け、そのまま環向している。本宮で数えた参詣は一四度である。この期の記録には、新宮・那智はない。

翌建保五1217年六月廿三日、信達（王子）で頼資は、弥勒堂に残された詩歌に父祖を偲んだ。

「己巳　宿信達弥勒堂　故人多占柱扉　書詩歌等　父祖御筆等在此処」

私的参詣では進発前に北野・吉田社、入洛の後に稲荷・吉田社に詣でた。本宮より帰路を取り、新宮・那智には参詣していないと考えられる。また、こうした記録から、熊野参詣の行程やそれに伴う祭儀などに、信仰に応じたパターンが存在したことも推測される。頼資の行動には、家固有の熊野参詣の祭儀・作法が存在したこと、また、それを遵守する彼の意志が認められる。参詣の前後には女院方に伺い、御幸の入洛奉行や参詣の大糧の取立てなどに関わった。承久二1220年一〇月二七日彼は述懐する。

「此両三年毎年参詣度昇進、忽至四位中弁、権現広大之御利生也、可貴、、」

さらに、一一月三日法印快実に馬二疋・長絹三疋・呉綿五〇両を送る。

「頗貧気之布施也、然心力之及許也、可恥、、」

彼は官位昇進を広大な権現の利生と尊び、熊野の別当快実に、心力を尽した布施を捧げた。「頗貧気之布施也」恥ずべし。愚直なまでに一途な、熊野権現への心情が伺える。

頼資の参詣記録後期は承久三1221年から、嘉禎二1236年五五歳で薨じるまでである。この間、承久四1222年蔵人頭従四位下、右中弁、元仁元1224年左中弁、翌年従三位、安貞二1228年正三位、貞永元1232年従二位と昇進が続いた。熊野参詣は寛喜元1229年一度のみである。翌年の厄年をひかえて、承久の変以降じつに九年ぶりの参詣であった。精進屋に入った一〇月二一日、頼資は承久三年以降の歳月を顧み、自身の熊野への崇敬を吐露する。

「承久三年二月以降供奉御幸参詣後、事与心参差、願与力向背、忩忙不諧、計会之間久不参詣、歎存之処、蔵人少輔有殊宿願申身暇参、仍予同身仮所相伴也、明年四十九重厄也、今年事丶不慮心中多憂、且久不奉拝南山之故也、（中略）予一門幸運之人丶、云先祖云傍親、共奉帰依南山之人也、予参詣已廿二度、豈不悦哉、可謂曇花之一現者也」

頼資は天王寺の舎利が盗難にあい、戻ってからも警護の兵士が置かれて日の出以前 日の入り以後の礼拝がなくなったことを知る。七日目、権現の利生が身に溢れるのを覚え、切目の浪の響きと松籟に感動する。

「十一月一日 乙丑 天晴 権現御利生溢身 幸甚丶丶 於塩屋昼養 潮声松響過枕上 万事感緒頻動者也」

熊野では承久の変で別当快実が斬られ、快実に疎まれ流浪していた湛増の末子湛真が権別当に復帰した。頼資は田辺で彼の来訪を受ける。「安堵敵人之跡 権現御糸惜之故也」頼資は経光とここで、師快実の跡を伝えたとして、湛真を師とする。盗人が出没する本宮。腫れ物が出来て苦しむ経光をいたわり巡礼する頼資は、路次の王子が破壊され法王の行宮が取り壊された跡を見る。稲荷社で帰参の奉幣を終え、命婦社で祝を申していたとき、社の南に命婦が出現する。頼資は経光とともに命婦を拝した。

「希夷之吉事也。熊乃環向於当社礼命婦、最上之大慶也。」頼資最後の奇跡体験であった。

頼資が生まれた寿永元1182年には、安徳天皇の大嘗祭があった。天皇が入水した文治元1185年彼は四歳である。頼朝が征夷大将軍になった年、一一歳、熊野三山検校と臨幸先達が園城寺の支配下に置かれたのは、彼の参詣記録が始まって六年後、修明門院の御幸に供奉する四年前、じつに二六歳の年であった。承久の変が勃発した承久三1221年、頼資は四〇歳である。

『平家物語』は「維盛入水」を、寿永三1184年三月二八日とした。頼資はしかし、熊野御幸や自らの参詣記でも、平安期より記録に残る浜宮の補陀落渡海には、一言も言及していない。彼は無常の世に熊野権現を頼み参らせ、先祖とその信仰を受け継ぎ、その守護のもとに、現世の利生を祈り求めたのである。数え年五歳で本宮へ父と巡礼し父の最後の熊野参詣に同行した長子経光は、父の日記から熊野の参詣記事を抜粋して、『頼資卿熊野参詣記』一巻を編み、父の『修明門院熊野御幸記』『後鳥羽院修明門院熊野御幸記』を筆写した。これらの記録は、父から子に伝えられた熊野への信仰と、その永劫の継承を祈る証である。頼資の次男経朝はのちに、修明門院の熊野御幸を四位殿上人として供奉した、藤原信能の跡を継ぎ、世尊寺を号した。

頼資の歌は新勅撰和歌集に、二首撰集されている。注4

四八七　ふか緑　玉松が枝の　ちよまでも　いはやの山ぞ　動かざるべき
五二七　夜を重ね　うきねの数の　つもれども　浪路の末や　猶残るらむ

四八七の歌は、貞応元1222年後堀河天皇の大嘗祭に献ぜられた歌である。五二七は羇旅、頼資が「可謂雲花之一現者也」と嘆じた熊野参詣を、この歌から顧みるのは、思い過ごしというものであろうか。

3　『修明門院熊野御幸記』に見る旅程と祭儀

付表2参照

承元四1210年四月の修明門院熊野御幸は、院号宣下以後初度の御幸であり、晴儀をもって前宮内少輔橘朝茂が奉行した。当初後鳥羽院が同行のはずであったが、精進屋入御　五日前の一二日、御姉君、土御門天皇准母后　坊門院が突然帰泉し、上皇は御幸を延引した。坊門院範子内親王は高倉院の第一女、生母は藤原成範の女、小督である。

修明門院（高倉）重子は治承四1180年生誕、父藤原範季、母は平教盛の女。建久九1198年従二位、承元元1207年准三宮、院号宣下、承久三1221年出家、院号・年官年爵封戸諸司例給等を辞した。崩御は文永元1264年である。

御幸の御供人数は御先達・御導師をはじめ召使・召次まで、総勢一三五名、なかに里神楽六人が含まれる。記述では、早旦、図書頭賀茂在親が日時を勘じた後、精進屋入御を迎える人々の奔走が、潔斎・浄衣着用・御輿先駆・参会・列挙と慌しく描かれる。女院は庇車で入御する。

御拝仮屋は三面に伊予簾が掛け渡され、南庭に八足、八足の前に御注連縄の長櫃を据える。長櫃の北には陰陽師の円座、中には二枚の小筵、上に高麗半畳が敷かれている。結構の描写は具体的である。御禊装束の女院出御ののち、御禊・御拝が供奉の人々の奉仕によって粛然と運ばれ、中門外には見送りに伺候する公卿・殿上人が列挙して見守る。陰陽権助安陪晴光が着座するのは、供御贖物の間である。御先達をはじめ供奉の公卿・殿上人・北面に人形が配られる。以後の日程からも、御先達は御拝前に先入したと考えられる。御幸の日程や祭儀の作法、とくに御浴・御禊には、陰陽師の関与が強い。建仁元1201年一〇月後鳥羽院の御幸に供奉した藤原定家もこの場で「(安陪)晴光奉仕」と記している。

精進屋では三日間夜明けに御浴・出御・御禊・御拝、夕に御浴・御拝が執行される。

二一日進発に先立つ御浴・御禊・御拝ののち、御拝屋が畳まれて、御杖が進じられ、路次行列が陣を整えて鳥羽南門御船寄に向う。

神宝　藤原信成
御先達　長厳
公卿　藤原長房　源有雅
殿上人　藤原信能　藤原宗行　藤原頼資　藤原康定
　御送公卿五人(姓名略)殿上人六人(同前)
御輿　女院　交御女房　後陣御歩
女房御輿　小御所女房　大納言　民部卿　丹後
騎馬女房　宮内卿・大輔・出雲　雑仕一人・次雑仕一人・女官一人・刀自一人
上北面　四人(姓名略)
侍　下北面　三人(同前)
　西面　三人(同前)
進物所
庁　主典代　一人(同前)

庁官　　　　四人（同前）

陣立ては五月一日条の祓戸王子で、本宮参詣に当りふたたび記録されている。御送公卿殿上人を欠き、上北面が前に出て御輿の後に付いた以外、変更はない。西面は後鳥羽院新設の侍である。長房卿高折烏帽子、左少将信能浅黄大帷など、装束の記載は乏しく、御輿は菊八葉網代である。この御輿は御船寄までの乗御であり、御送公卿殿上人同行も御船寄を限ると考えられる。一三五人を越える人々が輿を擁する行列は壮観で、おのずから風流の趣を醸したと推測される。供人に加えられた陰陽師や里神楽は陣立に記載はなく、里神楽が路次で舞われた形跡はない。しかし、里神楽は御幸に従って三山まで至り、各王子社などに神楽を捧げている。のちの、『後鳥羽院修明門院熊野御幸記』一〇月一六日条に、新宮御参の日、院の里神楽舟一艘が風雨に荒れる熊野川に沈み、里神楽二人が溺死した事件が記録されている。

石清水八幡宮では、宿院の御禊ののち、楼門に御輿を据え、八足を立てて幣立する。御禊を執行したのは陰陽師阿部晴光である。高良神に奉幣使が立ち里神楽が従う。以後の参詣でも女院は御輿に乗御したまま宮を廻り、奉幣されている。石清水の御前で奉幣の祝を申したのは、俗別当であり、祭儀は祝・御神楽・御経供養・説法・御誦経と神仏事が混在し、仏事では宮寺が荘厳を奉仕した。御神楽を舞った八女二人唱人六人は、石清水に朝廷から遣わされた楽人と推察される。注5　禄や布施には、大掛・絹・白布・被物などが下賜された。給禄・布施は、神社参拝・寺院参詣ごと、諸条件に合わせて実施されている。

住吉社では祝が終わったのち、神主とは別に祝師が被物一重を拝領している。頼資が奉幣使を勤めた、信太社では祠官が、日前・国懸宮では国造紀宣宗が参会し、祠官は黄袍・指貫・白冠を正して祝を奏し社の作法に従って幣を奉った。御神楽・御経供養・説法・御誦経はない。萬願寺は御誦経だけである。神社奉幣・寺院参詣はそれぞれの社寺によって、作法が異なっている。王子でも阿須賀王子は、祝を禰宜が申した。

王寺社の参詣記録は、六三社について、「毎時同前」「如例」のほか、「参御」「参」に留まり、王子名のみの列挙も散見して、記述は祭儀の詳細に及ばない。頼資が「後、以之可准知」と記した大渡王子（久保津王子 第一王子）の祭儀を列挙すれば次の通りである。

1行事庁官　御正体・絵馬・八女などを神殿に打つ
2藤原宗行　御幣を取り御先達に授ける
3御先達　祝を申し、小先達に御幣を給う
4小先達　幣を庁官に給う
5庁官　幣を宝前に立つ
6庁官　御灯明
7庁官　御経供養　心経・千手陀羅尼を折敷に置く
8御導師　啓白　床子を敷き相具し打ち鳴らす
9里神楽
10庁官　神楽に給禄　絹各一疋
11公卿以下　馴子舞

2~5の次第は、にぎて（和幣）を奉る狭義の奉幣に関わる一連の作法である。王子御前の祭儀は、①御正体・絵馬・八女奉納、②奉幣、③御灯明、④御経供養、⑤啓白、⑥里神楽、⑦給禄、⑧馴子舞に整理される。③⑤は④御経供養に関わる儀礼と考えられる。神饌供膳はない。祝を申し奉幣を行ったのは、御先達・小先達であり、熊野先達が院の庁官・殿上人とともに神仏事の混交する祭儀全体を執行し主導している。この御幸記では「八女」が、女巫女・神楽の舞姫・御正体絵馬などと同じ奉納品の一という、三つの語義をもっている。路次の余分の御正体・絵馬・八女は、御幸の最終地 那智の御瀧下参詣で、全て献ぜられた。御幸の復路では、進度からみても稲荷社還御まで、祭儀が執行された形跡はない。通例、女院は御禊・御拝の後、輿に上御したまま、祭儀に臨んだ。頼資は馴子舞が苦手だったらしい。「予殊以無其骨、太以難堪」

馴子舞が王子社の御前で舞われたことは『宴曲抄 上』「熊野参詣」で繰り返される囃子言葉からも伺える。注6

「王子々々の馴子舞。法施の声ぞ尊。南無日本第一熊野参詣」

『源平盛衰記』巻九では、喜界が島に流された少将と康頼が島の景色を熊野に見立て、奉幣も神楽も叶わず、王子々々の御前で馴子舞を納めて巡礼する場面がある。その舞の歌詞は、七五が五度リフレインするパターンである。

「サマモ心モ替カナ。落チル涙ハ瀧ノ水。妙法蓮華ノ池ト成。広誓ノ舟ニ竿指シテ。沈ム我等ヲ載給へ」

即興の歌詞を歌いながら、権現に現世の利生を祈る、短い舞事が偲ばれる。二人は三三度の結願に、

「身ノ能施シテ法楽ニ奉ラン。我身ノ能ニハ今様コソ第一」

と、神祇巻二「仏の方便なりければ」の今様を、証誠殿と速玉社に見立てた宮に捧げた。

『平家物語』は「康頼祝言」に、先達となった康頼が申す長大な祝詞を記載し、「卒塔婆流」では、三所権現の御前、夜もすがら今様を唄う康頼の夢に、二・三〇人の女房を乗せた小舟が現れたと語る。女房は鼓を打ち今様「よろづの仏の願よりも 千手の誓ぞたのもしき」を三べんうたいすました。二人はこれを「西の御前」御受納の託宣の証として、都恋しいまま、千本の卒塔婆を流す。風聞は清盛の耳に達し、二人の恩赦という「権現のご利生」の実現に繋がっていくのである。注7

五体王子では御先達も馴子舞を舞った。五体王子の一 藤代王子では、供の里神楽のほかに御神楽も舞われている。御神楽については、熊野本宮と同じく「本社八女八人・唱人五人祗候」の但し書きがあり、石清水だけでなく熊野本宮・五体王子などにも、舞人や唱人が遣わされていたことが推測される。おそらく、笛のみならず琵琶も修養した後鳥羽院の、熊野御幸に伴う舞歌奉献であろう。御幸に従った「里神楽」の出自は不明である。石清水に伝えられている現在の里神楽は、江戸中期に始原があり、院政期との連続はない。ただ、石清水の神宝には、竜笛と竜笛とも異なる古笛が現存する。寺社では、ときに同じ楽人によって御神楽と里神楽が奏され、また、祭事に御神楽と里神楽が奉納されるのは、その寺社の固有の状況と歴史的背景に応じ、普遍的に認められる事実である。熊野御幸の御神楽と里神楽は巡礼の祭儀であって、庭燎をともなう神事からの類推はできない。古文書の博捜と厳密な検証、古楽器の研究などを含めた、一層の究明が待たれる。

女院の御前で、熊野の僧や山伏、供の人々が能を披露したのは、本宮と新宮・那智の奉幣後である。本宮の奉幣では、金銀と白妙の幣が立てられた。奉幣は回廊内の各社殿でそれぞれ行われている。祭儀としては、御加持・御鉢供養・僧供（本宮の大僧供では、山伏・長床衆・無縁者・礼殿手水、那智では山籠が対象であった）が加わり、禄に別当、布施に御明・御加持などの役が追加された。三山の神仏事混交は、仏事の比重が重くなっている。復路の那智・新宮では、午王印と神木 奈木の葉が進じられた。験競・八女の風流・神楽・乱舞が披露されたのは三山の礼殿御所である。この御幸の往路では、新宮礼殿の乱舞に、有方が延年の舞を披露したことが特筆されている。

御幸では、精進屋と同じく、毎早朝に御浴・御拝・御禊が、夕には、御浴・御拝の儀が、陰陽師・御先達によって執行された。女院は、神社・寺院ばかりでなく、山・坂・木・川・浜に御禊し、御輿を先行させて度々御歩を行っている。紀伊川渡御では雄山の山人・無縁者に帷子五・六〇両が下賜された。聖地巡礼の作法であろう。四月二八日、岩田川の洪水で九人が流死したとき、頼資は前世の因縁によって、護法童子「金剛童子」が彼らを棄御したと慨嘆している。熊野御幸は金剛童子が憑き、その守護にある巡礼とされていたが、供奉する人々の命が時に、危険に曝される御幸であったのである。翌々日の進発に当っては、主従ともにそれぞれ、臨時御浴を行っている。藤原定家は建仁元1201年後鳥羽院の御幸に供奉し、寒風のさなか紅葉翻る発心門王子で信を発して、本宮の宝前に感涙を禁じえなかったという。本宮には濡藁沓の参詣の慣例があり、到着時には御輿のままながら、女院も宿所に入られず、証誠殿から十万百万までを巡礼した。宿所に着き、奉幣装束に改めた臣下と、御宝前より証誠殿・両所・若宮・五大王子・十万百万に奉幣ののち、礼殿の祭儀・布施・禄・諸能芸のすべてに、女院自ら臨席している。

4　熊野御幸に表れる舞歌

『修明門院熊野御幸記』に現れる祭儀は、奉幣・御経供養を中心とする、神仏事混交である。通常、先達・陰陽師が司祭し、執行には院殿上人・庁官が参加した。それぞれの神社・寺院の作法があるが、奉幣に先立って御禊、御経供養のあとに御灯明が附属するのが、一般的である。三山では本宮をモデルとして、御加持・御鉢供養と大規模な僧供が追加された。熊野御幸の祭儀は、状況によるバリエーションを加えつつ、基本的にはこの型であったと考えられる。那智は大瀧を神体とする飛瀧権現の信仰があり、熊野川河口に位置する新宮には、農耕と漁業・海運の生業に基づく固有の祭儀が存在した。『修明門院熊野御幸記』には、帰路の新宮で五月祭に御幸した記事がある。女院は女巫女（八女）が群集する河原に御輿を進め、椙葉葺きの御仮屋の前で、上北面に守護されながら御酒を受けた。

神仏事が混交する熊野御幸は、早朝の御浴・御禊・御拝に始まり、夕、または夜の御浴・御拝に終わる。時には王子だけでも、一日一四社を数える厳しい行程があった。（『修明門院熊野御幸記』四月二四日条）奉幣に神饌供膳はなく、舞歌の奉納のみである。

諸御幸の院・女院の御歩・諸神社参拝・寺院参詣・諸所の御禊・王子社・三山参拝の記録からは、終日、朝廷や院の日常から隔絶した、厳格な巡礼の作法・祭儀に従った実態が、伺える。しかし、陰陽師・先達の主導、院殿上人・庁官の参加を得、院の圧倒的な政治的経済的力を後ろ盾にした御幸にもかかわらず、神社参拝・寺社参詣については、巡礼の作法に拠りつつも、それぞれの固有の作法・条件を許容した祭儀を展開している。

その点では、巡礼の規律と、その行程にある神社・寺院・王子社・三山の祭儀には一見多様なバランスが認められる。

なかで、神楽・祝師・禰宜・先達などには、禄・布施が下賜されたが、院「近臣」ではなく、「外人」として伺候した殿上人らは、私の先達への謝礼、馬・輿・船などの移動手段・宿所・食料調達について、しばしば、国司はともかく、院・熊野先達らの経済的支援・便宜を受けられず、陪従の私的な努力に困憊している。建仁元1201年後鳥羽院の御幸に、御歌会の講師として勤仕した藤原定家は、本宮到着のころから体調を崩し輿を利用する。「心神如無、殆難遂前途、腹病、痟瘍等競合」御幸の講師は深夜のお召もある。定家は辛苦を重ねつつ歌詠みらしく個人的な心情を吐露しながら、講師の勤めを果たした。「読上了退出、心中如亡」（以上一〇月一六日条）那智からの彼の復路は、雲取越えであった。雨が激しく輿の中で蓑傘を着けても、海中に居るようである。「心中如夢、未遇如此事」（一〇月二〇日条）この御幸で定家が講師を勤めた歌会の披講場所は住江殿（住吉社）以下七か所、ほかに新宮御所・那智御所の歌会が見えるが、講師名の記録は欠落している。奉納先は住吉社・籾井王子を初め、阿須賀王子・那智まで一一か所である。歌会では詠吟が行われた。定家の『熊野道之愚記』には歌会のほかにも、舞歌の記録が散見する。

熊野御幸では舞歌はすべて、奉幣の祭儀ののち奉納され、奉納は、院または女院をはじめとする御幸の主体から捧げられた。また、舞歌のほか相撲・験競などが献ぜられる法楽の庭には、終始、院・女院の臨席が認められる。『熊野道之愚記』固有の歌会、舞歌も例外ではない。注8 奉献される舞歌は御幸を主宰する院・女院の立場や目的・意図に大きく関わる。九か所で歌会が披講された、定家の『熊野道之愚記』建仁元1201年一〇月五日から二七日の御幸は、同年一一月三日、御幸後ほどなく下命された『新古今和歌集』撰集に先立つ、後鳥羽院の明確な意志に伴うものである。建保四1216年の修明門院同行の御幸でも、道中歌会が催された。この歌会には『後鳥羽院御口伝』等との関連が推測される。

本稿で対象とした『修明門院熊野御幸記』は、先述の通り、初め院・女院同行の御幸として計画され、のちに女院の単独行となり、女院宣下初の晴儀としてとして実施された。本記録で、舞歌とそれに不可分の祭儀である奉幣を抽出すると、次のとおり整理される。

1奉幣　石清水八幡宮・住吉社・大鳥社・信太社・日前宮・国懸宮・伊多岐曽社・各王子社・熊野三山
2御神楽　石清水八幡宮・五体王子・熊野三山（各社通例八女八人・唱人五人）
3里神楽　石清水八幡宮（高良社）・住吉社・各王子（「里神楽」の表記のみ）
4馴子舞　各王子社（公卿以下供奉の臣下、御先達は五体王子のみ）
5乱舞　熊野三山（新宮　有方　延年）

奉幣の大鳥社・信太社・日前宮・国懸宮・伊多岐曽社で舞歌の記録がないのは、奉幣使を単独で発遣し、里神楽を随行させなかったためと考えられる。御神楽を申す八女・唱人も遣わされていなかったのであろう。辺縁の王子社で、奉幣使のみが巡行した場合も、同様の推測が可能である。舞歌の記録がない信太社・日前宮・国懸宮は頼資が奉幣使を勤めている。これらの御社が固有の舞人や唱人を置かなかったとは考えられず、奉幣側が舞歌を奉納するという、奉幣の規律が守られたためであろう。京都・奈良と並んで「天王寺楽人」と称され、舞楽の伝統を謳われた天王寺では、どの御幸の場合も、金堂の舎利礼拝・御経供養・布施のみが執行され、舞楽が舞われた形跡はない。奉幣は神社を対象とし舞歌の奉納と不可分であり、奉幣の主体から舞歌が奉られる規律が、確認できる例である。

頼資は御幸の周辺に往来する参拝者・舟子などとして奉仕する地元民を「雑人」と呼んだ。『一遍上人絵』には浄衣をまとった多くの参詣者が、奉幣する貴人とともに描かれている。奉幣できない参詣者は、王子々々で馴子舞を舞い、「今様」など「我が身第一の能」を献じて熊野の御神の照鑒を仰ぎ、現世の利生を祈願したのであろう。『源平盛衰記』の喜界島での康頼らの描写は、そうした参詣者の姿を写したものと考えられる。

『修明門院熊野御幸記』では、乱舞が熊野三山でのみ行われた。しかし、院の御幸では、王寺社でも、乱舞の記録が見られる。定家の『熊野道之愚記』では平松王子・籾井王子・藤代王子で、乱拍子・白拍子があり、乱舞のあと、相撲が奉納された模様である。平松王子では大臣道親まで乱拍子に加わっている。『後鳥羽院修明門院熊野御幸記』窪津王子・籾井王子・藤代王子。殿上人藤原重長白拍子（「万人断腸」一〇月二日条）。院の御幸に王子で乱舞が行われたのは、院の奥　馬場殿などで、院が近臣と琵琶を弾じ時には双六に興じ、身分を越えて能や遊芸に親しまれた日常があったからであろう。注9 この御幸では、熊野三山礼殿で馴子舞が舞われたばかりでなく、新宮礼殿に左右の伶人　狛定近・近真・多久行・大神有賢ら一二人が参じ、万歳楽・太平楽・蘇合・散手・陵王・地久・狛桙・古鳥蘇・貴徳・納蘇利など、一〇の舞楽を献じている。奉納された舞歌の中には他に「村猿楽」「答返猿楽」もあった。舞楽を極めた帝王の道を精励した治天　後鳥羽院は、御幸する熊野に、八女・唱人を置き、宮廷の伶人を従えたばかりでなく、供に「里神楽」や「村猿楽」「答返猿楽」まで召して、熊野に巡礼するすべての人々が楽しむ舞歌を、奉納し尽くされようとしたのである。

5　神々と舞歌

熊野は万人愛嬌の地であった。それは能の胎動の地でもある。院は后とともに、死と穢れから隔てられた九重を出、熊野御幸に御歩を重ねた。『後鳥羽院修明門院熊野御幸記』には、進発のとき、月の障りのあった修明門院が御歩をされ、「万人立車、見物」した風聞が記録されている。（一〇月九日条）御簾の奥深く、平素は膝行も多い女院の御歩は、七年前頼資が供奉した御幸では、同行の女房に紛れ雑人を退け密やかに行われた。建保五1217年、女院の御幸は一〇度を数える。その御輿は先例のない白妙であったという。進発時に女院はその御輿を召さず、浄衣に身を包み遥かな熊野をめざす御歩の姿を、都大路に顕した。

御幸は、毎早旦夜明け前、陰陽師・御先達によって執行される御浴・御拝・御禊に始まる。那智まで一日平均七、多いときには一七の王子社・社寺を巡礼した。それぞれの奉幣に先立って御禊が繰り返され、御経供養や御誦経に御灯明が附属し布施が行われた。一日の巡礼が終わる夕や夜には、御浴・御拝の儀が執行されている。宮廷の日常から隔絶したタイムスケジュール・移動と旅宿、精進のなかでは、「魚食」ばかりか（『熊野道之愚記』一〇月二六日条）、食事そのものを欠くときもあった。定家は那智到着の日、「自暁不食無力極無術」まま、先ず瀧殿を拝している。御幸で従者と里神楽の水死を記録した頼資は、風雨のなかでも常に馬上で御幸を先駆した。しかし、自身四八歳最後の熊野参詣では、紀伊川に馬が転倒し、大事にはいたらなかったものの、濡れ鼠になる経験をしている。時に死と向き合い三山を拝した貴人には、身心を修練し衣食住の欲望を払い、修験の抖擻に近づこうとする真摯な行動と、大自然への崇敬と生命力の回帰を祈る正直な信仰を見ることができる。彼らは先祖の信仰を継承し、現世を生きる己と子孫に及ぶ利生を祈り、熊野権現を頼み参らせたのである。

巡礼の奉幣には神饌供膳はなく、かわって御神楽や里神楽、駲子舞・今様・白拍子・乱拍子・平曲、時には歌会・相撲など、様々な能芸を尽くし、舞歌の数々が捧げられた。藤代王子前で定家は、白拍子を見る雑人に路なく、王子への参拝を断念している。宮廷を出て熊野の大神を目指した貴人は、王子の庭に舞歌を分かち能芸を捧げる無数の雑人を見、白衣の彼らと巡礼を共にしたのである。

修明門院は、承久三1221年出家し、院号・年官年爵封戸諸司例給等を辞して、都で余生を過ごされた。女院の熊野御幸を供奉した頼資は、承久の変ののち、それまで毎年怠ることのなかった熊野参詣を九年間控えている。頼資が公卿として生涯を全うし得たのは、熊野への巡礼という宗教的体験をとおして、先祖からの信仰を承継し、院の近臣としてではなく、官人として女院の熊野御幸に伺候し、熊野への信仰をともに顕す機会を持ったことにあろう。承久の変後、藤原定家は「盲目」（老眼）をもって「鬼」のごとき自らの筆で「狂事」と記しつつ、ひたすら古書の書写を続けた。（『明月記』）熊野御幸は貴人の現実から消え、記録は蔵され記憶すら遠のく。しかし、二百年以上の歳月を経て、現れた能『護法』は、ここにある貴人の熊野の大神に捧げた信仰が、その本質を失うことなく、陸奥国名取という遥かな地「行歩」も叶わぬ老女に及ぶまでに、高遠な広がりをもって認識されていたことを示している。番外曲『護法』は記録や文字に表れないままに、一つの信仰が、時間的にまた空間的に強靭な生命力を保持し生きつづけた証でもある。

熊野の大神は、熊野の地を踏んで巡礼する人間を、貴人・雑人を問わず、すべて迎える神である。力を尽して参拝する者の信仰に応え、現世の利生を神託する神であった。無常の現世を生きる人々とともにある神は、限られた存在の奉幣をのみを許容する神ではなく、奉幣ばかりか、奉幣も叶わぬ人々の捧げる舞歌を、人々とともに慶び照鑒《しょうかん》する神であった。

熊野に御幸した後白河院は、自ら今様を神前に捧げ、神の嘉し給う証をえたという。注10 生き難い無常の現実を生き抜こうとした人々にとって、熊野は、救済の手を差し伸べ、励ましの神託を与える大神に抱かれる地でもあった。捧げられたあらゆる能を嘉し、救済を求めた魂は、能の庭に集った人々の魂でもある。その御幸で先達となった修験者と、御幸を浄め守護した陰陽師は、能の中に今も、厳しい修行に励み神仏の加護を得た霊能者として生きている。

本稿で対象とした熊野御幸の記録は、治天と、ともに行動した貴人の手によるものである。それは、無常の現世を生き抜こうとした魂とそれに寄り添い励ましを与え続けた、熊野に象徴される、中世の神々の存在を伝える記録でもある。ここにある祭儀と舞歌については、より詳細な神道史・宗教史、さらに音楽史にいたる究明が必要であり、本稿がそのささやかな端緒となることができれば、さいわいである。

注1　表章監修・月曜会編『世阿弥自筆能本集』　岩波書店　平成九年
注2　筑土鈴寛校訂『沙石集』(上)　岩波書店　平成九年
注3　熊野那智神社編『熊野三山とその信仰』那智神社　昭和一七年「熊野三山後分枝」
　　氏子崇敬者数　全国総計七七八、七七〇　東北地方はその二八・九％で最も多い。
注4　松下大三郎・渡邊文雄編『国家大観　歌集』　角川書店　昭和三八年
注5　中本真人「中世の御神楽と縁起―石清水八幡宮を例に―」中世文学会春季大会　平成二一年

注6　塙保己一・太田藤四郎編『続群書類従　第十九輯下』　同完成会　昭和三三年
注7　梶原正昭・山下宏明校注『平家物語上』　岩波新古典文学大系44　平成三年
注8　三井記念美術館・明月記研究会編　『国宝　熊野御幸記』　八木書店　平成二一年
注9　秋山喜代子『中世公家社会の空間と芸能』　山川出版社　平成一五年
注10　小林芳規　武石彰夫ほか校注『梁塵秘抄　閑吟集　狂言歌謡』　岩波書店　平成五年

〈参考文献〉

宮地直一　『熊野三山の史的研究』　国民信仰研究所　昭和二九年
地方史研究所編　『熊野』　地方史研究所発行　昭和三九年
国史大系編纂会編　『国史大系巻五四公卿補任』　吉川弘文館　昭和三九年
熊野那智大社編　『那智叢書』　熊野那智大社　昭和四〇年
国史大系編纂会編　『国史大系』巻五九尊卑分脉　吉川弘文館　昭和四一年
神社司廳蔵版　『古事類苑』神祇部四　吉川弘文館　昭和四三年
史籍集覧研究会　『史籍集覧　第三十冊』　すみや書房　昭和四四年
笹原一男編　『日本宗教史入門』　評論社　昭和四六年
瀧川政次郎他編　『熊野早玉大社古文書古記録』　熊野早玉大社　昭和四六年
和歌森太郎　『修験道史研究』　平凡社　昭和四七年
藝能史研究会　『日本庶民文化資料集成　巻二』　三一書房　昭和四九年
和歌山史編纂委員会編『和歌山県史』中世史料一　和歌山県　昭和五〇年

五來重編　『山岳宗教史研究叢書４　吉野・熊野信仰の研究』名著出版　昭和五〇年

田中允編　『未刊謡曲集二十九』　古典文庫　昭和五三年

小松茂美編　『日本絵巻大成別巻一遍上人絵伝』　中央公論社　昭和五三年

和歌山県文化財研究会編　『歴史の道報告書（Ⅱ）』和歌山県教育委員会　昭和五五年

新城常三著　『新稿　社寺参詣の社会経済史的研究』　塙書房　昭和五七年

岩田勝　『神楽源流考』　名著出版　昭和五八年

神道大系編纂会編　『神道大系』文学編五参詣記　同会発行　昭和五九年

神道大系編纂会編　『神道大系』神社編熊野三山　同会発行　昭和五九年

西律　『熊野古道みちしるべ』　成文堂ＫＫ　昭和六二年

山野義郎　『祭儀からみた中世住吉社の建築空間に関する基礎的研究』　山野氏出版　昭和六三年

宮家準編　『熊野信仰』民衆宗教史叢書巻二一　雄山閣　平成二年

中村浩・南谷恵敬著　『四天王寺』　ニュー・サイエンス社　平成三年

石倉孝祐　「中世後期の聖護院在地支配の展開」　神道宗教１４５　平成三年

大林太良他　『海と列島文化　海から見た日本文化』小学館　平成四年

本田安次　『日本の伝統藝能巻一神楽Ｉ』　錦正社　平成五年

本田安次　『日本の伝統藝能巻神楽Ⅲ』　錦正社　平成五年

島田俊雄　「中世貴族ノ『熊野信仰』」　熊野史研究２７　平成五年

島田俊雄　「中世貴族ノ『熊野信仰』其ノ二」　熊野史研究２８　平成五年

田中允編　『未刊謡曲集続十四』　古典文庫　平成六年

上方史跡散策の会編『熊野古道　Ⅲ　中辺路と大辺路』　向陽社　平成六年
田中允編　『未刊謡曲集続十七』　古典文庫　平成七年
加藤隆久編　『熊野三山信仰事典』　戎光祥出版　平成一〇年
宮家準　『修験道儀礼の研究』　春秋社　平成一一年
和歌山県立美術館編　『熊野』　和歌山県　平成一一年
五味文彦　『芸能の中世』　吉川弘文館　平成一二年
住吉大社編　『住吉大社』改訂新版　学生社　平成一三年
外村南都子　『早歌の心情と表現』　三弥井書店　平成一七年
和歌山県教育委員会編　『熊野派速玉大社の名宝』　和歌山県　平成一七年
阪本敏行　『熊野三山と熊野別当』　清文堂出版　平成一七年
稲垣栄三『神社建築史研究Ⅰ』　稲垣栄三著作集一　中央公論美術出版　平成一八年
「熊野信仰と東北展」実行委員会　『熊野信仰と東北』　東北歴史博物館　平成一八年
歴史の道調査会『近畿地方の歴史の道　3』歴史の道調査報告書集成3海路書房　平成一八年
国文学解釈と鑑賞別冊　「熊野その信仰と文学・美術・自然」　至文堂　平成一九年
宮家準　『神道と修験道』　春秋社　平成一九年
山田彩起子　『中世前期女性院宮の研究』　思文閣出版　平成二二年

付表1　藤原頼資の生涯と熊野参詣

年 和暦・洋暦	月日	年齢	官位	熊野参詣記録
寿永元 1182		1		
建仁元 1201	9・29	20	登省	
二 1202	11・27 閏11・17	21	方略 獻策	7・29入精進屋 8・2参北野 8・4進発
三 1203	10・24 12・23	22	縫殿権助 従五位下	5・13入精進屋 5・15参北野 5・15進発 5・27御灯明 6・6帰京
元久元 1204	4・12	23	皇后宮権大進	
建永元 1206	10・20	25	少納言	
二 1207		26		2・10入精進屋 2・14 進発 兄資実?
(承元元1207)	(正・18) 改元 10・25 9・9		兼紀伊守 院昇殿	
承元二 1208	正・12 4・4	27	従五位上 少納言 昇殿依宇佐使	
三 1209	3・11 12・27	28	春宮昇殿 木工頭	
四 1210		29		正・18資実入精進屋 正・23進発 4・17～5・15 『修明門院熊野御幸記』 9・20入精進屋 9・24進発 渡部 天王寺 10・3本宮 浄衣 奉幣 三鍋王子 10・4新宮 奉幣10・5 那智10・6新宮10・7本宮10・8湯峰沐浴10・9近露10・10田部10・15入洛 今年二个度参三山 兄資実二五度・頼資七度
建暦二 1212	正・12 9・8	30	兼但馬守 修明門院御分 去木工頭 正五位下	
建保二 1214	正・12	33	去守	
三 1215	7・12	34	右衛門権佐 蒙使宣旨	
四 1216		35		3・6入精進屋 3・8経光参賀茂吉田社 3・9参吉田社北野宮寺奉幣相経光 3・10進発草津木津石清水天王寺 3・11和泉国府3・12信達3・13藤代3・14湯浅3・15蕪坂3・16休野 3・17田部3・18瀧尻3・19近路 3・20本宮奉幣経供養神楽護身僧 3・21宝前巡礼近露3・22田部

年 和暦・洋暦	月日	年齢	官位	熊野参詣記録
				3・23塩屋 塩屋上山3・24藤代3・25国府3・26水無瀬3・27稲荷社奉幣帰家 経光五歳同道 快実檀越 「昨年遷宮奉行自路次辞申使宣旨事 心中恐怖太深之間、今度相構、為果宿願、身暇所参詣也」
建保五 1217	 12・27	36	 五位蔵人	6・16依召参院、始熊野精進〜6・20 6・21進発天王寺6・22和泉国府 6・23信達6・24藤代6・25湯浅 6・26高家6・27切目6・28田辺 6・29瀧尻7・1近露7・2湯川 7・3本宮奉幣御正体御経供養護身 7・4近路7・5田部7・6高家堂 7・7藤代7・9渡部7・10稲荷奉幣吉田家沐浴解除参御所参藤原兼子 9・16〜10・16 『後鳥羽院修明門院熊野御幸記』
六 1218	12・12	37	東宮昇殿	
承久元 1219	正・22 閏2・25 11・23	38	右少弁 去蔵人 右少弁	
二 1220	正・22 3・28?	39	右中弁 従四位下 還昇殿 修明門院率分所勾当同時 新帝昇殿?	10・22修明門院熊野入洛奉行 御精進始10・24参賀茂吉田北野奉幣 10・26進発草津参八幡奉幣渡部天王寺 10・27住吉和泉国府10・28信達10・29藤代10・30湯浅11・1高家堂11・2切目11・3田辺11・4瀧尻 11・5近露11・6本宮巡礼十二所 11・7浴音無川水奉幣西御前御正体三栖八神奉之護身御神楽油戸宝印奈木葉近露11・8田辺11・9高家11・11近木11・12江口11・13稲荷奉幣護法送帰宿所解斎沐浴 「予今度参詣廿度也」
三 1221	4・10	40	従四位上	
四 1222	4・3 11・3 22 12・21	41	左中弁 蔵人頭 正四位下臨時 右大弁	
元仁元 1224	6・25 10・16 29	43	一門長者 与家光 左大弁 造東大寺長官	

年 和暦・洋暦	月日	年齢	官位	熊野参詣記録
	１２・１７		兼参議	
二 １２２５	正・２３ ７・ ６ １２・２２	４４	兼近江権守 従三位 権中納言	
安貞二 １２２８	３・２０	４７	正三位 朝覲行幸院司賞	
寛喜元 １２２９		４８		１０・２１着浄衣蔵人少輔相共入精進屋 小先達修祓取両段再拝拝礼廿反 １０．２４参北野１０・２５進発今津天王 寺１０・２６和泉堺国府１０・２７近木 １０・２８河辺堂紀伊川１０・２９宮原湯 浅１０・３０内燔辺１１・１塩屋切目 １１・２三鍋田辺１１・３石田一瀬瀧尻 １１・４重点坂下近路１１・５能瀬川湯川 １１・６本宮巡礼濡藁沓礼拝１１・７ 出立奉幣経供養護身御神楽浄衣巡 １１・８礼油戸宝印奈木葉湯川１１・７近 露真奈古田部１１・１０切目進発高家湯浅 １１・１１湯浅紀伊川北岸河部１１・１２ 信達近木１１・１３天王寺渡部今津 １１・１４南門奉幣浄衣稲荷奉幣命婦後堀 河天皇藤原道家藤原家実環向申入
貞永元 １２３２	１２・１４	５１	従二位	
二 １２３３	正・２８ ２・ ２	５２	辞納言以男経 光任右少弁 本座	
文暦二 １２３５	１２・ ７	５４	出家 依病也信最	
嘉禎二 １２３６	２・３０	５５	薨 号四辻 勘解由小路	

1　基本史料

黒板勝美編『新訂増補国史大系 巻54 公卿補任』　吉川弘文館　昭和39年

黒板勝美編『新訂増補国史大系 巻59 尊卑分脉第二篇』　吉川弘文館　昭和41年

『頼資卿熊野詣記』

三井記念美術館・明月記研究会編　『国宝　熊野御幸記』　八木書店　平成21年

2　凡例

一　年月日・年齢・官位の項は「公卿補任」「尊卑分脉」を考証し、記載した。

二　熊野参詣の項は『頼資卿熊野詣記』の行程を月日順に通過の地名・祭儀を整理し掲載した。詳細を検討する必要がある部分は、本文に適宜引用した。

3　『修明門院熊野御幸記』『後鳥羽院修明門院熊野御幸記』についてはあらためて考察する。

付表2 『修明門院熊野御幸記』 旅程と祭儀

年月日	王子名	祭儀
承元4・4・17	（精進屋） 七条院・七条坊城	勘日時 御浴 入御精進屋 着御浄衣 御禊（供御贖物 進 大麻 撤贖物 取御幣 献御先達 向南勧請 置花米 給幣 立南庭南木柴垣 引注連縄 立浪介札 筵一枚上敷 御皮）御拝座無出御 供夕膳
18～20	（精進屋）	暁御浴 出御 御禊 夕御浴 御拝
21	（鳥羽南門御船寄・石清水八幡宮・渡部） 大渡王子 坂口王子 郡戸王子 （天王寺）	進発（精進屋） 御浴 御禊 御拝 礼拝 神宝舁立南庭 御禊 取大麻 撫神宝 倍膳 人形 撤御注連縄 進御杖 乗御御輿 路次行列 乗船 鳥羽南門御船寄 着美豆浜 参御 石清水八幡宮 宿院御禊・楼門幣立御禊・高良使 発遣従里神楽・宮前・御武内・若宮 奉幣・祝・御 経供養 御誦経 御神楽 給禄・説法・布施 参御 大渡王子 「王子御前事、後丶以之可准知（欤）」 ＊参御坂口王子「毎時同前」 ＊郡戸王子（王子名ノミ） 参御（天王寺 金堂 御舎利 布施 給禄）御浴 御拝
22	安部野王子 （住吉社） 堺王子 大山中王子 （大鳥社） 大鳥新王子 （信太社） 信太王子 平松王子 （平松御宿）	日出 御拝 御禊 参御 安部野王子「御奉幣・御灯明・御経供養・里神楽、 一如昨儀。」 御歩 参御 住吉社 御禊 一神殿宝前 祝 祝師・神主禄 里神楽 参舞殿 ＊参御堺王子 於堺御禊 ＊参御大山中王子 大鳥社御奉幣 鳥居前御禊 鳥居下幣立 御贖物 使頼資 ＊参御大鳥新王子 （信太社 奉幣 頼資勤使節） 信太・平松両王子不御 頼資社参 夕 御浴 御拝
23	井口王子 積川王子 （積川社） 麻生川王子 近木新王子 （近木行宮） 同本王子 同（籾井）王子 厩戸王子 （同御宿）	朝 御浴 御拝 御禊 参御 井口王子 御奉幣 馴子舞 已下如例 ＊参御 積川王子 積川社 御奉幣 准王子無御禊 久安以後有之 使 北面藤原秀能 ＊次麻生川王子トノミ ＊次近木新王子トノミ 入御 近木行宮 ＊参御同本王子 日根野 御歩 同（籾井）王子 五体王子 「御先達以下悉有馴子舞」 ＊参御厩戸王子 入夜 御浴 御拝如例

年月日	王子名	祭　　儀
24		朝 御浴 御拝 御禊
	（十二本松下）	十二本松下 御禊
	長岡王子	＊次長岡王子トノミ
	信達王子	＊次信達王子トノミ
		雄山一瀬御禊
	地蔵堂王子	次地蔵堂王子 舁居御輿許御奉幣已下如例
	山中（王子）	御歩
	山口（王子）	＊山中～中村王子名ノミ列挙「王子御参如例」
	四橋（王子）	
	中村（王子）等	雄山山人無縁者引物帷子五六十両
	（紀伊川）	着御 「国司儲御船奉渡」
	（土崎行宮）	土崎行宮 臨時御浴水 門外御禊伊太岐曽御幣発遣 使
	（土崎）王子	紀久政
	（日前宮）	＊ 参御（土崎）王子トノミ
	（国懸宮）	日前宮御奉幣向西有此儀御禊如例 舁居御輿 使頼資
	（萬願寺）	萬願寺 御誦経 布施 使頼資
		＊ 参菜口王子
	菜口王子	＊ 柏原～鳥居王子名ノミ列挙「参如例」
	柏原（王子）	使頼資
	大野坂（王子）	
	松代（王子）	
	菩提房（王子）	（藤代御宿）入御 入夜 御浴 御拝如例
	鳥居（王子）等	
	（藤代御宿）	
25		朝御浴 御拝 御禊
	藤代王子	参御 藤代王子 五体王子 御先達以下馴子舞「其他事
		一如例」御神楽 里神楽 給禄 於礼殿 懺法僧廿口口
		米
	道塚（王子）	坂下御歩 当下御禊 其儀如例
	橘下（王子）	＊道塚～宮原 王子名ノミ列挙「御参如例」
	解坂（王子）	
	一坪（王子）	
	蕪坂（王子）	
	宮原（王子）等	
	（宮原御所）	入御宮原御所
	（有田川）	御渡 如紀伊川
	糸我（王子）	＊糸我・逆川王子御参如常
	逆川王子	逆川御祓如例
	（逆川）	着御湯浅御宿 夜御浴 御禊如例
	（湯浅御宿）	
26	久米崎（王子）	朝御浴 御拝 御禊
	白原（王子）	＊久米崎～角瀬川王子名ノミ列挙「御参如常」
	角瀬川（王子）等	鹿背山中 御小屋形
	山中（王子）	＊山中～久和万王子

年月日	王子名	祭　　儀
	内原（王子） 高家（王子） 伝童子（王子） 愛徳山（王子） 久和万（王子）等 （日高川） 石内王子 塩屋王子 （上野）王子 楠井王子 鶴王子 切目王子 （切目）御宿	名ノミ列挙「御参同前」 越小松原御宿 御渡日高川 ＊参御石内王子 塩屋王子 御禊松下 幣立 御禊 両御禊儀如常 上野御歩 ＊御参（上野）王子トノミ ＊参御楠井王子 ＊次鶴王子トノミ 御参切目王子 奉幣 御経供養 懸禄 謙御笠四手 夕御浴御拝如常
27	（切目中山）王子 石代王子 千里王子 （三鍋御所） （三鍋？） 田辺王子 羽屋王子 田部王子 （田部）行宮	朝御浴 御拝 御禊 切目中山御歩 御参王子 同山出口御禊 参御石代王子 拝殿鰭板連署 院御幸必書 那智路浜宮連署此定也 度数三御山 頼資六度 （自石代王子）御歩 千里王子 御輿許先昇居御奉幣以下如例 御歩 入御三鍋御所 入御田辺 ＊参御（三鍋？）王子トノミ 参御羽屋王子 出立浜有潮御浴御禊 海岸上構仮屋 女房参入 ＊参御田部王子 着御田部行宮 給快実御衣 夜御浴御拝 如常
28	秋津王子 丸（王子） 三栖（王子） 八神（王子）等 稲葉根王子 （鮎川王子） （真奈子）	天曙御浴 御拝 御禊如例 自夜半大風大雨 ＊御参秋津王子 ＊三个王子御参如例 参御稲葉根王子 五体王子之間 御先達已下馴子舞 御奉幣已下如常 （八女等俸禄） 岩田川洪水 先陣（第六瀬）民部卿所従等九人流死 「金剛童子令棄御歟、寔前生之宿縁也、権現定有御計歟」 俄宿真奈子 夕御浴御拝如例
29	（真奈子）	朝御浴 御拝 御禊如例 猶以御逗留 夕御浴御拝如例
30	（瀧尻） 瀧尻王子 （重点）王子 大坂本王子 （近露御宿）	朝御浴 御拝 御禊 臨時御浴 瀧尻王子 御奉幣已下如例 但八女少々翻袖 ＊王子御参トノミ ＊大坂本王子御参如例 着御近露御宿 臨時御浴水御禊 夕御浴御拝又如例
5・1	 （近露）王子	朝御浴 御拝 御禊

年月日	王子名	祭　　儀
	檜曽原（王子） 続櫻 中川（王子）等 石神王子 （湯川御所） 湯川王子 猪鼻王子 （発心門） （発心門）王子 （内水飲）王子 祓戸王子 本宮	＊参御王子トノミ ＊檜曽原～中川 王子名ノミ列挙「御参如例」 ＊御参石神王子 着湯川御所　臨時御浴御禊　人々臨時浴面々宿所 ＊参湯川王子 ＊次猪鼻王子トノミ 有御禊 同王子 献御杖取御笠四手　付之各私先達授杖　御奉幣 御先達進金剛杖 ＊参御同王子 加津江坂御歩 自此所神宝已下行列　参御祓王子之後御禊 不改御装束御参宮 自証誠殿門乍御輿 後巡礼 自一万十万前戸退出御 着御宿所 後浴水 着奉幣装束 御禊 御幣已下列立 参御宝前 御奉幣　証誠殿・両所 次若宮殿・五大王子・一万十万 給禄 出御楼門　　　入御礼殿 啓白 御灯明 御誦経 御経供養 御神楽 御加持 供御鉢 僧供
5・2	（本宮）	僧供事 夜参宝前 入御礼殿御所 供御鉢 験競 八女之風流 神楽 乱舞
5・3	（本宮） （新宮）	参宝前 乗御船 乗御輿 参宮 着御御所 夜御奉幣 毎事如本宮但出御之時無御禊 入御礼殿御所 御明布施 御誦経 御経供養 御神楽 御加持 供御鉢 僧供
5・4	（新宮） 阿須賀王子 高蔵王子 （佐野）王子 一乃野（王子） 道祖神（王子） （那智）	早旦参御宝前　幸那智御山 参御阿須賀王子 御奉幣 禰宜申祝 給禄 御正体奉懸 御神楽如日来 ＊参高蔵王子　紀伊湊 ＊参御王子トノミ ＊次一乃野トノミ ＊次道祖神トノミ 着御那智 参御瀧下舁居御輿於拝殿 御奉幣 御経供養如例 路次御導師給布施　路次御正体・絵馬・八女余分被献此所 参御千手堂 御誦経 御加持 山籠卅口給布施 御参宮 着御御所 夜奉幣 其儀如新宮 飛瀧権現御幣取具　御奉幣証誠殿 入御礼殿御所　御明已下次第事如先々 執行禄 僧供事 験競 乱舞如本宮 有方延年之舞

年月日	王子名	祭　　儀
5・5	（那智） （新宮）	早旦参御宝前 進牛王・奈木葉　御先達進入輿奉捺宝印　還御 人々化粧 着御新宮 五月会　於河原構仮屋為神殿引廻帳以相葉　備神供 　八女等成群　幸河原舁居御輿 神酒禰宜献之 人々休御盃 　八女翻袖 参御宝前　下御所 夜　御参宝前　入御礼殿御所　御加持 布施　乱舞
5・6	（新宮） （本宮）	早旦参御宝前 於門下進奈木葉・牛王 如那智 御乗船 着本宮 御参宝前 入御御所
5・7	（本宮） （近露）	早旦参御宝前 於東戸進奈木葉・大豆粉・牛王 着近露
5・8	（真奈古） （田辺）	 着御田辺　（快実伝馬進五十疋）
5・9	（小松原） （切目） （湯浅）	 着御湯浅
5・10	（藤代） （廐戸） （近木）	 着御近木
5・11	（渡部） （長柄御所） （水無瀬殿）	渡御渡部 着御長柄御所 着御水無瀬殿
5・12	（水無瀬殿） （稲荷社）	出御 着御稲荷社　於鳥居内御禊 参御宝前　御奉幣 　　　神主申祝 賽祓進相葉 給禄 　　　御経供養 御布施 御参命婦御前 御奉幣 参御鳥居内小社前　護法送　御奉幣 入御御車寄御所 　「道御共人々自此所逐電、窮屈之間早以退出、委不見及」
5・15		最勝経講結願 今度御熊野詣勧賞 僧事聞書内書

基本史料　藤原頼資『修明門院熊野御幸記』『国宝 熊野御幸記』八木書店　平成19年

1　年月日は和暦表記

2　王子名の項は精進屋入から御幸結願まで、女院の祭儀と舞歌に関わる地名をすべて挙げた。王子以外は一重括弧で表記した。

3　祭儀の項は、女院の祭儀に限った。頼資の動静も、女院の祭儀に関わると判断したもののみを掲載した

第二節　『今昔物語集』の「児《ちご》」と「童」

1　幼いものの呼び名

幼いものの呼び名として、日本語の中で最も普遍的な語は、「こ（子）」である。「こ（子）」は「おや（親）」「ちち（父）」「はは（母）」から生まれたものという、血縁関係を前提とし、また、「おや（親）」「ちち（父）」「はは（母）」である「おとな（大人）」の圧倒的な支配・庇護を受け、父祖の延長・継承として、意識される存在でもある。親子が年齢を超越した最小の社会集団であることから「こ（子）」は各時代・集団によって異なる、通過儀礼（イニシエーション成育儀礼など）・社会的義務や権利の影響を受け難く、愛称として複合語ともなり、各時代・集団・地域などの制約を超え、広く分布し、擬制的にも活用されている。「こ（子）」には「児」などの表記例も多い。本論の関心の基点である南北朝・室町前期では「児」は一般的に、「ちご（稚児）」

を指す表記であり、混同や混乱を回避する目的から、「こ（子）」の漢字表記を以下「子」とする。

「乳を飲む子」を原義とする「ちご（稚児・児）」は「あかご（赤子）」などとともに、最も幼いものを表す語である。この類義語には「みどりご（嬰児）」がある。『万葉集』に「弥騰里児の乳乞ふがごとく」と乳児を意味する用例があり、「大宝令」では三歳以下の男・女子を「緑」と称した。「養老令」「戸令」は、三歳以下は「黄」、一六歳以下を「少」、二〇歳以下は「中」（小丁）、二一歳をもって成人とし、これを「丁」（正丁）とした。六一「老」、六六以上は「耆」である。結婚は男一五・女一三をもって認めた。律令は中国を範とした大陸の法であり、また、「子」それぞれが成育し直接に庇護される、集団の通過儀礼とは異なり、口分田班給、貢租・徭役の体系の実行を前提とする。支配機構維持の必要から、古代国家は年齢によってライフ・ステージを体系的に把握しており、その明確な区分は、律令が近代以前、日本の法体系の基軸であったことからも、歴史的考察では忘却できない重要性を持っている。

しかし、「乳を飲む」という行為をするものを「乳児」とし、たとえば三歳以下の男・女児と限定するのは観念的・非現実的である。「乳を飲む」行為そのものは六・七歳頃まで、時には母や乳母・女性との関係、確認の行為として広く認められる。「ちご（稚児・児）」が成人となる通過儀礼以前の人間存在を表す語として、各時代・集団・地域・身分・階層などを反映しつつ、それぞれ独自の存在形態を示しているのは、むしろ当然であろう。本論では「ちご（稚児・児）」の漢字表記を、「こ（子）」の漢字表記と同じく、能楽が大成する南北朝・室町期の一般的な表記を参考に、以下「児」とする。

民俗学では、「生まれ変わり」や「死霊」「祖霊」信仰の実態から、日本人の生を三・四段階に把握することは、柳田國男・折口信夫をはじめ、先学の示唆に富む深い考察によって、広く認知されている。たとえば、坪井洋文は、①誕生から成人まで、②成人から、婚礼・年祝いなどを経て、死亡まで、③死亡から死霊として最終年忌まで、④最終年忌によって祖霊となり「子」に宿る再生まで、の循環するサイクルを設定し、三歳または七歳ころまでを「神の子」とする意識が広く存在する根拠を考察している。注1 本論は設定したテーマから①を対象として分析を進めたい。

「子」が成人までに受ける成育儀礼は、歴史的・地域的なバリエーションに富み、社会的には、髪型・出で立ち・改名など、身分・生業などに従って外見や呼び名の変化が求められた。階層によっては加冠・仮親などの擬制的な家族関係の設定を伴い、餅など神仏に供する食物を介し、主催する成人が参加・招請する祝宴、参賀、参拝が挙行される。誕生からしばらくは、頭髪は短く、場合によっては部分を残して剃られ裸体を通常とし、成長に応じて産着・褓・腹掛などを着用させる階層もある。「赤子」の語はそれを端的に表している。髪の毛が生え揃ってきても、放ち髪・垂髪であって、削ぎ整えるだけで成長する場合も多かった。「わらは（童）」がこの髪型と深く関わる呼称であることは、成人しても結髪など明確な通過儀礼が見えない職層、下人・牛飼などに、「童」を付した複合語の例が広く認められること、また、奮戦のあまり兜を脱ぎ捨て髻もちぎれたさまなどを「大わらは」と呼ぶことからも確認できる。漢語である「童」は、罪を犯して刑に服する罪人、また労働に服する奴隷を字義として有し、貴人に召し使われる「子」は「侍童」と呼ばれた。「わらは（童）」が単に童髪の「子」を指すのみならず、仕える職を伴った用語であることは、この漢語としての字義もあると考えられる。到来した漢語を踏まえた「童子」「童男」「童女」になると、一層そうした用語としての性格が明確になる。

成育儀礼の中でも普遍的な結髪は、早くても三歳、付紐の衣服から帯を用いる衣服に変わるなど、多くその前後の時期に、成長による着装の変化や改名が認められる。身分によっては五歳ごろになると、男女とも袴着がある。小袖や扇も着し、六・七歳には氏神に、一二・三歳には寺社への参拝が行われる場合もある。女子は成人して髪あげするまで放ち髪・垂髪のままである例が身分の上下を問わず認められ、身体の成熟を示す「かねはじめ」「裳着」「眉引き」などのあとも、時・場に応じ、元結などを結びながら、貴人の女性では身長に余る頭髪を維持している。成育儀礼は女性の出産や育児を可能にする身体的成熟、男性の場合はほかに、身長(『三代実録』貞観六年正月朔日条　四尺五寸以上)などの外的条件、社会的役割・生業についての技術・能力の成熟を基本に、社会情勢・地域性も深く関わっており、身分や生業・個体差の影響は大きい。身心の成育状況により一般的に、三・六・一二・一八歳前後が大まかな成育儀礼の目安ともなるが、現実には決して一律に適応されてはいない。

もっとも詳細に、継続的な記録が残る天皇の成人儀礼の場合、初出は、清和天皇の一五歳である。皇太子は聖武天皇の一四歳、これが朝廷での成人儀礼の始まりとされている。尾形裕康氏によれば、奈良朝から近世まで天皇の元服年齢の平均は一三、五歳、時代が下るにしたがって下降している。歴代元服年齢表・身位別元服年齢表を比較すると、即位後に成人儀礼を行った天皇が三四%という興味深い傾向が見られる。注2　桃園天皇七歳、後嵯峨天皇二三歳とそれぞれをみれば様々であるが、後土御門天皇から正親町天皇までは平均一七歳であり、戦国時代という社会情勢との関わりが考えられる。吉村茂樹氏は、院政開始の応徳三1086年から後醍醐天皇初期の元亨元1321年まで、天皇二三代の平均即位年齢を八歳一〇か月、平均在位期間を一〇年と算出した。注3　南北朝の動乱期、院政が継続した北朝を見ると、天皇の即位年齢は一五歳前後に上昇、在位年数も一四年前後に延長している。これは摂関体制期の、即位年一六歳、平均在位期間一五年五か月に近い。しかし、世阿弥が二〇歳前後の永徳二1382年に即位した後小松天皇は、わずか六歳であり、一〇年後南北合一を果たしさらに一〇年在位した。天皇の即位と在位が政治・社会情勢と深く関わる例である。合一当時、天皇は一六歳であった。

天皇の成育儀礼の記録は、成育儀礼が我が国において、歴史的な政治・社会情勢を反映し、執行する当事者の判断、対象となる存在それぞれの、資質・成育過程・適応能力に対応して、柔軟に実施された実態を象徴している。身分・階層・生業はさらにいうまでもなく、地域性も含めて配慮の対象となる要件であった。

松岡心平氏は河合隼雄氏の「中心の空虚」モデルを日本人の心の構造を解く鍵として、「力もはたらきももたない中心が相対立する力を均衡せしめて」おり、その「力もはたらきももたない中心」に当たる存在として「天皇」と「稚児」を考えことができるとした。松岡氏の主張は、「児」の期間と成人儀礼前後に重なる天皇の在位期間の相似が認められる歴史的な時点を出発点とし、河合隼雄氏の「中心の空虚」モデルを活用している。注4 本稿では、この示唆に富む論考を視野に入れ、天皇の平均即位年齢八歳一〇か月、平均在位期間一〇年とされる院政期に注目し、説話集の白眉『今昔物語集』の、二〇〇語を越える「児」と「童」の用例について、整理と分析を試みた。それが今昔を生んだ時代をとおして「幼いもの」についての、考察を深める契機になるのではないかと、考えたからである。

2 『今昔物語集』の「児」と「童」

『今昔物語集』三一巻は天竺五巻・震旦五巻・本朝二一巻からなる。現存本は巻八・一八・二一を欠き、収載話一〇七九話のうち、巻七の第三三話〜四〇話、巻二三の第一話〜一二話が一括欠如し、計一九話は題目だけで、本文を欠く。ほかに欠文をともなう十余話がある。題目のみを提示する一九話を含め実数一〇四九話、天竺・震旦・本朝の順に国別・編目別に類従され、仏法から世俗へ、おおむね二話一類の組み合わせで配列されている。編者や成立期など、その制作については諸説が交錯し、院政期初期に成立（一一二九年上限か）したという以外、確定できる要件はない。

『今昔物語集』の伝本は、近世中期を遡るものは希だという。そのほとんどは平安末期・鎌倉初期に、南都周辺で書写・成書されたと推定される、京都大学附属図書館蔵鈴鹿家旧蔵本いわゆる「鈴鹿本」を祖本とする。現在今昔の書名となっている『今昔物語集』はこの「鈴鹿本」によっている。その存在を知る他の中世史料の初見は『経覚私抄』宝徳二1450年七月四日条「今昔物語七帖返遣貞兼僧正畢」であるらしい。以後も他の文献がその収載説話を引用するなどの、直接の関係を示す資料は長く見当たらない。流布の兆しは江戸期の貞享・元禄（1684〜1704）まで待たなければならなかった。

宝永三1706年刊『本朝語園』が本朝世俗部から約二〇話を抄録、正徳元1711年の『山城名勝志』は、洛中洛外の名所旧跡の説明に今昔本朝部の説話を多用した。井沢蟠竜は今昔本朝部の説話を抄出、他の作品の説話を交えて改編・校訂した。その『今昔物語』が分刊されたのは、享保五1720年・同一八1733年のことである。今昔の享受が、関心をもたれた説話を中心に個々に展開する傾向は、流布の当初から存在したと考えられる。この顕著な流布と享受の系譜は、大正期の芥川の作品を云々するまでもなく、現在に至るまで深化拡大している。

幕末になると、今昔は古典として、文献学・考証学の研究の対象となった。狩谷棭斎を中心とする国学者たちは、丹鶴叢書『今昔物語』など、優れた校本を刊行している。近代の本文考証・説話出典研究の画期は、大正一〇1921年に完結した芳賀矢一纂訂『攷証今昔物語集』である。以後、漢訳仏典を含む和漢の仏書、史書・詩文などの漢籍、歌集・物語・説話・随筆などの和書を典拠とし、さらに口承説話をも集録した作品であるという認識は、今昔研究の通念となった。戦後の詳細・緻密な実証的研究は、当初考えられていた膨大な典拠を消去し、名古屋大学附属図書館小林文庫蔵『百因縁集』や『注好選』『冥報記』『孝子伝』など、教学の便覧・教訓啓蒙書・教材・説教の資料として要約・編修された簡便な文献が、直接の素材として大きな役割を果たした事実を解明するに至っている。文献の散逸もあって、収載した説話すべてに直接の典拠を確定するのは、不可能であるが、今昔は全巻にわたり、現在でも、徹底して文献に取材し限られた素材を有効に活用して、編修、制作した作品とされている。

昭和三〇年代と五〇年代、そして現在まで、『今昔物語集』の研究はうねりを高め、学術的な成果を上げてきた。この大規模な説話集成に、表記法・文体などの綿密な本文考証、典拠・取材についての原拠・伝承史的実証研究が集積され、構成・各話の関係・用語・語彙、テーマ・成立史にいたるまで、国文学・国語学を中心に、学際的ともいえる詳細・緻密な成果が共有されている。ここでは、その積年の成果を享受し、全体を一つの作品として把握しながら、その中で、各説話をテーマにそって位置付け、制作者とその時代に正対しようとする姿勢を、考究の基軸とする考察を試みた。

『今昔物語集』には、派生語・類義語を除いても、「児」およそ二二〇、「童」二六五の用例が数えられる。注5 成立期だけでなくジャンルもテーマも異なる作品ながら、長大な文量をもつ『源氏物語』は、「児」一七・「童」六九である。注6 いっぽう今昔に近い『宇治拾遺物語』には「児」一一、「童」五七が見え、注7 軍記『平家物語』には、「児」二一、「童」二二が確認できる。注8 こうした概況からは、ジャンルやテーマ・成立期・作者によって「児」「童」への関心の高さ、質が異なることが予測される。今昔は用例数のみでも注目に値する作品であるうえ、空間と階層にも大きな広がりを持ち、典拠・口伝伝承に取材した記述法を考慮すれば、制作者を中心とした当時の社会認識を検討できる作品であると考えられる。方法としては、今昔全体の「児」「童」について、共通の九項目を立ててそれぞれ一表とし、その傾向・特色を分析し、本文に回帰しつつ把握と理解を深める手続きを尊重した。

今昔は、その成立当時の我が国の人々にとって、全世界を包摂する空間を「天竺」「震旦」「本朝」の三エリアに区分し、収載説話を構成する。用例は、巻一から説話ごとにまとめ、「エリア」・「国名・地名」を抽出し、空間と地域を整理した。「児（童）名」・その「父母」（ステータス・名など）、児・童の「性別」・「年齢」は、記述中に確認できる内容のみに限定した。児・童それぞれの「特性」・「備考　奇瑞 他」の二項については、本文の内容の中で、もっとも特徴的と判断した語句を引用し、テーマと、表を構成するバランスとの、必要に応じて要約に努めた。

「児」は一～四表、説話総数六一話のうち、天竺一八話（二九・五％）・震旦五話（八・二％）・本朝三八話（六二・三％）である。「童」も同じく一～四表を成し、説話総数は六六話である。三エリアの割合は、天竺一話（一・五％）・震旦四話（六・一％）・本朝六一話（九二・四％）となる。三エリアの占める割合と説話数では、天竺の「児」説話一八話（二九・五％）「童」説話一話（一・五％）の傾向が興味深い。また、震旦は「児」「童」を合わせて九説話であり、このエリアの分析には文量が充分とはいいがたい。それに対して、「本朝」は合計九九話、東北から九州までの広域に渡り、農民・商人・公家・武士はいうまでもなく、高僧・聖・盗人・下僕、狐・天人など、様々な階層・職層・異類までが登場する。

「児」「童」を俯瞰し、分析のベースとなる概況は次のとおりである。

〈「児」項〉　総数六一話

①　児名・父母項については、特に父の、呼び名・ステータス・生業が記される。児名は成人儀礼後の名を含めて、二一説話が記録されている。

②　性別については八八・五％九割近くが男子であって、女子は七説話である。

③　形貌　「端正」「美麗」「厳」の表現が複合され、「世ニ比ナキ」今昔最高の褒めことばが多用される。

④　出生には奇瑞、生涯を通じて奇跡が記され、他者の奉仕を受ける属性をもつ。

⑤　③④は仏・諸神の加護や宿業が嘉した結果であり、聖性を具有する存在である。

⑥　語「児」は直接的に、寺院児を指す用例はない。ただ、複数形「児共」も視野に入れると、次の三例が注目される。

- 巻十七本朝付仏法四十四
  僧の会話和文　部分「怪ク例ノ児共ノ辺ニ寄タルニモ不似ズ」
- 巻二十六本朝付宿報第五
  継母の会話文　部分「只児様ノ厳カリツレバ、京ニ上ル人ナドノ法師ニ取セナド〟思テ取テ逃ニケルニヤ」
- 巻二十六本朝付宿報第十八
  冒頭文　複数形「児共」「今昔、児共摩行シ観硯聖人」

⑦ 同じ対象に対して「童」との混用を認められる説話が存在する。

〈「童」項〉 総数六六話

① 童名・父母項　父の呼び名・ステータス・生業が知られるのは五説話。童名一五説話。

② 性別　ほとんど明記がなく、判別できる例では男子・女子が混在する。

③ 形貌　特に記載の無い説話が三分の二を超え、「端正」「美麗」のほか「赤髪」「痩せ」など、異形・異類が見え、プラス・マイナスイメージが混在する。

④ 出生については、異形・変化・異類七話、①②項の傾向からも、関心は薄い。

⑤ ①②③④の人間の属性に対する関心の低さから、異能・異形・異類という記述の印象が強められる。

⑥ 服従・隷属関係を伴う用字・用法は三七話。五割を超える。（五六・一％）②③項はこの用字・用法との関連で理解できる。

仕える職を伴う用法　下童・小舎人・女童・従者など　三一話

諸仏神の眷属　六話

⑦ 語としては直接に、寺院児を指す用例はない。次例が注目される。

• 巻十七本朝付仏法四十四　鞍馬の毘沙門天（眷属）？

『今昔物語集』天竺部は、釈迦の生涯・教化済度を語る、仏教創成説話から始まる。釈迦は兜率天から下生し、御母の右脇から出生する。しかし、釈迦自身について語る記述には、「児」の用例はない。「児」の用例は、人間の子として生まれた存在に現れる。彼らは前世で善行を施し、出生時より瑞祥と奇跡に嘉せられ、ついに仏弟子となって輪廻を離脱する。しかし、同じ転生と生涯、羅漢果などの悟りを得た女子の場合には、語「児」は用いられない。巻二の八話、金天の妻となる今光明は「端正」にして身体は「金色」、宝を湧出する井戸の出現まで、今天に酷似する。しかし、出生の記述は「一人ノ女子ヲ令生メタリ」であり、彼女は「女」「娘」「妻」として語られる。夫 金天が成人となり、「長大」「才」広く「心」至るとき、その父は「我ガ児端正ニシテ並ビ無シ。此ガ妻ト可為キヲ求ム」といい、同じとき、妻 今光明の父母は「我娘端正ニシテ、人ノ中ニ類無シ・・」と思う。やがて、二人は結婚し、善報に祝福された生涯をともにする。

巻二―一三話 長者の「一人ノ女子」淑離、同じく一五話 舎衛城長者の末娘 蘇曼、二四話 波斯匿王の娘善光女など、「端正美麗」世に並びなく、王・長者など権勢と名ある人から「愛シ悲ム思ヒ切」にかしづかれ、先世の宿世によって果報を得た女性が次々に登場する。しかし今昔は、彼女たちに語「児」を用いない。遥かな仏の生誕の地、尊い教化済度を語るとき、今昔は、父母、特に父の愛惜に庇護され、親を継承し超越する聖性と美を具有する男性を、「児」と呼んだのである。その年齢の上限は、今天の父が述べた、「此ガ妻ト可為キヲ求ム」――いわゆる成人の頃であろうか。こうした認識には、生体として今日でも男性が負う、生涯を通じての身体・容姿の大きな変貌もさることながら、今昔の語り手が生きた「つはもの」の世の思いが、鮮やかに、映し出されていると考えられる。

「児」について、女性に対する用例が、全巻をとおし七例であることは、この天竺に現れた特性を考慮すると、理解しやすい。天竺巻五―五話 鹿母夫人は異類 鹿が母であり、仙人に育てられて歳一四で大王の妃となり、後に五百の王子となる蓮華を産む。また、震旦巻九―二一話の女子は七歳のとき、彼女を愛惜する父兄の殺生の罪を受け、人の形のまま、兎になり死に至っている。「児」と呼ばれる女性は、男性と異なり、人としての形は美麗であっても、異類や異界に関わる本質を持っている。本朝巻一二―二話 遠江の女子は母六三歳の子、舎利を握って誕生し、七歳のとき塔完成とともに死ぬ。巻三一―三三話の「児」は竹取の、翁をはじめ帝にいたるまで世の人々全てに愛された「端正」の人である。語り手はそっけなくコメントする。「其ノ女、遂ニ何者ト知ル事無シ（中略）惣ベテ不心得ヌ事也」

今昔の語り手にとって、女性はまず「此ノ世ノ人」であったようである。女子・娘・妻と生き、「垢穢」といわれつつ、ありのまま胎に「子」を宿し（巻一一―一話）乳を含ませ、あるときは、釈迦の祝福と前生の果報に嘉せられ、ある時はまた解脱に与る存在であった。

今昔が「児」と呼ぶ年齢は、男性と女性で異なっている。男性では成人となるまで、階層・身分や資質・出で立ちによって「児」と呼ばれる存在が認められる。女性や性別表記がない場合を「本朝」エリアの例から見ると、人の「子」としての年齢は七・八歳頃が上限らしい。「天竺」「震旦」のこれに類する表現は、同様に判断してもよいのではないかと、思われる。巻二四―四三話では、紀貫之の女子を七・八歳の男子とした奇妙な記述がある。また、五～一〇歳ごろの「子」に対しては、「童」「幼童」などが「児」と混在している。身分・風姿・大人・語り手の微妙な心理が、そこに働く。

天竺巻四―一一話 山人の子は冒頭「幼童」とされる。「児」は羅漢の会話文に現れる。父 山人は、声明文をどうしても覚えられない我が子を鞭で打つ。その朴訥な愛と痛さに「子」は泣いている。羅漢はそこに来合わせ、前生からの因縁を悟り、山人の朴訥な愛と泣く子への慈悲の思いをもって「幼童」を「児」と呼ぶのである。語り手は羅漢の慈悲を受け、子の出家を語る地の文でも、山人の子を「児」と呼ぶ。このような語り手の思い受けた「児」はこの説話だけにとどまらない。幼いものが殺生や窃盗の罪を犯し、その罪業と宿業のゆえに、峻烈・厳正な処罰を受けるとき、その運命を辿る語りのなかにも、語「児」は現れる。天竺巻二―三三・三四・三六話のほか、震旦巻九―二四話、本朝巻二九―一一話はその例と考えられる。

大人、親、なかでも父の愛と周囲の慈しみの思いは、語「児」の不可欠な要件である。天竺の継母継子譚巻二―三一話では、父の愛念を受ける継子は「児」である。この中世的語りの説話では、頭に針をとおし継子を刺殺した継母に、やがて二人の子が産まれる。のちに母の宿業のため命を奪われるこの二人を、語り手は語「児」で表現する。継母の愛惜が滲む用例である。今昔の世界では、母子が無慙に生死を分かつ説話はこれに限らない。巻二九―二九話では、母の身代わりに裂き殺される幼子が見え、語り手は終始「子」と呼んでいる。家族は勿論、「子」を持つことを許されない境涯のものは、「子」捨てた。貧困ゆえに捨てられる乳飲み子は、養母の頼む法華経の功徳によって乳を得（巻一九―四三話）変化？の犬の乳を吸い（同 四四話）はじめは「子」のちに「児」と呼ばれる。

乳を飲む行為と語「児」の原義を考えさせられる用法として、注目されるのは、巻五―一七話である。毘沙門天の額を割いて生まれ出た男子は、人間の乳母が与える、乳を飲まず物も食わず、ただ死を待つばかりになる。人々の歎きと祈りのなか、父？毘沙門天の胸はにわかに堆くなり、這い登る男子が掻きまさぐるにつれ、乳のようなものが涌きに涌く。「児」はそれを吸い、大きに大きく「端正美麗」弥増さり、国中を従えて王となる。そして攻め入る敵には、金色の鼠王の助勢を得て打ち勝つのである。厳しく猛々しい闘諍の神 毘沙門天の子育ては、名にし負うダイナミックさで語られる。「児」の原義が確認されるだけでなく、「つはもの」のかくありなんという思いも、なにか偲ばれるようで興味深い。

本朝では、冒頭を飾る聖徳太子説話に、「児」は見えない。「聖」「太子」である彼の父は用明天皇である。しかし母は夢に、救世観音の化身が口に躍り入ると見て懐妊する。仏法を本朝に広めた、奇跡と奇瑞に満ちたその生涯は、天竺の菩薩転生説話、釈迦如来になぞらえられているのであろうか。高僧・聖でも、行基・役の行者をはじめ、道照・道慈・神叡・玄昉鑑真にも「児」はない。空海に至って語「児」が、隣人・父母に敬われ、「童」四人に礼拝される状況で現れる。次話 伝教大師最澄が「児」とも「童」ともなく語られるのに対して、空海には一八歳ごろまで「児」が用いられている。唐 洛陽では文殊菩薩が、蓬のごとき頭髪に弊衣を着した「童」となって現れ、空海とともに河水に書を記して、その能筆を感嘆する。「童」を随える「児」の姿が、高僧伝では、菩薩や天部の変化・眷属に守護され祝福される姿となるのは、多武峰 増賀・書写山 性空（巻一二―三三・三四話）説話にも類似がある。性空には、山野の禽獣までもが馴れ随っている。

本朝の「童」の用例から見れば、その年齢の下限は五．六歳、上限は二〇歳余・大人となる。二〇歳余の巻一六―二六話は盗人であり、同二〇話年齢不詳の金尾丸も盗人である。風貌は背が高く痩せている。巻二八―四二話で髪ボサボサの自分の影を、盗人と恐れる場面があり、盗人は成人に達しても結髪せず、ボサボサの頭髪で闊歩するものとされていたようである。大人であるのに冠も着けず、都の闇を徘徊し「童」と呼ばれているのは、本朝 巻一四――四二話右大臣良相の「子」である。彼らを除くと、一七・八歳ラインが浮かぶ。

「童」のなかで、その名と父名が記されているのは、三説話しかない。巻二四―一五話は「童」「児」が併用されている。「強ニ恋ケレバ」父の陰陽師忠行に甘えて、祓に同道し無邪気に見聞を問いただす保憲は「児」と呼ばれ、彼の異能ぶりは、「童」「幼童」「幼」で表現される。巻二五―一一話でも、「児」「男子」「若君」「小童」が併用される。盗人に「子」を質に取られ、目もくれ子どものように泣く父 親孝を、主人 国守源頼信は「嗚呼ナリ」と叱る。この説話は会話文が多く、用語に話し手の立場と感情が鮮やかである。「つわもの」の威を振るって場を納める頼信は終始「童」系で呼び、助命の約束を聞いた盗人は「児」という。人質となった男子は五・六歳許、賀茂保憲は一〇歳許、愛惜の思いでは「児」、「子」の成長ぶりでは「童」と呼べる年齢なのかもしれない。一三歳にもなれば、大人に劣らぬ働きをするのであろう。藤原純友の子重太丸・安陪貞遠の子千世童子（子ノ童）は、父とともに戦って首を刎ねられる。震旦の大天狗智羅永寿を威嚇し打擲のうえ、その腰を踏み痛める「童」もある。飯室の深禅僧正・横川の慈恵僧正の輿に従い、鞭や杖で前追う「童」たちである。（巻二〇―二話）俊敏な決断と行動、杖・鞭・刀の打ち物・大声・時にはせいいっぱい泣く声・怪力。「童」の中には「つはもの」の「子」に相応しい属性が見える。ある者はちぢれ髪、ある者は赤毛、背丈高く大柄で、当時の美意識からははみ出している。異形が高じ丈一丈の大魚と現じる「童」もある。（震旦巻一〇―二八話）

今昔が語る「童」の異形・異能・変化の姿には、名もなきものの「子」と生まれ、あるものは大人に親しく生業に育ち、あるものは名ある人々に仕え身を立てる、健気な幼いものたちの現実が見える。その活動に目を瞠り、計り知れない生命力に圧倒される大人の視線も感じられる。なかで、語り手が鞍馬の毘沙門天（眷属）？の霊験にふれた、本朝巻一七― 四四話は、語「童」について考えさせられる、多くの要素を含んでいる。

巻一七―四四話は、やんごとない学生でありながら、父母も檀越もなく、山を下りて雲林院に住む、極貧の僧の身の上から始まる。長年通う鞍馬寺の帰路、彼はふと、一六・七ばかりの「童」に行き逢う。「童」は親しい僧と仲違いして行く所がないといい、なにかと紛らわせて侘しい坊までついてくる。父を聞いても答えない。「厳」く「愛嬌付キ気高キ事無限シ」。隣の坊の僧たちは「微妙キ若君」と噂する。次の日の夕暮れ、僧は「童」に語りかける。前掲の言葉はその一部である。私は母のほか女性の膚に触れたことがない。「(しかし、あなたのそばにいると)なにか、あの稚児たちの近くにいるのと違う。」疑い慄き僧はいう。あなたは女ではないのか、私はもう片時もあなたから離れられない。「童」はおかしそうに答える。み仏はあなたが私を犯されるなら、お咎めにもなりましょう。それにあなたが私といらしても、人は「童」といると見るでしょう。女であっても、「童」と話しているようにお振る舞いなさいませ。自責と恐怖の念に駆られ、しばらく「童」を隔てていた僧は、やがて「童」と契り宿命を思う。

巻一七― 四四話は「童」が出産後、何処ともなく姿を消し、突然終わる。「母」が衣に包んで遺した「子」は金塊であった。

今昔巻一一― 三五話は、鞍馬寺創建説話である。創建者藤原伊勢人の夢に「年十五六歳計ナル児」が現れ「多聞天ノ侍者禅□師童子」であると名乗る。鞍馬寺の毘沙門天眷属は、すでに創建途上、児姿で出現している。巻一七― 四四話が毘沙門天の霊験に触れるのは、僧が積年鞍馬に通っているだけに、唐突とはいえない。それよりなぜ先に、毘沙門天眷属を「児」と呼び、後で鞍馬寺のゆかりを「童」と呼んだのであろうか。「童」は女性の身体をもって現れる。僧と片時も離れがたい契りを結び、「子」までなして去る。そこには多く「童」と呼ばれた、神仏の眷属が齎す不思議ばかりではなく、他者には見えない愛を生きる、「女の童」のひたすらな姿が浮かんでくる。巻二六― 五話また同一八話がいう、「厳」さゆえに愛憐するものから引き裂かれ、また僧に「摩」られる「例ノ児共」とは、風姿は仮ながら、全く異質の存在である。

前掲 巻二六― 五話は遠く都を離れ、陸奥に伝えられた継母継子譚である。釈迦の地 天竺には、「端正」

「美麗」世に並びなく、宿縁に嘉せられ光明と富貴に恵まれ、ついに仏弟子となって解脱に至る「児」が存在する。震旦でも宿業に生きる「端正」「美麗」な幼子が描かれ、本朝では遥か陸奥の地に、「端正美麗ナル男子」が出生する。国府官人　太夫介が五〇半ばで得た一人子である。「児」は誕生まもなく生母を失う。その後、父とその弟、従者に愛し傅かれる一三年が簡潔に語られる。継母はその歳月に、女子の連れ子まで伴って押し入り、職務に忙殺される父太夫介の隙と不在を突いて、「児」の殺害を実行する。彼女が手なずけた従者が「児」を生き埋めにし、やがて叔父が救出する経緯は詳細に、心理描写を交え活き活きと語られ、継母追放まで緊迫した筆致が続く。前掲の言葉は、「児」が行方不明となって生死が秘されていたとき、継母が口走る言葉である。説話末尾にふと「報」「現世後生」の語が、過ぎる。「児」は「端正美麗」「心バエサエ厳ク」「悟」く、従者の殺意を鈍らせ、継母の後悔を誘い、叔父と父の慈悲に守られて蘇生する。

今昔は「仏及ビ塔ヲ遶ム」人は五種の徳を得るという。一に「端正」二に妙声，三に天上・四に王家転生、五に涅槃と数える。（巻一─三六話）仏はまた、現世と先生の因果を諭す。「端正ナル者ハ先生ニ祖ニ咲テ見エシ者ゾ」（巻三─二〇話）天竺から遠く離れ、釈迦や仏弟子・眷属・僧の姿も見えず、宿業すらさだかでない世界にも、今昔は「端正美麗」「心バエサエ厳ク」「悟」く、嫉妬と横領、殺傷を退け、人々の愛を享受して平安を齎した、「端正美麗」な「児」と、それを慈しむ人々を活写している。

3　物忌 ―神祇祭祀の幼いもの

『今昔物語集』は、神代や神話に取材する説話を収録しなかった。神祇への関心は薄いのか、登場する「翁」

や「姥」が、時に地神とおぼしき微かな影を漂わせる。原文が宣命体表記とはいえ、祝詞を神々に捧げた人々やその生活は語ってはいない。これは今昔だけでなく、説話というジャンルがもつ半ば、無意識に近い前提なのかもしれない。今昔が語らなかった神祇の世界には、聖別された未青年の祭祀者が存在する。ここでは、この幼いものについて概略し、本論のテーマについて、今昔とは別の視点から省察を試みた。

伊勢神宮の大物忌は、明治四1871年の制度改正まで存続した。『延喜式』伊勢大神宮では、内宮・外宮などに、物忌一二人、物忌父一二人が定められている。『皇太神宮儀式帳』は大物忌を大神の依代また御杖代とし、『止由気宮儀式帳』などによれば、卜定されたのちは、自宅に帰らず地に触れず、神域内の忌館に籠もって忌火の物のみを食し、成人するまで「父」の喪がないかぎり在任した。神宮には、天皇の即位のはじめ、未婚の皇女（女王）が卜定され、斎王となって都から群行した。多気の斎宮に潔斎し、大神の御杖代と称され、三節祭には内外宮に奉仕している。しかし、現実の祭祀のなかでは、斎宮は正殿にまで入り昇殿することはなかった。もっぱら大御饌に奉仕するのは大物忌であり、特に重要な祭祀には正殿に昇殿し、禰宜に先んじて奉仕している。

遷宮・神嘗祭、臨時の奉幣では、まず、大物忌子が昇殿してから禰宜らが昇殿し、大物忌子が御鑰に手を掛けてから禰宜が開扉した。『康暦二年外宮遷宮記』には、拝賀のため参宮する祭主大中臣忠直に、多くの幼少と思しき者が続いており、あるいは物忌子ではないかと推測される。

『建久年中行事』によれば、禰宜と大物忌子は元旦の神事のあと、大物忌子が上席の禰宜の宿館に参上して鏡（餅）二面と酒肴一献に預かり、次に長官が子良館に出向いて酒肴と鏡二面紙一束を進められたという。毎年のこの儀式は、双方の特殊な関係を確認するものであった。この時は母良が子良に付き添っている。

大物忌父は御饌料田を耕作した。大物忌は御饌を奉る奉仕を行っており、その稲穂を育て奉る祝詞を申すのも、大物忌父であった。大物忌の奉仕は氏族全体の介助で成立していたと考えられる。

『儀式帳』によれば、内宮には大物忌のほか、宮守物忌・地祭物忌があり、さらに酒作物忌・清酒物忌・瀧祭物忌・土師器物忌・山向物忌が置かれ、父は磯部五、神主二、などである。所管四宮、六宮にも各々一人の物忌と父があった。これらの物忌は斎館も小さく、分担する奉仕はその名のとおりである。大物忌が「子」であるなら、諸物忌は大物忌に準じ、成人前の「子」を氏族が介助し、必要な奉仕を分担したと推測される。外宮については、大物忌のほか御炊物忌・御塩焼物忌・菅裁物忌・根倉物忌・高宮物忌があり、根倉（石部）以外の父はすべて神主である。外宮は朝夕に二所大神宮と相殿の神々に御饌供える。大物忌を中心に御炊物忌・御塩焼物忌がこれを助けた。神嘗祭には火無浄酒・火向浄酒が供えられたが、特にこれのみを醸す物忌はないようである。土師器作物忌は土師器を、根倉物忌は神酒を両宮に調献した。

物忌は『江家次第』に見える寛治六1092年には、物忌子両宮各三人所管宮各一人に減り、父は子一人に対し三人になった。禰宜・権禰宜・大内人は増加している。『皇太神宮建久年中行事』でも大物忌子良・宮守子良・地祭子良・荒祭子良だけでその他は見えない。父の方は各三人副物忌各一人計一二人を数える。それ以降は両宮とも大物忌子良各一人のみとなる。祭祀に応じて「一日子良」が任命されていたらしいことが、『弘安二年仮殿迁宮記』から知られている。

物忌と称する聖別された未成年の祭祀者は、鹿島・香取にもあった。香取の方は早くに廃れ、実態は明らかでない。鹿島神宮の物忌は神宮と同じように、明治四1871年の制度改正まで存続した。鹿島の物忌は、古くは千富権禰宜と称した鹿島の禰宜の女を亀卜で選んだ。伊勢神宮も古く物忌は女子（まれに男子）であったらしい。初潮前の女二・三人が黒木の御所に百日間、一日三度の塩垢離別火で潔斎し、本社正殿の石の間で行われる亀卜ののち、なげ櫛なげ針の儀式を終え、物忌館に入った。仁治元1240年一二月日付の摂政近衛兼経家政書下文によれば、物忌館は一町八反である。物忌はその側に荒祭宮を祭り、この宮は後宮とも御戸開宮とも呼ばれた。七日七夜潔斎し七度半の迎えを受け、正月七日に不開殿の御扉を開く。御扉開神事の祭祀では物忌は御扉を開いて内陣に入り、去年の幣帛を取り出し、今年の新幣帛を捧げた。文永三1266年五月一一日付大宮司中臣定景による『鹿島大神宮補任之記』には、白い絹の袴に小忌衣、内陣に入るときは日陰の鬘を掛けた物忌の出立が描かれている。この神事の物忌は、上賀茂社みあれの祭での「阿礼乎止女」にあたるのではないかとも考えられる。

神宮や鹿島だけでなく、春日・平野・松尾などの大社をはじめ、大宮の地霊を祀る座摩神社にあるように、かつての神社には「みかんこ」「みかんのこ」「みかんなぎ」「ものいみ」「こらこ」「おくらこ」などと称される、聖別された未成年の祭祀者が奉仕していた。それはおそらく、神社に仕える社人の「子」の出自を持つ存在であり、神社の祭祀と尊崇する人々との関わり、その歴史・社会情勢に応じて多様な形態と呼称を持っていたと考えられる。彼らが氏族または祭祀の中で経験したであろう成育儀礼については、明確に実証できる史料を見ることはできなかった。しかし、その聖別は、幼い「子」を神のものとし、萌え出る生に清浄を求めた信仰と精神を根源とし、彼らを生む自然の力と不思議に神の形を見た、素朴で根強い崇敬の感情に支えられている。『延喜式』に、すでに明確な存在を認められた未成年の祭祀者は、次第に影を薄くし、しかし明治初年ごろまで存続していたのである。

釈迦の教義を信奉した社会集団は原則として、出家した個人によって構成されている。幼いものは集団の外にあり、目的と意思を持って集団に参入する。たとえば、遊学する子弟はほぼ三年から六年の年期を経て、成人ののちは元の身分と生業に帰り、釈迦の教義に生涯を委ねる者は修行を積み、成人の証に許されて法体となった。集団は釈迦の存在と教義が及ぼす、功徳と解脱とを全世界に宣布する、開かれたダイナミズムに生きている。家を超え、村を町を国を越えて、遍く弥陀の光明に衆生を導く一つの存在として、今昔は「端正美麗」な「児」を見た。その人間の美が、移ろいやすければ移ろいやすいほど、弥陀の光明の永遠を信じ、求める心はいや勝ったことであろう。『今昔物語集』は母体となった人々の真摯な信仰に基づく、人間性を追及してやまない鋭く深い洞察と分析、祈りに貫かれている。その幼いものを指す用語のなかに、口語に近い普遍的な語感を持つ「児」と「童」を採用し、幼いものの実態を活写し、彼らへの愛惜、産み育てる力への畏敬をもって、正確に遣っている。そこには、用語こそ違え、幼い「子」を聖別し、萌え出る生に清浄を求めた精神の、きわめて中世的な発現があり、彼らを産み育てる自然の力と不思議の前に跪く、素朴で根強い崇敬の思いが認められる。

4　中世の「児」と「童」

「児」の語には成人以前の「子」に対する、この世に希な存在という認識がある。乳を飲む「子」を抱く愛惜の思いが込められ、周囲の庇護と祈りに支えられている。子どもの死亡率は、データが得られる江戸時代後半には二歳から五歳の間で、二〇から二五%だという。生存率で見れば、一六歳には一〇人のなかで五・六人ほどらしい。注9 中世は戦乱の世であった。無事に成長し、愛らしく元気な子どもたちを見る喜びや驚きは、現在の想像を越えたものがあるにちがいない。「児」が美と希瑞の象徴として「童」が異能と異界の象徴として語られるとき、遥かな古の人々のやさしさに触れる思いがした。

『今昔物語集』は母体となった人々の真摯な信仰に基づく、人間性を追及してやまない鋭く深い洞察と分析に満ちている。その幼いものを指す用語のなかに、口語に近い普遍的な語感を持つ「児」と「童」を採用し、幼いものの実態を活写し、彼らへの愛惜、産み育てる力への畏敬をもって、正確に遣っている。

今昔が「児」と呼ぶ年齢は、男性と女性で異なる。男性では成人となるまで、階層・身分や資質・出で立ちによって「児」と呼ばれる存在が認められる。今昔は、父母、特に権勢と名ある父の愛惜を受けて厚く庇護され、超越的な存在である神仏の加護をも得て、聖性と美を具有する男性を、「児」と呼んだ。清らかな心根と聡明な天性をそなえた「児」は、人々の慈しみを享けて輝き、人々に安らぎと平穏を与える。まるでそれは、穢れのない「児」の原義、乳飲み子を髣髴とさせる。

女性や性別表記がない場合を「本朝」エリアの例から見ると、「児」の年齢は七・八歳頃が上限らしい。今昔の語り手にとって、女性はまず「此ノ世ノ人」であったようである。女子・娘・妻と生き、「垢穢」といわれつつ、胎内に「子」を宿し「児」に乳を含ませ、ある時は、釈迦の祝福と前生の果報に嘉せられ、ある時はまた解脱に与る存在であった。注10 こうした男性と女性で異なる語感は、語られる女性の描写にみられるだけでなく、語る主体となった女性にも生きているのではないかと思われる。『源氏物語』『枕草子』など、語り手が女性の文学には、輝くばかりに美しく愛すべき、この世にあるべからざる属性をもつ男性、たとえば光源氏であっても、「児」は乳飲み子であって、少年となった彼を「児」と呼ぶ感覚はない。

今昔が語る「童」には「つはもの」の「子」に相応しい属性が見える。杖・鞭・刀打ち物・大声・時にはせいいっぱい泣く声・怪力。ある者はちじれ髪、ある者は赤毛、背丈高く大柄で、当時の美意識からははみ出している。異形が高じ丈一丈の大魚と現じる「童」もある。異能を持つ神仏の使者・眷属など、幼い異形のものも「童」・童子である。

「童」の異形・異能・変化の姿には、名もなきものの「子」と生まれ、あるものは大人に親しく生業に育ち、あるものは名ある人々に仕え身を立てる、健気な幼いものたちの現実が見える。その活動に目を瞠り、計り知れない生命力に圧倒される大人の視線も感じられる。年齢の下限は五・六歳、上限は一七・八歳である。「童」は放ち髪・垂髪・童髪のイメージを持ち、成人しても結髪しない、下人・牛飼などの職層から盗人まで、大人になっても「童」と呼ばれる例がある。

釈迦の教義を信奉する社会集団は、出家した成人によって構成されている。幼いものはその外にあり、目的と意思を持って参入する。遊学する子弟はほぼ三年から六年の年期を経て、成人すれば元の身分と生業に帰り、釈迦の教義に生涯を委ねる者は、成人の証に許されて法体となった。「児」と「童」は成長儀礼や通過儀礼によって断ち切られる一ステージでもある。成人に達したとき、人は幼児期を過ごした集団の一員として、現実の社会に再生する。釈迦の功徳を全世界に宣布する、開かれたダイナミズムのなかで、今昔は、「天竺」「震旦」「本朝」の空間を対象に、そこに生きる人間の見聞を蒐集した。「児」「童」という幼いものをさす語彙にも、人間に対する、広汎で偏頗のない観察と豊かな感受性が生きている。本論で分析した、「児」「童」が混在する用例、鞍馬に所縁ある巻一一―三五話と巻一七―四四話の「児」「童」の比較検討から見える、語彙の普遍性はその好例である。寺院児の用例数が三例である事実も、編者の嗜好の傾向ではなく、「児」「童」の本来の用法に則した結果と思われる。本論で神祇に目を向けることが可能になったのも、今昔の偏重のない感受性と洞察によるところが大きい。今昔とは異なる信仰形態を視野に入れるとき、角度を変えた考察が可能になり、重層する歴史意識に触れられるのではないかという期待があった。

神祇の世界には、幼い「子」を神のものとし、萌え出る生に清浄を求める信仰が宿っていた。そこは、彼らを生む自然の力と不思議に神の形を見た、素朴で根強い崇敬の感情がある。国土と森羅万象に、二柱の神が御会う息遣いと衣擦れの音を聴き、清浄で無限の創造力を感じた、原始からいきづく信仰である。

神祇祭祀の幼いものをみることで、今昔と「つはもの」の世がいささかでも、明らかにできたのではないかと思う。そこには、用語こそ違え、幼い「子」を聖別し、萌え出る生に清浄を求めた精神の、きわめて中世的な発現があり、彼らを産み育てる自然の力と不思議の前に跪く、素朴で根強い崇敬の思いが認められる。

本項では『今昔物語集』の「児」「童」の語彙を明らかにする分析を作業の中心に置いた。分析を進めるうちに、世阿弥の伝書との共通性に驚かされた。それはもしかすると、南都という、地域性が関わるのかもしれない。世阿弥の伝書の「児」と「童」については、項を改めて考察したい。

注1　坪井洋文「村社会と通過儀礼」『村と村人』日本民俗文化大系巻8　小学館　昭和五九年
注2　尾形裕康「成年礼の史的考察―表示様式を中心とせる―」日本学士院紀要8巻3号　昭和二五年
注3　吉村茂樹「上皇政治の実相」『新日本歴史　天皇の歴史』福村書店　昭和三〇年
注4　松岡心平「稚児と天皇制」『アイデンティティ・周縁・媒介』吉川弘文館　平成一二年
注5　今野達　ほか三氏校注『今昔物語集一～五』新日本古典文学大系　岩波書店　平成五～一一年
注6　柳井滋　ほか四氏編『源氏物語索引』新日本古典文学大系　岩波書店　平成一一年

注7　増田繁夫・長野照子編集代表『宇治拾遺物語総索引』　清文堂書店　昭和五〇年
注8　冨倉徳次郎　『平家物語全注釈　下（二）』　角川書店　昭和四三年
注9　鬼頭宏「江戸時代人の結婚と出産」『人口から読む日本の歴史』　講談社　平成一二年
注10　『今昔物語集』の女性観は、能の老女物のシテを理解するうえで、示唆的である。いわゆる「三老女」『関寺小町』『檜垣』『伯母捨』と『鸚鵡小町』『卒塔婆小町』五曲を、能では老女物といい秘曲として、重い習い物になっている。『檜垣』『伯母捨』は詞章から魄霊と判断されるが、他は幾百歳の星霜を経た小野小町である。魄霊の二曲も前後場とも老女であって、『伯母捨』はアイが語る姨捨伝説で、石と化した前世を知らされる。時代によって変化の大きいアイ語りがなければ、数百年を生きた人間とも考えられる。能は人間の老いが老女によって象徴されており、老いた男性は、神仏や異類の化身である。

〈参考文献〉　注に記載された文献を除く
筑土鈴寛校訂　『沙石集』　岩波書店　昭和一八年
萩原龍夫　『中世祭祀組織の研究』　吉川弘文館　昭和三八年
表章・伊藤正義校注　『金春古伝書集成』　わんや書店　昭和四四年
小田村寅二郎　『日本思想の源流─歴代天皇を中心に─』　日本教文社　昭和四六年
高橋隆三・小泉宣右校注　『経覚私要抄』　続群書類従刊行会　昭和四六年
市古貞次・大島建彦編　『日本の説話　第四巻　中世2』　東京美術　昭和四九年
山住正巳　『子育ての書Ⅰ』　平凡社　昭和五一年
藤本徳秋　「近代文学と『今昔物語』」『図説日本の古典8』　集英社　昭和五四年

徳江元正　『室町時代芸能史論攷』　三弥井書店　昭和五九年
中村格編　『世阿弥伝書用語索引』　笠間書院　昭和六〇年
小峰和明　『今昔物語の形成と構造』　笠間書院　昭和六〇年
森正人　『今昔物語集の生成』　和泉書院　昭和六一年
三木紀人編　『今昔物語・宇治拾遺物語必携』　学燈社　昭和六三年
宮井義雄　『歴史の中の鹿島と香取』　春秋社　平成元年
芳賀登　『成人式と通過儀礼』　雄山閣　平成三年
池田昭　『民俗に観る子どもの諸相』　近代文芸社　平成五年
加藤理　『「ちご」と「わらは」の生活史』　慶応通信　平成六年
上笙一郎　『我が国における児童観の発達』　久山社　平成九年
増補続群書類従刊行会編　『大乗院寺社雑事記』　臨川書店　平成一三年
小峰和明編　『今昔物語集索引』　新日本古典文学大系別巻　岩波書店　平成一三年
森山茂樹・中江和江編　『日本子ども史』　平凡社　平成一四年
田口和夫「田楽・猿楽と説話―能楽大成前夜の芸能再考―」『説話論集第十五集』　清文堂出版　平成一八年
小峰和明編　『今昔物語を学ぶ人のために』　世界思想社　平成一五年
斉藤研一　『子どもの中世史』　吉川弘文館　平成一五年
小山聡子　『護法童子信仰の研究』　自照社出版　平成一五年
平泉隆房　『中世伊勢神道史の研究』　吉川弘文館　平成一六年
池上洵一　『今昔物語集』の世界　中世のあけぼの　池上洵一著作集第三巻和泉書院　平成二〇年

中西正幸　「伊勢の大物忌」　神道宗教二三九号　神道宗教学会　平成二七年

おわりに

建保五1217年、六月二三日、藤原頼資は、熊野信達王子弥勒堂の柱と壁に、「父祖御筆」で書き付けられた詩歌を見つける。前年彼は五歳の息男経光と参詣し、田辺で別当快実を経光の檀越に迎えた。田辺は五大王子の一である。彼は、拝命した熊野遷宮奉行を辞退したのち、身暇を許されてわずか数え年五歳の幼児を伴い熊野に詣でた。頼資は三六歳の自分に、無事成長した経光の行く末を重ね、熊野の大神に幼い自分の健やかな成長を祈願した、父祖を偲ぶ。頼資と五歳の長子経光の巡礼は、周囲に許された生育儀礼に近いものだったのであろう。

経光の参詣は、三月八日の吉田社参賀で始まる。本宮で奉幣そのほかの祭儀を終えたのは、一三日目の二〇日のことであった。彼が快実にまみえたのは、一五日目の二二日である。熊野には、幼少の参詣者の記録は、ほとんどない。本宮から環向する幼い経光の姿は、熊野の別当にどのように見えたであろうか。五歳は「童」の下限年齢であり、一方で女性・その他一般の「児」の上限年齢よりは、幼い。本宮のみの参詣とはいえ、既に行程は一五日、二七日の稲荷社奉幣まで五日を残している。父の庇護のもとに、熊野の大神を拝した経光の健気な信仰は別当を和ませ、『今昔物語集』の「端正美麗」世に並びなく、気高く「微妙《めでた》キ若君」として、愛育する頼資の、遷宮奉行辞退以来心中に蟠る深い大きな恐怖をも解いたと考えられる。その後の頼資の進退は、順調であった。

寛喜元1229年、承久の変以降実に九年ぶりに、頼資は熊野に詣でる。この最後の熊野詣にも、一八歳になった経光は同行した。二人は田辺で、権別当湛真の来訪をうける。別当快実は承久の変で斬られ、頼資を迎えたのは、諸国を流浪していたはずの湛真であった。湛真は湛増の子である。その無事な姿を見た頼資の胸には、治承寿永の争乱から流れた、無常の歳月が過ぎったであろう。頼資は湛真を檀越とする。彼の熊野信仰は、長子経光に受け継がれた。経光は、日記を抜粋して『頼資卿熊野参詣記』一巻を編み、父の『修明門院熊野御幸記』『後鳥羽院修明門院熊野御幸記』を筆写した。その記録に見られる貴人の熊野信仰と舞歌の特色は、次のようにまとめられる。

1　熊野参詣という過酷な巡礼を伴う、宗教的実践

院・女院も乗り物を先行させ、雑人を払って、都大路や熊野路に御歩を顕した。

2　熊野三山・王子の神仏と信者を仲介する、修験者（僧・山伏・先達）・陰陽師の存在

彼らは先達として、朝夕と神仏前・山川・坂・大木など境で、御浴・御拝・御禊（夕欠）・祭儀を主導した。

3　神仏が混在する柔軟な巡礼祭儀

御正体・絵馬・八女奉納

神事　祝詞・奉幣・舞歌奉納（御神楽・里神楽・乱舞・馴子舞）　神饌供膳ナシ

仏事　御灯明・御経供養・啓白　（三山では、御加持・御鉢供養）

給禄（祝師・神楽）・布施（御誦師・先達・無縁者など、山伏・山籠らも対象となった三山では僧供）参詣の路次にある神社では、神事が、寺院では仏事が、熊野三山・各王寺社では、神仏事が奉納される。

馴子舞はすべての巡礼者・先達が舞い、今様・延年・舞楽などあらゆる舞歌が奉納された。なお、復路の三山では、午王印・神木 奈木の葉を巡礼者が受納する。

4 子孫に及ぶ現世的な願成就の発現

5 熊野に巡礼し舞歌を捧げるすべての人々を迎えた、高遠な神慮

熊野には時に、巡礼者に死を迫る厳しい自然があった。三山を拝した、御幸の院・女院をはじめ熊野に詣でる貴人には、修験の抖擻に近づこうとする真摯な行動と、大自然への崇敬・生命力の回帰を祈る、正直な信仰を見ることができる。彼らは先祖の信仰を継承し、熊野坐神に現世を生きる己と子孫に及ぶ利生を祈った。巡礼の奉幣には神饌供膳はなく、かわって御神楽や里神楽、馴子舞・今様・白拍子・乱拍子・平曲、時には歌会・相撲など、我が身第一の「能」が演じられ、舞歌の数々が捧げられた。宮廷を出て熊野の大神を目指した貴人は、王子の庭に舞歌を分かち能芸を捧げる無数の雑人を見、白衣の彼らと巡礼を共にしたのである。

熊野は万人愛嬌の地であった。それは「能」の胎動の地でもある。

熊野坐神は、熊野の地を踏んで巡礼する人間を、貴人・雑人を問わず、すべて迎える神である。力を尽して参拝する者の信仰に応え、現世の利生を神託する神であった。無常の現世を生きる人々とともにある神は、限られた存在の奉幣や神饌をのみを許容する神ではなく、奉幣ばかりか、奉幣も叶わぬ人々の捧げる舞歌を、参

拝者とともに慶び照鑒《しょうかん》する神であった。この属性こそ、この世の門地・身分・性別を超え、産土の軛を割き、万人を等し並みに抱いて再生と利益を与えた、熊野の大神が持つ神性の発現であったと考えられる。

熊野に御幸した後白河院は、自ら今様を神前に捧げ、神の証を得たという。生き難い無常の現実を生き抜こうとした人々にとって、熊野は、救済の手を差し伸べ、励ましの神託を与える大神に抱かれる地であった。「能」を捧げ、救済を求めた魂は、能の庭に集った人々の魂でもある。御幸で先達となった修験者と、御幸を浄め守護した陰陽師は、能の中に今も、厳しい修行に励み神仏の加護を得た霊能者として生きている。

本稿で対象とした熊野信仰は、貴人の記録に表れた信仰である。熊野参詣は厳しい実践と舞歌を捧げる祈りの中で、この世のすべてを流し去り、熊野坐神に抱かれ再生を果たす巡礼であった。その記録は、無常の現世を生き抜こうとした魂とそれに寄り添い励ましを与え続けた、熊野に象徴される、中世の神々の存在を伝える記録でもある。承久の乱以後、熊野御幸は貴人の現実から消えた。しかし、二百年以上の歳月を経て現れた能『護法』は、貴人の記録に残る熊野信仰が、その本質を失うことなく、陸奥国名取という遥かな地「行歩」も叶わぬ老女に及ぶまでに、高遠な広がりをもって認識されていたことを示している。番外曲『護法』は記録や文字に表れないままに、一つの信仰が、時間的にまた空間的に強靭な生命力を保持し生きつづけた証でもある。

修明門院は月の障りにも、浄衣を召し都大路に御歩を顕した。『護法』の熊野信仰は、男女の別なく信仰と祭祀を許した熊野坐神の神性を物語る。それは、熊野を詠んだ和泉式部の歌に現れた神性でもある。頼資が王子の板壁に残る詩歌に、父祖を偲んだとき、貴人の家にさえ、数世代に及ぶ信仰が伝えられていたと考えられる。法然坊源空・見真大師親鸞が鎌倉新仏教を開いた時点でもすでに、熊野信仰は、東国から西国に至る地域に広範囲に広がり、巡礼者を導いていた。神仏までもおおらかに包んだ熊野は、絵巻に描かれた一遍上人だけでなく、鎌倉新仏教を育んだ我が国の思想と信仰を生んだ、豊穣な土壌であったのではあるまいか。後白河院・九条兼実など貴顕がみせた源空に対する帰依や御鳥羽院の怒り・旧仏教の反発など、熊野を視野に入れたとき、多角的な理解が可能ではないかと推察される。本論のテーマから、これ以上の言及は避けたい。

熊野には広く遥かな海と深く神秘を秘めた山々がある。頼資に連れられた幼い経光は、熊野の山々・浦々を、大神に我が子を見せ、この自然に抱かれて今生の利生に預かろうと進む父に、都にはない父と子だけの繋がりを体験したであろう。幼い巡礼者は愛育する父と、熊野の別当をはじめ大神を拝する無数の人々の庇護と愛惜に包まれて熊野路を進み、一八歳のとき再び、父と熊野路を辿った。彼が熊野信仰の稀有な記録を継承しえたのは、熊野を行くすべての人々から享けた、穢れのない存在への慈しみと安らぎ、その人々とともにした、万人を隔てなく抱きその命を育んだ熊野の大神―聖にして大いなる存在への信仰によると思われる。

次編では、世阿弥の伝書ほか当時の関係資料により、芸能とくに都に進出した大和猿楽と児を考察する。

付表3　　『今昔物語集』　児　　今昔児1

エリア	巻・語	国名・地名	童名	父母	性別	年齢	特性	奇瑞他
天竺	1-37			財徳長者		小児トノミ		常ニ南無阿弥陀仏ト称ス　執金剛神守護ス
	2-4	伽毘羅		浄飯大王	男子	10歳余	瞋恚不発	仏ノ前生　竜神祈願ノ子孝養ノ為ニ捨身ス
	2-8	舎衛	金天	長者	男子	妻ト可為者ヲ求ム	身体金色 端正無並世	家内ノ井戸　清浄ナル水・飲食・衣服・金銀湧出ス。前生ニ三宝ヲ供養ス　羅漢果ヲ得
	2-9	舎衛	宝天	長者	男子		端正無並世	出生ノ時天宝積満ス　前生ニ三宝ヲ供養ス
	2-10	舎衛	金財	長者	男子		端正無並世	両手ニ金銭ヲ握リ更ニ無尽シ前生供養舎利塔
	2-11	舎衛	宝手	長者	男子		端正無並世	両手金銭握無尽 前生供養舎利塔 不進悪道
	2-12	王舎	灯手	長者	男子	小児トノミ	端正無並世	一指光放照十里 屍骸変金 前生修理仏像指
	2-17	伽毘羅	金色	長者	男子		身体金色 端正無並世	身ニ光明有リ。城内ヲ照シ、皆金色ト成ル 前生ニ舎利塔ヲ修理ス
	2-26			国王／妃	男子		端厳美麗	二国ノ国王ト成ル　前生ニ不殺生戒ヲ持ス
	2-30	舎衛		浪斯匿王／毘舎離	男子	最少ノ児小児	形貌端正 勇健	卵生ノ兄弟三三人　父浪斯匿王三三人ヲ殺ス　前生ノ牛ヲ殺シシ果報ニヨル
	2-31			長者	男子	小児トノミ	父愛念	継母児ノ頭ニ針ヲ刺ス　継母殺生呪誓受悪報
	2-33			長者／妻	男子		無目耳舌	前世ノ虚言ニヨリ悪報ヲ受ク
	2-34	梨越河畔	伽毘羅	婆羅門	男子		明了聡明	師ノ沙門ヲ罵倒シ　百ノ畜生ノ頭ヲ具ス魚ニ転生
	2-36	毘舎離	闍婆羅	遮羅／妻	男子		痩身臭穢	前世ノ悪報ニヨル　仏法ヲ聴キ沙門ト成ル
	4-2	波斯匿						哭ク事、幼キ児ノ如シ
	4-11					幼童トモ		山人子不読取声問明　被説前世因縁　出家
	5-5	波羅奈	（鹿母夫人）	仙人／鹿	女子		端厳美麗	聖所遊住山鹿懐妊泉水 足跡生蓮華　成王妃
	5-17	堀遮那	毘沙門天		男子		端正美麗	児飲毘沙門天乳　成王　金色鼠王助王
震旦	7-10	（并洲）			二人男子	老僧夢 二人児		石壁寺ノ鳩ノ子聴聞法華経　転生人間

今昔児 2

エリア	巻・語	国名・地名	童名	父母	性別	年齢	特性	奇瑞他
震旦	9-20	周	伯奇	伊尹	男子	童子トモ	端正	転生鳴鳥　報敵
	9-21	隋　荊洲			女子	七歳	形美麗	父兄弟常狩猟　女児発兎鳴声耳　不飲食死
	9-24	隋　冀洲			小児トモ	一三		盗食隣家鶏卵　殺生現報　膝下火傷枯骨
	10-32			盗人／女		生後3日		
本朝	11-9	讃岐	（弘法大師空海）	佐伯氏／阿刀氏	男子	五・六歳～一八歳	止事無	母瑞夢懐妊　造仏造堂遊　童四人常随礼拝　学俗典後仏道修行
	11-11	下野	（慈覚大師円仁）		男子	九歳～（一五歳）	誕生時紫雲立	聖広智菩薩予言 教法華経普門品　夢中見最澄登比叡山
	11-12	讃岐	（智証大師円珍）	和気氏／佐伯氏	男子	八歳～一八歳		母瑞夢ニ懐妊ス八歳因果経一〇歳俗書一四歳ニ初代天台座主法華経等法文ヲ教授
	11-35	鞍馬	児トノミ			一五・六歳	形端正	藤原伊勢人夢中告観音毘沙門也
	11-38	大和	（義淵僧正）	父母トノミ	男子	今歳程	家芳香満端正美麗	父母ノ観音ニ祈誓セシ子程無ク成長シ皇子ト成ル心ニ智リ有リ出家シテ興福寺ノ僧正ト成ス
	12-2	遠江		丹生茅上／	女子	誕生七歳	形端正	妻六三ノ年懐妊　左手握仏舎利 塔完成後死
	12-33	坂東	（多武峰増賀上人）	父母トノミ	男子	誕生～一〇歳		瑞夢四童子「仏口所生子是故我守護」ト誦ス・又聖僧聖人トナルヲ夢告
	12-34	京	（書写山性空上人）	橘善根／源氏	男子	誕生～赤子	不殺生出家心	左手握一ノ針　毘沙門天眷属仕　山野禽獣馴
	13-38	信濃	児トノミ				白鞭ヲ持ツ	法華経読誦者ノ械・縛ル緒落ツ
	15-16	比叡山	（千観内供）	橘氏	男子	児トノミ		母瑞夢懐妊
	16-17	備中	児トノミ	賀陽良藤／	男子？	誕生～一三？	美麗？	良藤狐憑トナル　児ノ母ハ狐カ？
	16-28	大和　長谷	児・若君トモ				形美麗	参長谷男子虻ヲ奉ル
	17-46	奈良左京	児トノミ	／女王				女王ノ子

今昔児 3

エリア	巻・語	国名・地名	童名	父母	性別	年齢	特性	奇瑞他
本朝	19-9	京	児・若君トモ	藤原師尹／上トノミ	男子	一三歳	形美麗 心慈悲	召使男ノ硯ヲ割ル罪ヲ負イ死ヌ　男出家遁走 父大臣曰ク「此児只人ニ非ズ」
	19-10	京	児トノミ	蔵人宗政／妻	女子	四歳	形端正	妻死後宗政発心去多武峰父ニ生別ス
	19-25	京	（藤原忠兼）	藤原得任	男子	児トノミ		児時烏藤太ノ養子トナル　笠ヲ差シ送実父得任
	19-27	河内淀川	児トノミ	法師／妻	男子	五・六歳	色白形端正	洪水法師助老母流児。後他人取上児
	19-29	西海	（如無）	藤原山陰	男子	児トノミ	形端正	継母落入児海中。亀報恩助児
	19-41	清水観音	児幼キ子トモ	／女トノミ				女取落児　観音ノ利生ニヨリ谷底ニ無疵
	19-43	京	児	／女房		年子二人		読誦法華経功徳　老乳母乳張養去年子
	19-44	京 達智門			男子	一〇余日	糸清気	器量大白犬与捨児乳　菩薩変化？
	20-17	讃岐			二人老女			如児（直喩表現）
	22-7	南山科 今勧修寺	児トノミ	藤原高藤／宮道弥益女	女子	五・六歳	艶ヌ厳気	高藤郡ノ大領宮道弥益女ト契リ女児・男子二人ヲ産ム　ソノ女児後ニ醍醐天皇ヲ産ム
	24-15	京	（賀茂保憲）	賀茂忠行／	男子	一〇歳許童トモ	止事無者可成者	父祓時児見鬼神
	24-37	（京）	児トノミ	藤原実方／		幼子トノミ		実方愛シケル子ニ遅レ無限リ恋悲テ歌ヲ詠ム
	24-43	土佐	児トノミ	紀貫之／	男子	七・八歳	形厳	（『土佐日記』女児）子ニ遅レ恋悲テ歌ヲ詠ム
	25-5	陸奥	（左衛門太夫滋定）	余五君／		幼ナカリケル子ノ児トノミ		余五遂ニハ戦ニ勝利ス
	25-11	上野	明秀阿闍利	藤原親孝／	男子	五・六歳	形厳	盗人取質児　文中同一人子・童・児
	26-2	京ヨリ東ノ方	児トノミ	京ヨリ東ニ下ル男／一四・五歳許ノ女	男子	五・六歳	糸厳ケシ気	未ダ不触ザル女男ノ淫スル蕪ヲ食シ妊娠ス　男五・六年後京ニ上ル時母子ヲ見、宿世ヲ感ジ其処ニ住ム

エリア	巻・語	国名・地名	童名	父母	性別	年齢	特性	奇瑞他
本朝	26-5	陸奥	児トノミ	国府官太夫介／妻	男子	誕生〜一三歳	端正美麗　心映厳シ	四〇余妻出産後程無ク死　太夫介ノ弟子無ク児ヲ恃ム　従者マデ愛シ傅ク　継母計リテ児ヲ生埋ニス　介ノ弟児ヲ助ク
	27-3	京　桃園	児トノミ			小児トノミ	征矢入止	左大臣源高明寝殿母屋巽柱節穴児手招
	27-29	京　四条南室町北	児トノミ	源雅道／		一歳許		同ジ形ノ乳母二人中ニ児ヲ置キ左右ノ手足ヲ引キ合フ　一人雅道ノ太刀ノ光ヲ見テ退散ス
	27-30	京下辺	児トノミ			幼シ		夜半怪異　乳母打蒔キノ米ヲ投ゲ退散サセル
	27-43	美濃　渡	児トノミ	／産女		イガイガト啼ク		源頼光郎党平季武女ノ出現スル渡ヲ往復シ「抱ケ」ト勧メル児ヲ抱キ帰ル　児木ノ葉トナル
	29-11	京？	(阿子丸)	父／	男子	七・八歳許男子トモ		父一個ノ瓜ヲ盗ム男ノ子ヲ勘当　証文ニ在地ノ判ヲ取ル　数十年後子盗ミヲ働ク　父証文ニヨリ罪ヲ免ル
	29-27	肥後	児トノミ	源章家／母	男子		心映厳シ	肥後守父章家心猛シ　極ク愛スル男子ノ死ニモ昼夜朝暮ノ殺生ヲ不止ズ
	30-6	京・大和	児継子トモ	受領／宮仕人女房	女子	百日許	糸厳気シ	向腹ノ乳母児ヲ大和ノ女ニ落シ捨ツルコトヲ命ズ　藤大夫ノ妻児ヲ貰ヒ受ケ心ヲ尽シ養育ス
	31-33	(京)	児・小人	(天人？)	女子	三寸許人	世ニ並無ク端正	『竹取物語』ノ要約文　此ノ世ノ人トモ不覚ズ遂ニ何者ト知ル事無シ惣ベテ不心得ヌ事也

1　本文は、森正人校注『今昔物語集』一〜五　新日本文学大系33〜37　岩波書店　平成5〜11年　による。

2　各項目内要は、整理の意図とスペースによって、本文の要点を抽出した。文体は原文の、漢字片仮名による和漢混交文のスタイルを活かした。スペースによっては、漢字表記のみの部分がある。

3　次表「童」項も前掲1、2によって、作成されている。

付表4

『今昔物語集』　童

エリア	巻・語	国名・地名	童名	父母	性別	年齢	特性	奇瑞他
天竺	1-15		自然太子			一三歳許	形端正	提何長者ノ妻ノ葬送ノ炎ノ中ニ出現
震旦	7-32	（清斉寺）					長高ク大キ	大鍋ノ銅ノ湯ヲ僧ノ器ニ入ル　地獄ノ眷属？
	10-9	周	姓ハ長　児トモ小児トモ			七・八歳		孔子七・八歳ノ童ト問答、裁ク不能 曰只ノ者ニハ非サリケリ
	10-23		二人ノ童トノミ					医師ノ夢ニ病二人ノ童ト成ル
	10-28	大キナル江	大キナル魚トノミ				長一丈	身体ハ魚頭ハ人　国王怖レ釣ル魚膾ヲ江ニ投グ
本朝	11-2	和泉	真福田丸				心智有リ	元興寺デ出家　後ニ行基ヲ罵ル罪ヲ謝ス
	11-9	讃岐	童四人トノミ					常ニ幼少ノ空海ニ随ヒ彼ヲ礼拝ス
		唐　洛陽	童子トモ				頭蓬ノ如シ 弊衣ヲ着ル	河水ニ書ク竜天ニ昇ル　文殊菩薩化身
	12-1	越後				一五・六許	頭蓬ノ如シ	塔ヲ壊シ髪融上人ノ法華経ニ縛ラル　雷神？
	12-9	京	蝶ノ童					舎利会ノ舞童
	12-24	近江　関寺	童トノミ					牛飼童
	12-27	大和　吉野	童子トモ					聖人ニ仕フ下童
	12-34	播磨書写山				十七・八歳	赤髪強力	性空上人仕フ毘沙門天眷属
	12-35	京	童子トモ					持経者ニ被使ル京童？
	13-1	熊野	天諸童子				形端正	持経上人ニ仕ヘ食物ナドヲ捧グ
	13-10	京	童トノミ				端正美麗 気高シ	鬘結ヒ東帯姿ニテ検非違使ノ長官ノ夢ニ現レ、 春朝上人ノ方便ヲ説ク
	13-23	越後国上山	黒歯白歯				二人形美	仏蓮聖人ニ仕フル十羅刹
	14-35	京　極楽寺					端正鬘結フ	基経ノ夢中ニ出現　鞭ヲ持チ鬼ヲ打ツ 仁王経護法童子

今昔童2

エリア	巻・語	国名・地名	童名	父母	性別	年齢	特性	奇瑞他
本朝	14-42	京 西三条	左大将常行	右大臣 良相	男子	大人トノミ	形美麗 色好	冠不着　乳母ノ衣ノ首ニ入ルル尊勝陀羅尼ニヨリ百鬼逃グ
	14-44	播磨明石	童トノミ					大疫止ム祭ニ参集スル人々「長・童」
	15-2	摂津河上	(元興寺隆海)			一七・八歳		魚釣ノ童 思イノ如ク出家
	15-26	播磨加古駅	沙弥教信／嫗					父弥陀ノ念仏ヲ唱ヘ極楽ニ往生ス
	15-42	京 世尊寺	童トノミ					左近少将義孝ノ小舎人童
	15-54	京 仁和寺	滝丸			一七・八		仁和寺観峰威儀師下童
	16-20	播磨印南野	金尾丸				長高ク痩ス	盗人法師郎等
	16-26	播磨赤穂	童トノミ			二〇余		盗人
	16-32	京 六角堂	牛飼童トモ					牛飼童
	17-1	常陸	地蔵丸			十五・六許		牛飼ニ打チ責メラレ泣ク　地蔵ノ化身
	17-44	京 鞍馬 雲林院	童(出産後母)		(女子)	一六・七歳	形美麗 色白極テ厳シ	寺院児ノ姿デ僧坊ニ入ル　僧ト交ハリテ後、金塊ヲ生ミ姿ヲ消ス　毘沙門天眷属？
	19-3	京 東山	童トノミ					慶滋保胤ノ下童
	19-31	奈良元興寺	童子トモ					元興寺渡来僧(高麗出身)道登ノ従者
	19-43	京	童		女子		形美麗	女御ノ女童
	20-2	比叡山	童部モ		(男子)		髪握ニタル 早気ナル	飯室深禅権僧正興前ヲ立チ掃フ制多迦童子 横川慈恵大僧正興前ヲ立チ掃フ二・三〇人童
	20-13	京 愛宕山	童トノミ					愛宕山持経者聖人ノ弟子
	20-34	山城 上津出雲寺	太郎子ノ童 童部モ					上津出雲寺別当浄覚ノ子　浄覚ノ子ラヲ童部トモ
	23-15	京大内裏外塀	童小舎人童					橘則光ノ小舎人童

今昔童3

エリア	巻・語	国名・地名	童名	父母	性別	年齢	特性	奇瑞他
本朝	23-16	（京）	童小舎人童					橘季通ノ小舎人童
			女ノ童トノミ		女子			季通ノ通う女房ノ女童
	24-2	山城京極寺田						高陽親王ガ田ニ立テル四尺ノ人形
	24-5	（京）	従者ノ童					絵師百済川成ニ年来仕フル従者ノ童
	24-15	京	（賀茂保憲）	賀茂忠行／	男子	一〇歳許	止事無者可成者	父祓時児見鬼神 文中同一人指示回数 童1 児4 幼キ目1
	24-16	京安倍清明宅	童童部トモ			一〇歳許		播磨ノ国ノ人老イタル陰陽師僧ノ式神
	24-31	京 五条	童		女子			伊勢御息所女ノ童
	24-54	京藤原仲平邸	童トノミ		女子			枇杷左大臣家女童
	25-2	伊予 京	重太丸	藤原純友／	男子	一三歳		父純友トトモニ殺シテ右近馬場ニ首ヲ曝ス
	25-11	上野	（金峰山阿闍利明秀）	国守頼信乳母子親孝／	男子	五・六歳許	形厳シ	童（守頼信3・親孝1・地1）児（地5・盗人1）男子（地1）若君（郎党1）小童（守頼信1）
	26-3	美濃因幡川	童 童部			一四・五歳		洪水デ流出スル屋根ニ登ッタ四・五人ノ子
	26-5	陸奥	童トノミ					児ノ常ニ具ス童部ノ一人
	26-20		女ノ童トノミ		女子	一二・三許		其ノ家ニ仕フル女ノ童
	27-41	京 高陽川	女ノ童トノミ		（女子）			高陽川ノ狐ノ変化
	28-4	京 内裏	童トノミ		女子			五節ノ舞姫ニ仕フル女ノ童
	28-16	京美福門辺	童		（男子）			牛飼童
	28-20	京 池ノ尾	童中童子		男子			禅智内供ノ中童子
	28-30	（京）	童トノミ		（男子）			左京属紀茂常ノ馬飼フ童
	28-42	受領ノ郎党家	童トノミ					髪ヲボドレタル
	28-44	近江	童トノミ					男ニヤアラン法師ニヤアラン童ニヤアラン

今昔童4

エリア	巻・語	国名・地名	童名	父母	性別	年齢	特性	奇瑞他
	29-26	日向	子ノ童小童	書生／		一〇歳許		日向ノ国ニ仕フル書生ノ子
	29-28	京 清水辺	童小舎人童		（男子）			近衛ノ中将ノ小舎人童
	29-35	鎮西ノ国	幼キ童小童					海辺ニ住ス女ノ年長ノ子（年少ハ二歳許）
	30-1	京藤原時平邸	童トノミ		女子			藤原時平ノ女房侍従君ノ召仕フル女ノ童
	30-4	京中務太輔家	幼キ童トノミ		女子			中務太輔ノ娘ノ召仕フル女ノ童
	30-6	大和	童小舎人童		（男子）			右近少将ノ小舎人童
	30-7	京	小キ童トノミ					箏弾ク女召仕フル童
	30-10	下野	真梶丸		男子			夫ノ従者　馬飼フ童
	30-11	京	童トノミ					公達ノ小舎人童
	31-5	西ノ京	童トノミ		（男子）			大蔵史生宗岡高助ノ娘ノ召仕フル女ノ童
	31-9	上野不破関	童トノミ		（男子）			常澄安長ノ夢中ニ現レ安永ノ妻ト伏ス男

＊「童」が普通名詞として用いられる例
①下童　②女の童　③小舎人童　④中童子　⑤牛飼童　⑥馬飼童　⑦髪型として放ち髪　⑧成人儀礼以前の風姿
⑨成人儀礼に結髪・加冠のない階層の男性　⑩五・六歳前後から一〇歳前後の子ども（児と比して年長の子）

第二編　脇能の成立と奉幣使

はじめに

大和猿楽が京都に進出した当初の史料として、本論ではここまで『師守記』『醍醐寺新要録』『不知記』『後愚昧記』『良基消息詞』などに触れ、『申楽談義』をはじめとする世阿弥の伝書を概括してきた。本編でさらに考察を深めるにあたり、当時の芸能を知る基本史料『後愚昧記』永和四1378年六月七日条について、あらためて分析を試みたい。『後愚昧記』の記主は三条公忠、貞治元1362年 一二月、三九歳で内大臣を辞して従一位に除せられ、以後新しい官にはつかなかった。後小松天皇の御母 三条厳子は公忠の女である。天皇が即位された翌永徳三1383年、彼は五九歳で薨じた。即位に際して摂政となったのは、二条良基である。

『後愚昧記』永和四1378年六月七日条には様々な階層が登場し、それぞれの反応や状況を読み取ることができる。他史料と合わせて、問題の所在や諸条件を俯瞰する。

七日、雨下、及晩聊晴、今日祇園御輿迎也、而山門神輿造替未事終之間、彼社祇園、神輿同不出来、仍此間年ゝ無御輿迎、今年又同前也、然而於鉾者結構之、大樹構桟敷四条東洞院見物之、件桟敷賀州守護富樫介經營、依大樹命也云ゝ。大和猿樂兒童稱觀世猿樂法師子也、被召加大樹桟敷、見物之、件兒童、自去比大樹寵愛之、同席傳器、如此散樂者乞食所行也、而賞翫近仕之条、世以傾奇之、連ゝ賜財産与物於此兒之人、叶合大樹所存、仍大名等競而賞賜之、費及巨万云ゝ、比興事也、依爲次記之今日午刻忠恵法印大僧都山徒、円寂了、世間流布疫癘也、今日相当八个日云〻、此六七年来奉仕之儀也、仍連〻参仕、不便〻〻、生年六十九歳云〻。

東京大学史料編纂所編『後愚昧記』二　岩波書店　昭和五九年

疫癘流行のなかで、祇園祭が行われている。この疫病は七月一日条に「三日病」とある感冒の一種らしい。伝染力が強く、禁中にまで広がり死者が多く出る。忠恵大僧都の死因もこの疫病かもしれない。御輿迎は中止された。造替が延引していて、それも山門もまだだという。造替には順序があって、北方の神輿造替遅延策で神輿に不自由しているのは、造替請求に奔走した日吉だけではなかったらしい。盛んに洛中振と振棄を繰り返しているうちに、祭の御輿迎もできなくなったのであろう。疫病が流行しているのに、神幸はない。鉾が巡行する。足利将軍は、祇園の鉾巡行に関心があった。義詮から見物の記事が増え、鉾を奉献している。義満はこの記事前後には毎年見物し、桟敷を組んだのもこの年だけではない。守護大名富樫に下命したというのだから、諸大名も居並べる結構であろう。目立つ上に目障りな出来事に、公忠の目は集中している。祇園祭は「駒形稚児」など、児風流に伝統のある華やかな祭礼である。ところが、公忠にはまるで、児は一人しか見えていなかったようである。「大和猿楽児童」「大樹寵愛」公卿らしい語感で表現が高まる。院政期以来隠然と、朝廷政治に強い影響を及ぼした衆道が突然、白日のもとに現れたとでもいうのだろうか。「如此散楽者乞食所行也」と、十台半ばの少年世阿弥に「乞食所行」の語を投げつけただけでは、収まらなかったらしい。「連々賜財産与物於此児之人」「叶合大樹所存、仍大名等競而賞賜之」将軍と彼の関心を引こうとした大名達が争って褒め物を贈り、その蓄えが巨万だという。財と金品に敏感な、お決まりの表現が並ぶ。記述に「云々」とあるところを見ると、公忠がどの程度自らの見聞で記述したのか疑問も沸く。全体が風聞によって構成されていると捉えたほうが無理はなさそうである。まるで、児が一人しか見えないらしい記述は、少年世阿弥の風姿が、祭の児が翳むほど優れていたというのかもしれない。桟敷に召した義満の意図も、案外、「駒形稚児」らと比べてみようといった単純なところにあったのではとも思われる。それに武家は命知らずのうえ、当時の気質は、将軍の関心を引くために、少年世阿弥に褒め物を贈るほど従順ではない。かりに贈ったなら、何かそのとき、ただ自分がたいそう気に入ったというだけのことである。二二歳の義満はこの翌年三月室町新第に移り、権大納言になった。官位はともかく、足利将軍の軍事力と政治経済力は、ほかの大名に対して、江戸幕府のように圧倒的な優位にはない。将軍の地位が比較的安定していたはずの室町中期でも、赤松満祐は能『鵜羽』上演の場で将軍義教を殺害し、その首を矛先に掲げて領国に引き上げている。

公忠の記述から伺えるのは、卑賤な猿楽児が、将軍だけでなく大名の心も捉えている事実と、それに対する憎悪に近い蔑視と反発である。祭という場の認識も、身分の外にある猿楽児が、日常、一座の興行や勧進に、棟梁と挨拶回りをしたり、身分を問わず指名があれば一人でも面会にいったり、といった活動をしている実情(『経覚私要抄』)も、消し飛んでいて、目障りだという感情が剥き出しである。一一か月前、公忠はのちに後小松天皇となられる皇子の誕生を迎えたばかりである。外戚の周辺に渦巻いたセンセーショナルな風聞の気配すら推測され、報告者・批評者の名を記録し、少年世阿弥へ継続的な関心を示した『不知記』との対照に驚かされる。(「緒言」一〇頁以下参照)

この三九日前、その『不知記』によれば、「猿楽観世垂髪」(少年世阿弥)は准后二条良基邸で、連歌に加わった。すでに考察したとおり、この連歌では、良基の句も、後につけた世阿弥の句も記録され、少年の才気は際立ったものであった。『良基消息詞』には藤若への手放しの礼賛が連ねられ、自らを「伯楽」に擬したかのような素振りもみえる。連歌・能関係の諸研究では、良基の連歌書と世阿弥の伝書の用語に共通したものが多いとの指摘もされている。この祇園会でも、さすがに同席はしなかったが、良基は桟敷近くに姿を見せた。将軍と少年との風聞をその目で確かめ観察するには、絶好のチャンスである。将軍に「相構〳〵此間同道候べく候」とは、良基でもやはり言いかねる。今熊野のあと、観阿弥は在京が多く、思うに任せないまま興福寺への参勤が懈怠し、困憊していた。将軍は二十歳そこそこ、さして意識はしていなかったであろうが、少年を傍に置くことが多かったのであろう。「あひにあひてこそ」と切望する詩人良基が、この状態に手を拱いているとは思えない。さっそく将軍に親しくそば近い位置を占める方法を探り、実行に移したことであろう。世阿弥の伝書には、良基について言及した記事はない。良基と世阿弥とでは身分や地位ばかりか、義満と違って年齢的にも隔たりが大きい。学識や経験・智謀に至っては、少年の想像を絶する人物であった。何をおいても憚るべき、口外も許されぬ存在でもあったろう。先述したとおり、世阿弥の伝書は、武家の記事すら、あることはあるものの、当時一般の武家が、世阿弥や能について言及したり反応したりした記録もないのである。

一忠をば世子は見ず。京極の道与、海老名の南無阿弥陀仏など物語せられしにて推量す。　『申楽談義』

京極の道与とは佐々木道与高氏である。彼は世阿弥が一一歳ごろの、応安六1373年七八歳で没した。幼い世阿弥は最晩年の道与の話を、側で一心に聴いていたのであろうか。

今熊野の能については、『申楽談義』に二か所言及がある。『翁』以外の番組は不明である。

翁をば、昔は宿老次第にて舞けるを、今熊野の申楽の時、将軍家鹿苑院初めて御成なれば、一番に出づべき者を御尋ね有べきに、大夫にてなくてはとて、南無阿弥陀仏一言によりて、清次出仕し、せられしにより、是を初めとす。よつて、大和申楽、是を本とす。

犬王は、毎月十九日、観阿の日、出世の恩也とて、僧を二人供養じける也。観阿、今熊野の能の時、申楽と云事をば、将軍家鹿苑院御覧初めらるゝ也。世子十二の年也。

世阿弥は、父の『翁』についてだけ記した。当時神事・勧進能などには、『翁』のあと、能三番狂言二番が演じられている。（『習道書』）彼が今熊野で、能を演じなかったとは考えられず、記さなかったのは、少年の彼自身が演じた能が、その後の能の急激な変貌によって、伝書の対象とならなくなったからであろう。しかし、児の彼は演者として、神慮に叶う存在であった。神慮に叶う演技とは、どのような能だったのであろうか。『申楽談義』は「道の神に同ずる処の支証のために」と次の挿話を残している。

藤若と申ける時、大和多武峰の宗徒の、重代の天神の御直筆の弥陀の名号を、天神より霊夢二度に及とて、渡さる。今に是有。文字は泥也。

少年世阿弥の演じた能について、確認した社会状況・社会的心理による史料的制約を前提に、能本・伝書に残る痕跡から、あらためて探求を試みたい。なお、本論では、観阿弥・世阿弥期について、随時「大和申楽」

「脇の申楽」などの表記を採用している。この「申楽」表記は、世阿弥の伝書による。『満済准后日記』など、室町中期にはこの表記が散見する。

第一章　脇能と世阿弥

第一節　現行脇能

脇能は、能楽が式楽となった江戸時代に初番目に位置付けられた、いわゆる「神・男・女・狂・鬼」の「神」に当たる作品群である。脇能の語は、他の式楽四番―修羅物・鬘物・雑能・切能―などの呼称やそれに類する語に先駆し、能楽用語として規定された語彙が『日葡辞書』にみえる。

ワキノウ　ワキノノウ　ある演劇（能）または悲劇の物語を演じ始める最初の一幕

土井忠生他編訳『邦訳日葡辞書』昭和六五年岩波書店

史料上のこの傾向は時代を遡っても確認され、すでに世阿弥の伝書に「脇能」と表記されたと認められる用例が二か所あり、注1 能楽大成期の大和猿楽には、脇能役とも称される演能の特権が存在した。注2

能楽が式楽となった江戸時代、幕府は書付などにより演能可能な伝承と演目を確認した。番外の『翁』から始まり、一日のうちに初番目から五番目まで、能と狂言を交互に演じる演能形態が整備され、現在二四〇曲余とされる現行曲はこの演能形態の中に位置付けられている。現行曲で脇能（初番目）とされる曲は約四〇曲、これは五流シテ方の伝承に基づくものである。「脇能」とその類義語の用例は六百年余にわたって存在し、その実体はそれぞれの歴史的背景を視野に置き、考証される必要がある。シテ方の伝承による初番目には、三役の中に別の選択を持つ場合もあり、三・四番目でも略脇能などとして脇能の位置で演じられる曲もある。注3

現行初番目　表四　（二七八～二八一頁）特色は、次のように概略できる。

① ワキは当今勅使・当今臣下・特定の天皇臣下・勅使を演じ、ツレとして従者・従臣二人を従える。（現行曲中五五％）役柄はほかに、神職・神官・皇帝、歴史上の尊貴な人物が設定され、神も演じられる。（序章参照）例外は10『老松』40『輪蔵』である。多員数の従者を従える貴人ワキは脇能のテーマ祝言とも関わる。

他の式楽四番全曲のうち、貴人・神を演じるワキは○・二％に過ぎず、いわゆる「大臣ワキ」は脇能の特徴的な役柄である。他の作品群のワキツレの平均員数は一人、様式化・形式化された「赤大臣」は二人。ワキは尊貴な人物・神を演じる場合も、面を掛けず直面である。この演技の原則は他の能柄でも一貫する。

② 基本的に前と後の二場で構成される。例外は、5『内外詣』26『鶴亀』。

③ シテは中入りする。前は老翁、後は影向する神の役柄が多い。その影向の時は深更、夜神楽時であり、寅と明記した例もある。シテも一人または二人のツレを従え、役柄はそれぞれ、姥・侍女や従者など、後に龍神・天女や神として登場することもある。登場の員数はシテ側もツレを加え他の能柄に比して多い。

④ 演出は風流の手法が認められる。

能『高砂』の神舞・待謡などにみられるように、舞歌に華やかな見どころ聞きどころが多い。囃事には高度な演奏技術と伝承が残り、当時の神社祭礼・芸能の実態を偲ばせる演奏やプロットが認められる。

⑤ テーマは天下泰平・国土安穏・夫婦和合の祝言である。

この属性について、作品や伝書などを検討し、作者や歴史的背景などについて、考察を深めたい。

第二節　大成期前期の能の作者と脇能

表五（二八二頁）

表五は、応安五・六1372・73年の醍醐寺勧進（?-）猿楽、応安七または永和元1374・75の今熊野の猿楽など、画期となる演能が認められる一三七〇年代から、文正二1467（=応仁元）年の音阿弥の死、禅竹の生存が確認されるその翌年文明二1470年まで一世紀の、成立が確定・比定などされる作品と作者を整理したものである。現行脇能では、該当期に成立した六曲が作者未詳である。

表五から、大成期に成立したと確定される脇能と能作者との関連を概観すれば、表五現行脇能の七曲が世阿弥作である。世阿弥作として蓋然性が高い曲、改修・補綴や改作の九曲を考慮すると、脇能は世阿弥の存在と不可分の作品群と考えられる。『難波（梅）』『布留』は世阿弥自筆能本が現存し、『難波』は応永二一1414年閏七月書写である。現行曲の能作数や自筆能本からも、世阿弥と脇能には強いつながりが推察される。

表四　現行脇能一覧

曲名	作者	典拠	ワキ	ワキツレ	シテ（前）	シテ（後）	ツレ（前）	ツレ（後）	狂言	場	（時）季	引用古典数	備考
1嵐山	金春禅鳳	続古今集・太平記	当今勅使	従者2人	花守の尉	蔵王権現	花守の姥	木守神・勝手神	蔵王権現末社神	山城嵐山	3月	7	
2淡路	（観阿弥）	古事記・日本書紀・神皇正統記	当今臣下	従臣2人	老翁	伊弉諾神	男		所の者	淡路二の宮	3月	7	
3岩船		万葉集・摂津国風土記	当今勅使	従者2人	童子	竜神	童子			摂津住吉浦	9月	7	原型複式夢幻能
4右近	世阿弥	伊勢物語	鹿島神職	従者2人	貴女	櫻葉明神	侍女2人		所の者	京右近馬場	3月	15	（信光改作）
5内外詣	金剛亦兵衛長頼		当今勅使	従者2人	皇大神宮神主		皇大神宮神子			伊勢大神宮	3月	6	
6鵜祭			当今勅使	従者2人	海士女	気多明神	海士女3人	八尋玉殿神	気多末社神	能登気多神社	1月初午	1	子方鵜
7鱗形	（江戸初期？）	太平記	北条時政	従者2人	女	江島弁才天			江島末神神	相模江島	無季	1	
8江島	観世弥次郎長俊	江島縁起・日蓮聖人注書讃	欽明天皇勅使	従者2人	漁翁	五頭竜王	漁夫		鵜の精	相模江島	欽明無季	2	
9繪馬	金剛弥五郎		当今勅使	従者2人	老翁	天照大神	姥（月読命）	天鈿女命手力雄命	逢来島の鬼二、三人	伊勢斎宮	節分	14	
10老松	世阿弥	北野縁起梅成録・源平盛衰記	梅津何某	従者2人	老翁	老松の神霊	男（紅梅殿神霊）		所の者	筑前安楽寺	1月	11	

曲名	作者	典拠	ワキ	ワキツレ	シテ（前）	シテ（後）	ツレ（前）	ツレ（後）	狂言	場	（時）季	引用古典数	備考
11大社	観世弥次郎長俊		当今臣下	従者2人	老社人	杵築大神	若き社人	竜神・天女	神主・参詣人・巫子	出雲杵築大社	10月	3	
12賀茂	金春禅竹	（本朝月令・秦氏本系帳・山城国風土記）	室の神職	従者2人	里女	別雷神	里女	天女（御祖神）	賀茂末社神	山城賀茂社	6月中旬	10	
13金礼	（観阿弥）		桓武天皇勅使	従者2人	老翁	天津太玉神			（伏見社人）	山城伏見の里	桓武1月	7	
14九世戸	観世小次郎信光	諸国俚人談	当今臣下	従者2人	漁翁（さいしやう老人）	竜神	漁夫	天女	九世戸門守神	丹波九世戸	6月中	1	
15呉服	（世阿弥）	日本書紀・応神紀・雄略紀	当今臣下	従者2人	女	呉織	女（漢織の霊）		所の者	摂津呉服の里	9月	11	
16源太夫	喜阿作世阿改作	平家物語・古事記・日本書紀	当今勅使	従者2人	老翁	源太夫神	老嫗（手摩乳の霊）	橘姫（天女）	熱田末神	尾張熱田神宮	6月	1	
17逆矛	世阿一説宮増	神皇正統記・龍田大明神御事	当今臣下	従者2人	老翁	瀧祭神	若き男	天女	山下の者	大和佐保山	9月下旬	6	
18佐保山	金春禅竹		藤原俊家	従者2人	里女	佐保山姫	侍女		所の者	大和佐保山	2月初申の日	6	
19志賀	（世阿弥）	古今集	当今臣下	従者2人	老樵夫	志賀明神（黒主）	樵夫		山下の者	近江志賀山	3月	21	
20白髭	（禅竹・観阿・世阿）	太平記・曽我物語	当今勅使	従者2人	漁翁	白髭明神	漁夫	天女・竜神	白髭末社神	近江白髭明神社	3月	5	
21代主	世阿一説禅竹	神皇正統記・四季物語	京都賀茂の神職	従者2人	葛城賀茂の老社人	事代主神	葛城賀茂社人		葛城賀茂の者	大和葛城賀茂明神社前	4月	10	

曲名	作者	典拠	ワキ	ワキツレ	シテ（前）	シテ（後）	ツレ（前）	ツレ（後）	狂言	場	（時）季	引用古典数	備考
22西王母	（金春禅竹）	（唐雑物語）	中国帝王	臣下2人	女	西王母	（西王母）侍女	（西王母）侍女	周穆王の臣	中国帝王宮殿	3月	13	
23高砂	世阿弥	古今集・南遷録拾葉	阿蘇神主友成	従者2人	尉（住吉松の精）	住吉明神	姥（高砂松の精）		高砂の浦人	（前）播磨高砂（後）摂津住吉	1月	22	
24玉井	観世小次郎信光	日本書紀	彦火々出見尊		豊玉姫	海神	玉依姫		（オモ）文蛤（立衆）蛤・海草	海の都	（神代）無季	2	後子方 天女（豊玉姫） 天女（玉依姫）
25竹生島			醍醐臣下	従者2人	漁翁	竜神	女	弁才天	社人	近江竹生島	3月中旬	3	
26鶴亀		淮南子	大臣	侍臣2人	皇帝				官人	中国皇居	（唐）1月	5	子方 鶴・亀
27東方朔	（金春禅鳳）	唐物語	皇帝（武帝）	従臣2人	老翁	東方朔	男	西王母	官人	中国承華殿	（漢）7月7日	4	狂言仙人（オモ）・（アド）桃仁
28道明寺	（世阿弥）	江談抄・第二拾葉抄・道明寺縁起	尊性	従僧2人	老翁	源太夫神	宮人	天女	末社神	河内土師寺	9月	9	
29難波	世阿弥	古今序・古註・古事記	当今臣下	従者2人	老翁	王仁の霊	男（梅の精）	木華開耶姫	梅の精	摂津難波	1月	20	
30寝覚			醍醐天皇勅使	従者2人	木樵の老翁	三帰の翁	里人	天女（2人）・竜神（2人）	山の神	信濃寝覚の里	（醍醐）3月	4	
31白楽天	（世阿弥）		白楽天	従者2人	漁翁	住吉明神	漁夫		住吉末社神	肥前松浦潟	（平安初）無季	6	

曲名	作者	典拠	ワキ	ワキツレ	シテ（前）	シテ（後）	ツレ（前）	ツレ（後）	狂言	場	（時）季	引用古典数	備考
32氷室	宮増（信光）	日本書紀	亀山院臣下	従者2人	氷室の翁	氷室の神	氷室の男	天女	氷室の神職2人	丹波氷室（亀山）	3月	15	
33富士山	（世阿弥）		昭明王臣下	従者2人	海士の母	富士山の山神（火の御子）	海士女2人	天女（浅間大菩薩）	浅間大菩薩末社神	駿河富士山	6月	8	（信光改作）
34放生川	世阿弥	続日本紀・八幡諸縁起・神皇正統記	鹿島神職筑波何某	従者2人	老翁	武内の神	男		所の者	山城男山八幡	8月15日	10	
35松尾			当今臣下	従者2人	老翁	松尾明神	男		所の者	山城松尾	9月	5	
36御裳濯	（世阿弥）	倭姫命世紀・神皇正統記	当今臣下	従者2人	老翁	興玉の神	男		所の者	伊勢石の鏡	5月	10	
37和布刈	（金春禅竹）	古事記・日本書紀・神皇正統記	早鞆の神職	従者2人	漁翁	竜神	海士女	（天女）竜女	海草の精	長門（豊前）鞆明神	12月晦	15	
38養老	世阿弥	続日本紀・十訓抄・古今著聞集	雄略天皇勅使	従者2人	孝子の父	養老山神	孝子樵夫		本巣郡の者	美濃養老瀧	（雄略）4月	17	
39弓八幡	世阿弥		後宇多院臣下	従者2人	老翁	高良の神	男		山下の者	山城男山	（後宇多）2月初卯	10	
40輪蔵	観世弥次郎長俊		大宰府僧	従僧2人		傅大士	老翁	火夫	門前の者・末社福部の神	京北野天神	無季	（1）	子方普建・普成

表五　大成期前期の能の作者と脇能

作者	作者を確定できる作品	蓋然性が高い作品	改修・補綴作品	その他
亀阿弥				熱田（世阿弥？源太夫に改作か）
観阿弥				金札・淡路 （作者の謡い物を中心素材として完曲が作られた作品） 白髭の曲舞（作詞・作曲）
世阿弥	高砂・弓八幡 養老・右近 老松・放生川 難波・×布留 （×）鵜羽・×箱崎	志賀・呉服 ×伏見・ 道明寺・ 御裳濯	富士山 （世阿弥原作禅鳳改作）・ 白楽天	×伏見の翁謡（伏見のクセ）
金春禅竹	佐保山・賀茂	代主・和布刈 龍田・？西王母		
観世元雅	×吉野山 （吉野琴）			
宮増			逆矛	？氷室

1　岩波講座『能・狂言』Ⅲ　三　西野春雄「古作能の作者と作品」「中作能の作者と作品」・『別冊国文学　能・狂言必携』小林責/西哲生/羽田昶『能楽大辞典』を参考に、作成した。

2　表中の×印は番外または廃絶演目、？印は疑問の残る演目である。

3　下線の曲はワキが当今勅使、当今臣下、天皇勅使、天皇臣下（天皇・臣下ともに固有名詞によって限定された役柄―例えば、亀山院臣下等―をも含む）の役柄を演ずる曲である。

4　いわゆる大臣ワキは神官も含まれる。神官は二重線で示した。

参考　　大成期の上演記録で確認される脇能

弓八幡（永享元／談義）・呉服（建内記／永享元）・逆矛（看聞御記／永享４）

みすず（看聞御記／永享４）

高砂（春日拝殿方諸日記／享徳元）（糺河原勧進猿楽記／寛正５）

白楽天（糺河原勧進猿楽記／寛正５）・放生川（春日拝殿方諸日記／享徳元）

鵜羽（糺河原勧進猿楽記／寛正５）（親元日記／寛正６）

＊能勢朝次　『能楽源流考』・竹本幹夫『観阿弥世阿弥の時代の能』より作成

第三節　世阿弥の伝書と「脇の申楽」

大和猿楽が都で迎えられ世阿弥の『三道』が成立する、応安初めから応永末までには、約半世紀の歳月がある。世阿弥の伝書にみられる「脇能」に近似する呼称としては、「脇能」2例・「脇の能」8例・「脇の申楽」11例、関連用語に「脇」14例「脇の為（仕）手」18例などが挙げられる。「脇能」・「脇の能」・「脇の申楽」は同義語とみてよく、「脇」は多義語で、「脇の申楽」のほかに「脇の為手」も指し、今日のシテツレ・ワキ・ワキツレにあたる演者を総称する場合もある。座を率いる「棟梁の為手」に従って統率を守り、舞台では相手役やほかの役を演じるのが「脇の為手」である。本考では「脇の申楽」を世阿弥の伝書の「脇能」「脇の能」と、能としての「脇」の概念を包摂する語として、記述を進める。

問。能に、序破急をばなにとか定むべきや。

答。これ、易き定め也。一切の事に序破急あれば、申楽もこれに同じ。能の風情を以て定むべし。

先、脇の申楽には、いかにも本説正しき事の、しとやかなるが、さのみに細かになく、音曲・はたらきも大かたの「風体」にて、する〱と、安くすべし。第一、祝言なるべし。いかによき脇の申楽なりとも、祝言欠けてはかなふべからず。たとひ能はすこし次なりとも、祝言ならば苦しかるまじ。これ、序なるがゆへなり。

二番三番になりては、得たる風体の、よき能をすべし。ことさら、揚句急なれば、揉み寄せて、手数を入てすべし。

又後日の脇の申楽には、昨日の脇に変れる風体をすべし。泣き申楽をば、後日などの中ほどに、よき自分を勘へてすべし。注4

世阿弥は、「脇の申楽」を「序」の能であるとする。それは正しくしとやかで、大らかな祝言の能でなければならない。二・三番以下については、「得たる風体の、よき能」「挙句急なれば、揉み寄せて手数を入て」など、漠然とした記述に終始するのに比し、「脇の申楽」については、「祝言」に至る明確な曲風が示された。「後日の脇の申楽」などで世阿弥は、別の曲趣の能が選択される流動的な状況に触れている。だが、この具体的な対応と、正しくしとやかに大らかな曲趣を求め、「第一祝言なるべし」「祝言欠けてはかなふべからず」とした、彼の概括的把握は矛盾しない。伝書という史料の性格上、世阿弥自身が後年推敲加筆する可能性もあり、この記述が成立当時の原型注5を示していたとは断言できない。ただ注目されるのは、応永末年から永享初年にいたる他の伝書の記述も「脇の申楽」について一貫して安定した内容を示している点であろう。応永二五1418年奥書の『花習内抜書』注6は「脇ノ能」と呼称された能に「本」「面なる姿」という規範性の強い規定を加え、態は「タゞ歌舞バカリ」であるとする。さらに「序破急」と番組との連関についても、精密さを加える。二番目までが「序」、三〜四・五番が「破」。「破」はその日の肝要の、細かに手を入れた物まねの能だという。それ以降が「急」。「急」は、揉み寄せて乱舞・はたらきもめざましい能とされた。応永三一1424年相伝の『花鏡』では、ほぼ同内容の序破急論が番組に適用されながら、「泣き能」「義理能」は消え、「脇の申楽」だけが残される。「脇の申楽、序なり」序は「本風」、「歌舞はこの道の本態風なり」世阿弥は明言する。『習道書』注7によれば、当時神事能・勧進能では申楽三番狂言二番、以上五番を通例とした。「脇能は序なり」「遊学成就の一会」は脇能を「序」、二・三・四番を「破」、五番を「急」とする。しかし、貴人の庭では曲数は多く且定まらず、八番、十番ともなれば「序破急」は改まり、曲道は前後した。「貴名なれば力なき次第（也）」世阿弥は述懐する。三〜四番を「破」とする番組編成はそうした演能の実態を踏まえた立論であろうか。演能の多様化の中で、「脇能」・「脇の能」・「脇の申楽」と呼称された能は、常に当日最初の能または番組最初の能として、安定した位置を維持した。それは正しくしとやかに大らかな、歌舞を態とする祝言の能であり、世阿弥によって「本風」「此道の本態風」という規範性を与えられた能であった。

世阿弥の「本風」「此道の本態風」は、決して概念的な規範意識ではない。応永三〇1423年息男元能に相伝された『三道』は、二曲三体論の「老体」について、詳細な能作法を展開する。注8この「大方脇能の懸」とされた「老体」の能作法は「序破急」五段、七・五の句数まで指定され、「女体」「男体」に比し、際立った実践性具体性を示している。同じ論説は『曲付次第』にも散見し、この構成と展開は脇能の筆頭である『高砂』、応永二一1414年奥書の自筆能本『難波梅』とも一致し、世阿弥作の本格的脇能の特色とされてきた。『世子六十以後申楽談義』は「直成体」の『弓八幡』を能作の手本として挙げている。注9「脇能」「脇の申楽」に対する世阿弥の認識は能作論の展開に伴い矛盾なく整序され、一五世紀初頭以前すでに、「脇の申楽」の祝言の風体と序破急五段の定型化が進行していたと考えられる。

世阿弥は『拾玉得花』注10で「軍体は、凡修羅の風体なれば」という。また、「三体の能」の「世上の風体」としてあげた軍体能の曲名は、すべて今日、二番目―修羅能として確認される。二番目修羅は全一七曲が、世阿弥を作者として比定または確定されるほど、世阿弥と緊密な関係が認められ、また修羅は応永以降に伝わる最古の番組でも、二番目に位置付けられている例が多い。しかし、世阿弥の諸伝書では、詳細な序破急論を持つ『花鏡』に至っても、二番目や軍体能の記述に、番組の編成を意識した修羅の位置付を示す記述はみられない。

一方で、「脇の申楽」は「三体」と「序破急」論との実践的統合を実現し、「五音」注11「九位」「六義」注12にも連関を保った。晩年の世阿弥は元能に、能の性根は音曲であり、「五音」の地体は「祝言」であると語る。「祝言」はまた「正花風」（九位中三位）注13「正花風」は「興曲」（『六義』（四））であるという。

「脇の申楽」は、世阿弥の能楽論の中核となり、能作法の原点となった存在であった。そこに「本風」として世阿弥がみいだした、正しくしとやかに大らかな、歌舞を態とする祝言の能は、今日脇能とされる作品群とまさに同一の曲風とテーマを保有する。現存する詞章より見れば、「天皇勅使」「当今臣下」など、いわゆる大臣ワキと称される脇能の特徴的役柄も、世阿弥またはその周辺に多くみとめられるかにみえる。

しかし、世阿弥自筆本など、明らかに大成期当時の詞章を伝える能本はともかく、登場人物や役柄はたとえ世阿弥作として現在に伝えられた能本であっても、その記述どおり、世阿弥当時から固定されて演じられていたとは断定できない。登場人物や役柄、さらに演出ともなれば、論拠となる史料は乏しい。例えば『難波』の現在のツレの当たる役柄が、自筆本では「児」であり、「女体の祝言」として序破急五段の本格的構成を持ちながら、早くから廃曲になったという『布留』は、脇の為手に彦山の山伏という、試行錯誤を推測させる、興味深い役柄を配している。このような世阿弥が固定化した番外能本、世阿弥作として現在に伝えられた能本と自筆本の異同は、「脇の申楽」の登場人物や役柄が、時代や社会の状況によって流動的でありまた一方で、世阿弥の伝書の志向した方向に整序されるという、興味深い歴史的選択の動向を想起させるものがある。

ただ少なくとも、「脇の申楽」の基本的な要件である「老人」の物学は、すでに『花伝』第二に「此道の奥義」とされ、「神」の物学はその五項後に確認できる。また「脇の申楽」では、上下水干の「大臣」が大口姿の「つれ大臣」を率いて登場するなど、「大臣」を演ずる脇の為手は、かなり一般的であったらしい。注14 彼らは「鼻をかんで置鼓を打止めさせ」るなど、今日では信じがたい仕草を注目されつつも、「開口」を言い出だし、時には三人といわず舞台に犇いていた。大和猿楽の演技は「物学」を重んじる。世阿弥の伝書に残る多人数で登場する脇の為手の痕跡は、多人数の群行や風流のモデルを想起させて興味深い。のちに「三大臣」が固定化したと推定される史料の一に『妙佐本仕舞付』（『養老』『右近』）がある。この点の史料探索はさらに必要であろう。『三道』老体は、「先、祝言の風体，開口人出て」といい、脇の為手は開口人として登場する。ワキの開口は「一会の事をなす」「一人一心の芸役」として脇の為手の存在とともに、その意義を充分にみとめられていた。注15

役柄としての大臣ワキが注目されるのは、脇能のプロットに神・精霊の舞楽を供される天皇勅使・天皇臣下を配するとき、その太平を寿ぐ舞楽は、天皇のまつりごとを称揚する舞楽として、祝言のテーマを一層明確に強化するからである。「脇の申楽」の「祝言」は、影向する神々や精霊の太平を寿ぐ舞楽によって称揚される。その舞楽を享受する貴人の多くは、天皇の意を体した臣下や勅使である。貴人と神々による夢幻としか言いようのないドラマによって、天皇のまつりごとを天下泰平のため再確認し、諸人快楽として演ずるという大和申楽が、世阿弥とともに、というよりむしろ一体となって、能の大成に果たした不可欠な意義をあらためて確認したい。その創成はどのような歴史的動向の中で実現されたのであろうか。

第四節　世阿弥の伝書の「児」と「童」

北朝の重臣二条良基は、後醍醐天皇・北方六代に仕え、度々関白・太政大臣・摂政となり、准后の栄に浴した。和歌を頓阿に、連歌を救済に学び、彼の『菟玖波集』は北方の準勅撰となる。有心連歌の巨匠として『応安連歌新式』『連理秘抄』『筑波問答』『十問再秘抄』や有職故実書などを著述し、日記、紀行を残した。世阿弥が初参した頃の永和二1376年、彼は五七歳で三后に準ぜられ、嘉慶二1388年に薨じるまで、関白と両度の摂政を経験する。良基は少年世阿弥に藤若の名を与え、連歌の席に加えた。注16

『筑波問答』で彼は主張する。「連歌は国の政のたすけなどにも侍るべき」「連歌はまして世理にたがひ侍るまじき事なり」。彼は「風雅の姿」は「ただ花をもてあそび月をめでたるばかり」ではあってはならないとする。彼の「凡連歌は此の比の姿は本にてあるべきなり」との自信は、連歌の理想を「太平を呼ぶ声」とする。「心正しく、詞すなほならんずるは、まことに治まれる世の声にもかなひて、風雅の連歌にてはべるなり」

良基のほめことばは「幽玄」であり、そして彼は「幽玄」と並んで「面白し」を主張する。注17 良基は「乞食の所業」とされた「田楽猿楽」を「諸人面白からねば」「由な」き例に挙げ、「連歌も」と重ねた。それは名も知らぬ「片田舎より上りたる翁」が連歌の真実を語り尽くし、「葉山茂山までもと思い入りたく」と名残りを惜しんだ、『筑波問答』の世界に回帰するように思われる。良基は、大和猿楽の少年世阿弥との出会いをどのように感じたのであろう。彼は一五歳のとき春日祭上卿として下向し、二四歳の康永二1343年には春日社頭に生涯の祈誓となる願文を捧げたという。さらに貞治五1366年、『さかき葉の日記』に、神木帰座を恭しく供奉する己自身を描写している。十台半ばの猿楽児に見えたとき、良基は彼を放氏し神木の霊威を誇示する南都に対応しなければならない状況のもとにいた。少年世阿弥は父観阿弥とともに、藤原氏の氏神春日大社と興福寺に参勤し歌舞を捧げる児であった。少年は良基にとって、内なる存在となる位置にいる。

藤若の風姿に手放しの賛辞を与え、再会を望んだ永和二1376年四月一七日付の良基の書状は、世阿弥を伴って、二条邸に参上した尊勝院院主に送られたものという。連歌の句会で殊勝の句を読んだ藤若を賞賛したのは、同四年四月、精神に異常をきたした良基の長子師長のため、二条邸で種々の平癒発願の祈祷が行われていた最中であった。良基は連歌聯句の日々を過ごし、一〇月に二条邸へ義満が、一一月には三月完成予定の北山第に良基が招待され、翌康暦元1379年、良基が『連歌十様』をおくるなど、その最晩年の康暦・永徳年間1379〜84良基と義満は緊密な関係を深めた。彼らは二条邸と北山第を往来し、雑談・文談し、和漢聯句会を催し、夜会を楽しんだ。藤若が義満と同席したのは、祇園会だけではあるまい。『後愚昧記』に見られる憎悪に近い反発と顰蹙、前掲『満済准后日記』でも確認される、室町中期に至っても解けなかった公家の申楽に対する忌避を思えば、直接良基のもとに藤若を侍らせる機会は、少年の成長に伴いますます乏しくなる。しかし、義満のもとなら、連歌であれ文談や夜会であれ、藤若が侍る機会としては支障がない。連歌の席は貴賤を問わず、同心して一座を形成する。義満にむけられた藤若賞玩のそしりは、口外を憚らねばならない良基へのそしりでもあったであろう。良基は義満に朝儀を指導し詩文の教導を惜しまなかったばかりでなく、連歌をもって風雅の教化を惜しまなかった。最晩年の『十問最秘抄』はその典型である。その池底から白龍が飛翔したという二条邸を連歌の友が訪うとき、彼は貴賤を問わず、何時なりとも迎え入れたという。世阿弥の、イメージが重層する連歌的修辞と古典に対する理解と記憶力は、今川了俊の『道ゆきぶり』（永和四1378年）・道与の子佐々木秀家の和歌会（康暦元1379年）など武家の文学活動の始動期に併行する、義満に近侍した一四歳から二二歳に及ぶ成育期に取得されていった。言語能力の発達段階を考慮しても、連歌によって「治まれる世」の風雅を教化した良基は、義満に近侍した藤若の才能と舞歌を啓発し、その太平を寿ぐ能を教導したと考えられる。

藤若が演じた能については、『花伝』第一年来稽古条々などからも推察することができる。世阿弥の伝書にはこの史料を含めて、「児」・「児姿」・「幼（し）」・「幼き時」・「幼き振舞」など幼少の演者に関する用語が随所に認められる。「児」は、「童形」の身体的特性を備えた脇の為手を指し、七歳から一五・六歳ごろの演者が相当すると推測される。「児姿」「児姿遊舞（幽風・遊風）」はその風姿を意味し、「児の申楽」「童の能」は児姿を活かし、彼らを主要な仕手とする演目を指すと考えられる。類語に「若族の能」がある。

世阿弥の伝書にみられる、幼いものに関連する用語は六八を数える。注18

1児系　二五例

児　一〇例・児姿　七例（ちごすがた三例・こし四例）・児姿二曲　三例・児姿遊舞　一例・児姿幽風　一例・児姿遊風　三例

2童系　一八例

童　五例・童声　一例・童形　四例・童形の幽姿　二例・童体　一例・童男　三例・童男　一例・童舞　一例

3その他

幼（し）一四例・幼き時　四例・幼き振舞　二例・幼な〳〵　一例　　二一例

若 一例・若音 一例・若声 一例・若族 一例　　　四例

世阿弥の次世代以降の伝書として、金春禅竹・金春禅鳳など金春系古伝書群の優れた集大成、『金春古伝書集成』がある。集成で幼いものに関連する用語はわずか一八、その内容は世阿弥の用語と異なっている。

1児系・2童系に相当する用語はない。
3その他に類する語、をさない 二例・幼き者 四例・幼く・幼き 九例・若衆 三例

世阿弥の伝書の「児」「童」系四三例はすべて幼少の演者をさす。その他の用例も幼いものの演者としての属性に、高い関心を示しており、この顕著な特色は、後継者たちにも意識されていた。金春禅鳳は『毛端私珍抄之目録舞之事二』で「おさなき者に能をおしゆる事。花傳に見えたり」と言及している。

『風姿花伝』第一年来稽古条々の冒頭は、「七歳」「十二三より」の項より始まる。

七歳

一、此芸に於ひて、大方七歳を以て初とす。此比の能の稽古、かならず、その物自然と（し）出だす事に、得たる風体あるべし。舞・はたらきの間、音曲、若は怒れる事などにてもあれ、風度し出さんかゝりを、うちまかせて、心の侭にせさすべし。さのみに「よき」「悪しき」とは教ふべからず。あまりにいたく諌むれば、童は気を失ひて、能物くさく成りたちぬれば、やがて能は止まる也。

たゞ、音曲・はたらき・舞などならではせさすべからず。さのみの物まねは、たとひすべくとも、教ふまじきなり。大場などの脇の申楽には立つべからず。三番・四番の、時分よからむずるに、得たらむ風体をせさすべし。

十二三より

此年の比よりは、はや、やう〳〵声も調子にかゝり、能も心づく比なれば、次第〳〵に物数（を）も教ふべし。

先、童形なれば、なにとしたるも幽玄なり。声も立つ頃なり。二つの便りあれば、悪き事は隠れ、よき事はいよ〳〵花めけり。大かた、児の申楽に、さのみに細かなる物まねなどはせさすべからず。当座も似合はず、能も上がらぬ相なり。但、堪能に成ぬれば、なにとしたるもよかるべし。児といひ、声といひ、しかもじょうずならば、なにかは悪かるべき。さりながら、此花はまことの花にはあらず、ただ自分の花なり。されば、此時分の稽古すべて〳〵易き也。さる程に、一期の能の定めには成るまじきなり。

此比の稽古、易き所を花にあてゝ、態をば大事にすべし。はたらきも確やかに、音曲も文字にさは〳〵とあたり、舞をも手を定めて、大事にして稽古すべし。

このテキストは「七歳」に「童」の語を用いている。「十二三より」では、「児」の身体的特徴を「童形」で表し、「児」と「童」は必ずしも明確な区分がないかに見える。しかし、次項「十七八より」さらに次のステージ「二十四五」以降、「児」「童」の語例はなく、世阿弥が「童」「児」として捉える演者は、七歳から一七・八歳前ころまでの演者と考えられる。『今昔物語集』の用例では、五・六歳が「童」の下限であり、七歳から一七・八歳ごろまでの男子の場合、「童」「児」が混在した。当時の大和猿楽の座は、演者は男性であり、世阿弥の語彙はこの点で共通する語感を持っている。今昔の「童」は大人とともに生業につき、名ある大人、時には「児」に仕える、幼いものの「はたらき」を見る描写に現れた。世阿弥の「童」の場合、成人と異なる身体性を発揮し、その特徴によって成人と異なる役柄を演じる演者をさす語であると考えられる。あるときは「幼」くあるときは「若」く、舞台に働く成人以前の演者を客体として捉えるとき、「童」が遣われる。

世阿弥はその後のステージ、一七・八頃から二四・五歳前ころを、声変わりで「第一の花失せ」腰高に「か丶り」を失う、身体的に不安定な時期とした。演者にとって「一期の堺こ丶な」る大事であり、様々に稽古の工夫を凝らし無理せず、「指をさして人に笑はる丶とも」「生涯にかけて能を捨てぬより外は、稽古あるべからず」と戒める。身体という器は、猿楽者にとって、「声」「舞」の死命を制する表現の手段である。「こ丶にて捨つれば、そのま丶能は止まるべし。」

『風姿花伝』第一年来稽古条々は、身心の発達をふまえた演者としての教育と、積極的な舞台上の活動を、どちらも同時に並立して志向する。一七・八歳前ころまでは、なにげなくみせるよい素質をのばし、込み入った「物真似」の是非はとわず、舞歌を中心に基本的な能芸を稽古する。そして、似合った役柄・よい時分の演目に、演者としてのびやかに活動するのがよいという。一七・八歳ころより二四・五歳前ころまでは、声変わりと腰高という身体的に不安定な時期を過ごし、「二十四五」には、演者として声と身体が定まり「初心の花」を得る時を迎える。彼らの成人は、一七・八歳から二四・五歳前ころの不安定で個体差が大きい時分を経たのち、適切な時期に定まった可能性が高い。改名は基本的な成人儀礼であり、将軍に近侍する彼らの「阿弥」号はその証と思われる。辺縁の芸能の民には、聖や時宗の僧などに通じる法身が、成人の姿としてふさわしい。観阿弥や世阿弥、音阿弥の「阿弥」号は史料のうえからも、老齢の出家などとは異質なものである。

年来稽古条々では、生業と社会的な位置から、個体差の大きい成人にいたる成熟はスローペースに調整されている。能の演者はそのペースを基本に、改名など独自の成育儀礼・成人儀礼を経たと考えられる。また、この時期の演者の呼称が、稽古初めから一二・三歳ごろまで「童」一二・三歳から一七・八歳ごろまで「児」とされつつ、「童」「児」が混在するのは、成人にいたる成熟が持つ個体差と、成人となる以前の演者が、まとめて把握され活動していた実態にもよると推測される。

「児」「童」で、注目されるのは、「堪能に成ぬれば、なにとしたるもよかるべし。」堪能であれば、どんな能でも演じることができる ― の記述である。世阿弥には、「児の申楽」「童の能」類語に「若族の能」があり、「児姿」「童形」を活かし彼らを主要な演者とする演目が存在した。『三道』「童の能を作書するに」には、「児」「童」が人体に似合わない「物まね」に及ぶ実態が垣間見える。

一、童の能を作書するに、心得べき事あり。童体などの脇の為手にて、あるひは人の子になり、息女などにならん事は、もとより人体に似合ふ上は、是非あるべからず。独り能ならば、似合はぬ風体をせさすべからず。似合はぬ事とは、児の能に、親か母などに成て、子を尋ね悲しむ風体に、なを幼き物を子か息女などになして、親子巡り逢ふ由にて、取り付き、縋り付きて、泣き嘆く風体は、返々、よそ目俗也。「幼き者の能は、よくすれども、酷き所の見風ある」など、と、見所より嫌ふ事のあるは、是体なる能によて也。只、幼き時の独り能ならば、人の子か弟などに成て、親に尋ね逢ひ、兄の別を慕ふなどにてあるべし。是、其人体

に似合ふ風体也。たとひ、親子の物まねになしとも、老体の物まね、児の態に似合べからず。（下略）

能本を書くとき注意しなければならないことがある、と世阿弥はいう。「児」の人体に合えば「人の子」の「兄弟」「息女」の「物真似」はいい。しかし、「児」が「親」や「母」となり、「子」を訪ね悲しみ、なお幼い「児」が「子」となって縋り「泣き嘆く」などとは、似合わない。「幼き者の能は、よくすれども、醜き所の見風ある」と見所が顰蹙するのは、このような「風体」なのだ。世阿弥はさらに、「老人」の役柄にまで言及する。「たとひ親子の物まねになくとも老体の物まね児の体に似合べからず。」こうした記述は、「児」「童」が親子・老人など、棟梁の仕手・脇の仕手の境界を越えて進出し、配役に配慮する必要があった痕跡であろう。『三道』だけでなく花伝第一「年来稽古条々七歳」では、「大場などの脇の申楽に立つべからず」といい、一〇歳にも満たない「童」が「大場」以外の脇の申楽に、何らかの役柄を与えられ活動した可能性を推測させる。まして、一二・三歳ごろからの「時分の花」を得た「児」であれば、「脇の申楽」に出演を許されたのであろう。最古の自筆本『難波梅』には、テキストの脱落はあるものの、登場人物に「児」が見える。

「なにとしたるも幽玄なり」と称された「時分の花」を具有する、一二・三歳から一七・八歳の演者が、いかにもリアルな役柄を演じたらしい記述は、「物まね」を特性とした大和猿楽が、都に進出した当初の演能形態を推測させる。その実態はまた、「児」の「花」が「時分の花」であって「まことの花」ではないとする、世阿弥のいましめにも通じる。『遊楽習道風見』で世阿弥は、「時分の花」を「初心の花」（二十四五）と合わせて、若き「満風」は芸成就の妨げとなると警告し、「梟の子」と諭した。「申楽談義」では義満の言葉を回想し、「児は小股を掬かうと思ふ共、こゝにはかなふまじき」と父観阿弥の「まことの花」を紹介している。

しかし、それでも世阿弥は「幽玄」が、一二・三歳から一七・八歳の演者の身体性を要件とすることを、『二曲三体人形図』二曲の人形　童舞　幽玄の本風　で強調した。世阿弥は座の組織的特性からすれば、「脇の為手」にすぎない「児」の舞姿を、「初花」と讃え梅花をもって飾り「幽玄の本風」として「三体」の前に置く。「児姿者幽玄之本風也。其態者舞歌也」「三体ヲ児姿ノ間しばらくなさずして、児姿を三体に残す事深手立也」「三体」（老・男・女）のうちでは女体之舞が「幽玄妙体之遠見」「児姿・二曲之見風、三体之内にも、以女体上花とす」という。

世阿弥にとって「幽玄」は、「見所」の評価に関わる至高の美である。「児姿者幽玄之本風也。其態者舞歌也」は「見所」の愛玩を念頭においた記述であろう。その美意識にとって「児」が涙に濡れる世話物らしき演技は、「返々、よそ目俗」であり、「醜き所の見風ある」と顰蹙をかうものであった。「声につき、出でずしてかなはずは、大口を着せて、役人連れて出づべし。」（『世子六十以後申楽談義』）「見所」は役柄のうえでも、「役人」を従える「児」を求めている。「児姿」「童形の幽姿」は、童形（童体）をそなえた成人以前の演者の風姿であり、児姿の演者が舞い歌う「児姿遊舞（幽風・遊風）」は、花をえた幽玄の美の象徴であった。その「児」は、人間でありながら、「世ニ並ビナキ」「端正美麗」の風姿をもって人々に愛惜され、仏と宿縁に嘉せられて、光明と平安を齎した今昔の「児」を想起させる。「両性具有の美」と人はいう。[注19]　確かにそれは、地上にある美の一つかもしれない。しかし、今昔が描いた美と希瑞の象徴「児」は、幼いものを聖別し、萌え出る生に清浄を求め、彼らを産み育てる自然の力と不思議の前に跪く、素朴で根強い崇敬の思いに支えられている。賤なるがゆえにもっとも神仏に近い芸能の民に、「見所」は聖なるもの・尊貴なるものを見ることはなかったのであろうか。卑賤であるゆえに、今昔では男女両性に遺われた「童」しか、見なかったのであろうか。

前掲した『後愚昧記』の記主三条公忠は、世阿弥の卑賤と将軍の恣意に憎悪に近い蔑視を加え、「如此散楽者乞食所行也」と断言し「大樹寵愛」「費及巨万」の風聞を記述する。彼はかつて応安七1374年正月、後光厳上皇が疱瘡を発疹し一〇日足らずで崩御したとき、所労で危篤に参入しなかった人物を列挙し、崩御は春日神罰であるかのような一説を挙げ、その論拠となった前陰陽師頭土御門有世の占文まで記した人物である。永和三1377年二月二八日女厳子の着帯を内々儀に終えた無官の公忠は、六月二六日には皇子の誕生を迎える。後小松天皇は「家門之躰毎事不具」のなか、護身の医師は不参、白具足の調進は遅延し、産褥に侍る内侍も欠く三条家で生まれた。公忠は、朝廷の助成なく助言者もなく、身の非力に諸事備わらない御湯殿始に困惑し御着衣に当惑し、次々に続く御誕生諸事に奮闘している。慶賀に三条家を訪れたのは、日野行長・裏辻公仲と常盤井宮の使者だけであった。一一か月後公忠が、祇園会の将軍義満と世阿弥に抱いた反感と顰蹙は、彼ほどの学識を備えやがて外戚となる公卿の言にふさわしくない。余裕を失った差別意識や先入観、センセーショナルな口吻は、内乱に困窮し混乱に自失した公家の、行き場のない自己主張と権勢欲の発現にも見える。

権勢欲と野心は、数百年朝議に加わった公家の、なかば天性でもある。二条良基は自己顕示欲も強く、他者が並び立つのを許さない権謀術数の持ち主であった。小川剛生氏は『二条良基研究』でいつのまにか朝政のキーパーソンに収まる良基を、興味深く捉えている。良基は、足利将軍義満とその陪従が贔屓する少年世阿弥にいちはやく注目する。やがて治者のゆとりをもって優美な藤若の名を与え、連歌ではみずからの付句の席に侍らせた。老境の一の人と、身分の外にある少年の美や才気が放つ演出効果を、充分に知っての処置である。公忠とは正反対の好意的反応であった。良基には並外れた権勢欲と野心だけでなく、歌人らしい直感と美意識、小川氏も指摘される機敏な反応と進捗を事とする天性がある。父観阿弥に愛育され、萌え出づる美と天賦の才を備えた少年世阿弥は、それだけ快い満足を覚える存在であったろう。少年は舞歌に堪能であった。舞歌は闘諍に明け暮れる人々を慰め、神仏をも涼しめる。まして年若い将軍義満が耽溺しているとなれば、彼の教育熱は一気に上昇したと考えられる。最晩年の連歌聯句の日々と二条邸と北山第の煩瑣な往来は、権勢に魅せられた親昵とだけ断定できようか。良基は少年世阿弥に与えた扇に「千とせまでかゝれとてこそ」と詠じた。世阿弥の早熟な才能と驚異的な詩歌に対する感受性、研究者の間でも確認されている、伝書の語彙と主張の、良基の著作との共通性も、語ることも記すことも許されない史料的な限界を超える、明らかな証左であろう。

義満と大名たちについては、多言を要すまい。義満は猿楽を愛好した。『空華日用工夫略集』永徳三1383年三月三〇日条に、義堂周信が義満にその溺愛を諫める記述がある。義満には愧色が見えたという。彼が一八歳で今熊野を見てから、八年の歳月が流れている。六歳ほど年下の世阿弥は二〇歳か二一歳である。翌年世阿弥は父観阿弥を駿河で失う。三年ほど前から近江日吉の犬王が洛中で演能し、その名声も高まり、藤若の時は終わろうとしていた。多武峰の衆徒から弥陀の名号を贈られた世阿弥が、藤若が演じた能の曲趣を神慮に叶うものと確信していたことは、いうまでもない。

大和猿楽には、「児」と呼称された「童形」の演者が活躍した能があった。都に進出したとき、「児姿」は幽玄の本風として見所の貴人から評価され、演目や役柄を限らず、「児」が活動した痕跡が認められる。その中には、一八歳の将軍義満に見出された一二歳の世阿弥もいた。『習道書』には、丹波の少将の能で、父より高い「若声」をはり、論議を謡う少年世阿弥と観阿弥の演技を、笛の名手「名生」が絶妙に囃すさまが回想されている。「幼（し）」「幼き時」「幼き振舞」は一〇歳に満たない演者の幼少の演技についての記述と考えられる。その能は児を主要な演者とする、神慮に叶う光明と平安の曲趣を備えた、幽玄でおおらかな歌舞の能であった。

第二章　北朝の奉幣使発遣

表六　建武元年〜文明二年　例幣使奉幣使発遣一覧　参照

田楽をはじめとする諸芸能と競合し、猿楽能の座の間でも主導権争いが常態であった大成期に、「脇の申楽」が序の能として安定した規範性と方法を獲得し得たのは、充分に注目に値する事実だと考えられる。当時能に参入した芸能集団は多様であり、演目も流動的であったとすれば、定型化・規範化の必須の条件は、その洗練にいたる演能の頻度であろう。大成期の猿楽が置かれた状況からすれば、いうまでもなく、それは観客の要請に起因すると推定される。

「花伝」第六花修で世阿弥はいう。「この道は見所を本にする態なれば」もっとも注意を払わなければならないの見所の中心は「貴人」であり、猿楽者の観客を把握するタイミングとポイントは、貴人の出御とおましである。「花伝」第二物学条の冒頭で世阿弥は、大和のものと自負する物学を、貴人自身を対象として、その心得と方法を開陳する。注20

物学の本意は「なに事をも残さず、よく似せん」ことにある。公家の物学は充分であることは難しい。猿楽者は言葉・品を探求し、「見所の御意見を待つべき」である。―国王・大臣の物学は物学の冒頭に置かれ、「細かに似すべ」き大事であった。すでに貴人は、申楽に己の物学を許し、演技に意見を述べるなど役作りに参加して、能に登場する貴人の役柄を容認していた。その頃世阿弥は耳順前後、『三道』は「老体」を「大方脇能の懸」とし、自筆本『難波梅』は、序破急五段構成に祝言の舞楽を称揚して、末尾に宮廷の舞楽を織り込んだ詞章を残している。貴人を中心とする見所を前提とすればこうした「脇の申楽」の状況は、現実の貴人の動向と無縁ではないと考えられる。『申楽談義』に現れる大臣を演じる脇の為手の装束　上下水干は、当時　貴人の旅装束であった。見所にしたがって大口を穿き役人を従えた児の演技は、寺社に赴く勅使・大臣などの装束に学んだものではあるまいか。

永和四1378年一〇月二五日、北方二回目の三社奉幣使が発遣された。中納言中院通氏をはじめとし、参議は不参ながら、蔵人・内記・大史など参陣する者一二名、参陣した中原師香は『江次第』貸与の礼状の中で、三条公忠に奉幣使発遣につき故実を顧みて概略する。注21

師香によれば、恒例の大嘗会三社奉幣使はすでに無沙汰になり、三社奉幣使の発遣は近くは応安六1373年、以往は康平八1065年、康和四1102年、同五1103年、仁平三1153年だという。「度〻其例」と師香が認識した「以往」の奉幣使からは、二百年以上隔たっていた。争乱のなか、恒例の大嘗会三社奉幣使も途絶えていたとき、応安六1373年一二月二二日より五年の間隔でふたたび奉幣使が発遣されたのである。『後愚昧記』によれば、伊勢には例のごとく四姓氏が発遣された。

室町期の奉幣のピークは、応永二四1417年より長禄元1457年のおよそ四〇年間である。祈年穀・祈雨・例幣などが連なり、嘉吉元1441年の二十二社・七社奉幣を頂点に、由奉幣も滞りなく発遣された。（表六参照）　将軍は義持・義量・義教・義勝・義政の五代、二度の将軍空位の混乱にも関わらず、奉幣は連綿と継続している。前掲「物学条々」の冒頭文や「大臣」を演ずる脇の仕手の記事が表章氏によってこの時期に書き加えられたと推測されているのは、きわめて興味深い。『康富記』によれば、奉幣の料足は幕府が負担し、その事実は慣例化していたことが知られる。注22

南北朝・室町期には南方・北方を問わず、祭祀・祈祷によって政治を荘厳する為政者が出現し、また畏敬された。後醍醐天皇は自ら密教修法を修し、義満は東寺と競い、北山第に盛大な月並の五壇修法と泰山府君祭を施行する。奉幣使・造遷宮使については、朝廷での発遣の儀式、賀茂・石清水など王城の地に関しては幕府が、伊勢への勅使は北朝方の守護、土岐頼康らが奉仕し警護したと考えられる。

奉幣の最大のピークからほぼ半世紀遡る、康永元1343年から観応元1350年までの八年間に、南北朝最初のピークがある。伊勢路開通から伊勢遷宮を挟み、観応の擾乱前の小康期である。将軍は尊氏。その後北朝は分裂し、観応の擾乱をきっかけに、三つ巴の深刻な争乱に突入する。二〇年の空白を経て、第二のピークがある。応安四1371年から永和四1378年の八年間、将軍は義満。この第二のピークは、永徳1381~84ころより顕在化した治天後円融と義満との軋轢、明徳三1392年の南北朝合一、応永六1399年の応永の乱、応永一五1408年の義満の死などの政情の中を断続的に続き、最大のピークへ繋がっていく。

先の、北方最初の三社奉幣使が発せられた応安六1373年は、二〇年の空白を経た第二のピークにあり、三社奉幣使に先立つ一一月には、外宮遷宮使も発遣されている。一七年延引ののち漸く着手され、完成された年をもって「康暦二年の遷宮」と称された外宮遷宮の、開始を知らせる使者である。注23 神宮で拝賀する遷宮使大中臣忠直には多数の忌子と思しき幼少の同行者が認められる。北方が三年余、小朝拝院拝礼をはじめ諸儀の停止を余儀なくされ、春日祭は延引、後円融天皇の即位式すら延引した最中に発せられた遣使であった。諸儀が停止したのは、応安四1371年より、一乗院主実玄・大乗院主教信の罷免を要求して入京した春日神木が、同七年まで三年余りも帰座しなかったからである。要求は直ちに入れられたにもかかわらず、興福寺宗徒はさらに群議して応安六1373年八月、前関白二条良基を放氏するに至っていた。翌応安七年、三種の神器を欠く北方は源平の争乱以来例なしという、即位由奉幣を発する。神木の霊威に、北方は禁忌の及ばない奉幣使を発遣し、遷宮を催行する。赤松範顕・光済らの配流をもって神木が去り、後円融天皇の即位式が実現した永和二1376年、良基は准三后となった。その後康暦・永徳年間、四年にわたってまたも神木が在京したとき、北方は遅滞していた伊勢外宮遷宮を遂行し、永和四1378年の三社奉幣使以降、中断していた奉幣使を発遣した。源家将軍には、神木の朝儀忌避は通用しない。南都は僧綱五人を二条良基のもとに参ぜしめ、張本五人他の赦免を願い出て沙汰なく、永徳元1381年、興福寺僧正円守は、勤行神事がすべて退転した草創以来未聞の窮状を、摂関家に訴えるに至る。良基は永徳二1382年氏の長者となり、義満は彼とともに至徳二1384年 南都に参詣し、東大寺戒壇院で受戒した。

南北両朝の合一が成立してから、義満は明徳四1393年以降一三回の伊勢参拝を果たした。嗣子義持は父の死後、応永一六1409年以降殆ど毎年一五回の参拝を実現している。奉幣使・遷宮使の発遣や遷宮の遂行、将軍の伊勢参拝は、神木上京をめぐる経緯からも察知されるとおり、北方の天皇・将軍・摂関などの間に保たれたバランスや意思だけでは把握しきれない側面を持っている。伊勢の遷宮・奉幣使の発遣・足利将軍の参拝は、南方の重臣北畠氏の拠点であった伊勢に対する、北方の正統と優位を明らかにし、伊勢志摩の武士と水軍による、関東東北に分布する後背地への南方の影響力を弱める意図があったと推察される。また、奉幣使・遷宮使の発遣・足利将軍参拝は、政治上・軍事上の支配や宗教的権威が確認・強化されるだけでなく、臨時の夫役や貢租をともない、武家・公家貴族が保有する富の再分配や再編成を結果する経済的側面も予測される。

二〇年の空白の後、奉幣使が復活した第二のピーク時は、すでに見たように南北朝合一前夜、南都との緊迫した状況が展開していた。猿楽能の動向としては、醍醐寺勧進猿楽・今熊野の猿楽・祇園会の義満と「大和猿楽児童」の同席、良基邸における「猿楽観世垂髪」の連歌列席が対応する。中間期には観阿弥の死、犬王の厳島参詣同伴・後小松天皇の天覧能、『風姿花伝』・世阿弥自筆本『難波梅』の出現がある。

大和猿楽が、「脇の申楽」に序破急五段の構成を整え、祝言の風体を洗練させた時期は、世阿弥が残した諸伝書・能本から推測するかぎり、奉幣が最大のピークに至る以前、第二のピークから中間期にかけてである。猿楽能の動向に関連して注目されるのは、平安中期より進行していた寺社の祭礼・勅使の風流化現象である。奉幣を見物する大衆は、戦乱のなかに忽然と出現した天下泰平の群行を目の当たりにすることになった。北方の武家・公家貴族は紛れもなく、太平を称揚する群行の主役を演じたのである。大和猿楽が写したのは、この主役を果たした北方の武士・公家貴族であろう。大和には数百年に及ぶ春日祭上卿の下向もあり、内乱を突いて伊勢に向かう奉幣使・遷宮使の風聞は、大和猿楽が公家貴族の行列を「物学」し、新しいプロットを生む充分な刺激となったと考えられる。『申楽談義』に見える大臣を演じる脇の為手の装束、上下水干・大口は、勅命を帯びて神社に赴く勅使の装束に学んだものであろう。能は貴人の祭祀には立ち入れない。しかし奉幣使・遷宮使は、宮城・邸宅の外で繰り広げられ、威儀を正した貴人の行列が衆目を集めながら、日々長い道のりを遥かな神々を目指し、進む。賀茂祭は都のなか、警固から解陣まで日吉祭を挟めば四日、朝廷から神社までの往復路の桟敷に見物の人々が犇いた。神々に奉幣する使者の行列は、太平の世を祈る風流として沿道の国々の耳目を集めたであろう。

永和元1375年、観阿弥は京都今熊野で猿楽能を興行し、足利義満がそれを見物した。将軍数え年一八歳、世阿弥一二歳、観阿弥四三歳。以後義満は観世父子を後援したという。戦乱のなかに忽然と出現した、北方の武家・公家貴族は、太平を称揚する群行の主役を演じた。大和猿楽が、この主役を果たした北方の武家・公家貴族を写すとき、身分の外にある猿楽の民の中で、尊貴な人々を演じられるのは、神仏に嘉され、名ある人の子として愛惜され、「端正美麗」「聡」く平安を人々に齎す「児」以外にはありえない。少年世阿弥は、義満・良基の心を捉えたとおり、中世の「児」のイメージを具現した存在であった。一八歳の将軍を擁する人々が、足利将軍所縁の今熊野に大和猿楽を見たのは、この「児の申楽」の「原脇能」ともいいうる曲趣によると考えられる。奉幣使の行列が神々に嘉せられるプロットは、観阿弥が曲舞から取り入れた、太平を祈る舞歌で演出されたであろう。宮廷の舞楽のテーマは、斬新で都の大衆をも魅了する歌舞劇となって舞われた。神慮に叶う児は、それにもっともふさわしい風姿をもつ演者である。

おわりに

能は、武家が保有する初めての、天下泰平・国土安全を祈る、支配者の舞楽である。足利将軍義満に見出された観阿弥と世阿弥は、大和から京都に進出する。世阿弥がその記述の中で、今熊野の画期的な演能の番組に触れなかったのは、おそらくその後の能の、急激な変貌によるものであろう。能は将軍家の庇護を得、都で愛好される芸能や舞楽・伝統的な詩歌を吸収し、急速に洗練される。

「脇の申楽」は、能本の作者であり観世座の棟梁として座を率い、奏演の演者でもあった世阿弥が、その芸能論なかで作品群として認識し、際だった実践性と具体性をもって、中心的な位置付けを与えた正格モデルの能である。それは当日最初に奏演される「序」の、おおらかに正しく直やかな祝言の能であり、「正シク面ナル姿」の態は「歌舞」であるという。その定型化は早く、応永二〇1413年奥書の自筆本『難波梅』が神楽・夜神楽の最終局面に、宮廷の舞楽を列挙しているのは、興味深い。神と精霊に寿がれる舞歌は、四海を鎮める舞楽を得ることで、さらに荘厳されるからである。

「脇の申楽」の定型化と成熟が、他の作品群に先行する前提は、当時の猿楽が置かれた社会的立場から見て、見所の支持によるのはあきらかであろう。演能の頻度と体験の蓄積の時期は、自筆本『難波梅』の存在と完成度を考慮すれば、一五世紀初頭が下限であり、上限は今熊野演能に至る一三七〇年前後である。八〇年代の犬王の都進出と彼に対する義満の支持が明白になる康応元1389年に考慮すると、さらに範囲は絞られる。康応元1389年義満は犬王を伴って厳島に参詣した。前年彼は、義堂周信と二条良基を失っている。父観阿弥の死後、棟梁となった世阿弥は、「初心の花」を得る二〇代半ばであった。「物学」を演技の基本とする大和猿楽が、この時期に、貴人と神の太平の舞楽を学ぶ契機は、「脇の申楽」の成熟に至る過程を考慮すれば、今熊野前後の七〇年代に絞られてくる。

「脇の申楽」の始原を求める作業でヒントになったのは、伝書の「児」に対する関心の高さと比重の重さである。演能の中心となるのは「棟梁の為手」であるが、「脇の為手」である「児」は、「幽玄」という見所の褒め言葉で美を讃えられ、「棟梁の為手」と対照される。「児姿」は「用花」、「成功の達人」は「性花」、少年の萌え出づる、絶えず変化して移ろう生命の美は「用」、修練し生得のものとなった美は「性」。世阿弥は一種のパラドックスをもってまで、「児」の美を規定し、「これ（用花）のみ面白しと哀見するは、中子・下子等の目位也」（『拾玉得花』）と戒めてまでいる。世阿弥の伝書には、一七・八歳未満の演者が「脇の申楽」を含めて多くの演目に、各種の人体を演じていた痕跡が残り、一二・三歳から一五・六歳までの「自分の花」を得た児は、「脇の申楽」をはじめすべての演目に出演の機会が与えられていたと考えられる。児は自筆本『難波梅』

で木花開耶姫の神霊を演じており、かつて児は物の精や神霊に広く配されていた事実を示唆している。世阿弥は児を面をかけない直面とし、楽人の童舞を例として、「何の物まねも、ただその名のみにて、姿は童形によろしき仕立てなるべし」（『至花道』）「児姿遊舞　二曲（舞歌）の本風」（『二曲三体人形図』）と主張した。世阿弥は児に、幼少の時は「心のままに」、長じても「さのみ細かなる物まね」を禁じ、大らかな風趣を求めた。舞歌を主とした児の人体は、「脇の申楽」の曲趣にいみじくも符合する。

大和には春日若宮御祭がある。そこには、神のよりまし―尸童として尊ばれる多数の児が不可欠であった。大和猿楽は御祭で彼らの活動を目の当たりにしている。春日上卿の参向もあり、児や貴人の行列と風流の趣は、大和猿楽に親しいものであった。しかし、能のプロットに活かし、京都でアピールする曲趣にするには、地域性が強すぎ、公事・公祭が衰退した一三七〇年代の京都の観衆を引き付けることは難しい。『醍醐寺新要録』によれば、観阿弥は応安五1372年醍醐寺で七日間の興行を行い、都で名声を高めたという。世阿弥は八歳である。観阿弥の京都興行の方向性は、このころ、すでにあったかもしれない。北方では、応安四1371年五年ぶりに止雨奉幣・石清水一社奉幣が続き、永和四1378年までの八年間は毎年奉幣使が発遣されている。南北朝・室町期を通して二回しかない三社奉幣が、今熊野の演能前後に二百年余の先例を辿って発遣されたことも、諸史料の検索と大外記注進に明らかである。南北朝室町期の例幣使・奉幣使発遣の動向は、この時点の位置付けを明確にするためにまとめられた。大和宝山寺で天野文夫氏から紹介を受けた、同寺蔵文明一四1482年「宗筠遠忌勘文」は、脇能を忌に触れぬものとし、同じ先例として奉幣使が列挙されている。一世紀の隔たりがあり、傍証をかくため、ここではその示唆的な内容の要旨紹介に留める。

表七は香椎宮奉幣使概容は江戸期に記録された供方・国方出役のデータである。南北朝室町期の記録はない。

このデータから推量される膨大な人馬とそれに伴う莫大な経費も武家によって負担された。相国寺の八〇メートルを超える塔は権力の象徴、義満の自己顕示など評価は様々である。義満の在世中は、奉幣は断続的であり、将軍によって祭祀のあり方は異なると考えられる。奉幣は義持から安定する。

足利将軍と武家が例幣使・奉幣使発遣に対して高い関心を維持し、擁護と支持を継続できたのは、太平を祈る群行に臣下として参加し、凄惨な戦闘によってではなく、沿道の人々に風流の姿を見せ、太平の祈りをともにしたことにあろう。将軍でさえほとんど参加できない宮廷祭祀と異なり、例幣使奉幣使の警護には多くの武家の参加が必要不可欠であった。例幣使・奉幣使の発遣に対して高い関心を維持してその催行を支持し奉仕し続けた修羅の祈りは、室町期の武家政権だけが持つ顕著な特徴である。

『申楽談義』に見える、大臣を演じる「脇の為手」の上下水干・大口、大人数で舞台に犇めく姿は、寺社に参詣する貴人と、現行では類型化されワキ・ワキツレ三人で朗誦されるその道行の、多数の参加者を要する行列・その路次の風流を彷彿とさせる。能は貴人の祭祀には立ち入れない。しかし大和には数百年に及ぶ春日祭上卿の下向と児の風流があった。大和猿楽の演技の基本は「物まね」である。勅命を奉じて内乱のさなか、伊勢に向かう奉幣使・遷宮使の風聞は、大和猿楽が公家貴族の行列を「物学」し、新しいプロットを生む充分な刺激となったと考えられる。北方の武士・公家貴族を写すとき、身分の外にある申楽の民の中で、尊貴な人々を演じられるのは、「児」以外にない。観世の京進出のきっかけには、貴人の行列に神々が舞歌を供するユニークなプロットを持つ「原脇能」というべき「児の申楽」が介在した。一八歳の将軍を擁する人々が、足利将軍所縁の今熊野に大和申楽を見たのは、この「児の申楽」の曲趣によると考えられる。

表六　建武元年～文明二年　例幣使・奉幣使発遣一覧

西暦	年号	事項	目的
一三三四	建武元	七社奉幣	行幸安寧
五	2	祈年穀奉幣　止雨奉幣	
八	暦應元	石清水一社奉幣	正遷宮
四〇	3	祈雨奉幣	
二	康永元	春日一社奉幣・日吉一社奉幣	
		祈雨奉幣	
		伊勢一社奉幣三社奉幣	伊勢路開通
三	2	例幣・伊勢一社奉幣	
四	3	祇園奉幣	造営竣工遅延解謝
		伊勢例幣	
五	貞和元	止雨奉幣	
		伊勢例幣	外宮遷宮遅延解謝
		(大神祭使・外宮神宝使	外宮正遷宮
六	2	伊勢例幣	
七	3	止雨奉幣	
		伊勢例幣	
八	4	祈雨奉幣	
		伊勢例幣	
		伊勢奉幣	
九	5	例幣	争乱幣使不能解謝
		即位由奉幣	
五〇	観應元	祈年穀奉幣	
		例幣延引(戦穢)・例幣	
六	延文元	止雨奉幣	
六三	貞治2	祈雨奉幣	
六六	5	祈雨奉幣・神宮例幣	
七一	應安4	止雨奉幣	
		石清水一社奉幣	造営・遷宮
二	5	祈雨奉幣	
三	6	三社奉幣	
四	7	伊勢奉幣	即位由奉幣・御円融天皇即位
五	永和元	春日一社奉幣	
七	3	北野一社奉幣	
八	4	三社奉幣	彗星祈祷
八二	永徳2	伊勢奉幣	即位由奉幣
三	3	大嘗會奉幣	
九五	應永2	例幣	
六	3	例幣	
八	5	例幣	
九	6	祈雨奉幣	
一四〇二	9	八社奉幣	
四	11	石清水一社奉幣	
五	12	春日一社奉幣	
一〇	17	石清水一社奉幣・春日一社奉幣	
四	21	伊勢奉幣	即位由奉幣
七	24	例幣	
八	25	諸社寺に祈雨奉幣	

西暦	年号	事項	目的
一四一八	25	七社奉幣・春日一社奉幣	御不豫祈り
九	26	大神宮奉幣	月読宮被災廃朝宣下
		祈年穀奉幣・止雨奉幣	
二〇	27	祈年穀奉幣・祈雨奉幣	
		石清水一社奉幣	義持の病気平癒
二	29	祈年穀奉幣・止雨奉幣	
三	30	祈年穀奉幣	
四	31	祈年穀奉幣・例幣	
五	32	祈年穀奉幣	
六	33	祈年穀奉幣・例幣	
七	34	六社奉幣・石清水賀茂奉幣	御不豫祈り
		祈雨奉幣	
八	正長元	伊勢奉幣・八社奉幣	御不豫祈り
		祈年穀奉幣・例幣	
九	永享元	石清水一社奉幣	
		祈雨奉幣・祈年穀奉幣	
		八社奉幣	
		伊勢奉幣	即位由奉幣
三〇	2	祈年穀奉幣・祈雨奉幣・止雨奉幣・例幣	
一	3	祈年穀奉幣	
二	4	祈年穀奉幣・元服奉幣	
三	5	祈雨奉幣・例幣	
四	6	祈年穀奉幣・祈雨奉幣・例幣	
六	8	祈年穀奉幣・祈雨奉幣	
七	9	祈年穀奉幣・祈雨奉幣	
八	10	祈年穀奉幣	
九	11	祈年穀奉幣・祈雨奉幣	
四〇	12	祈年穀奉幣	
一	嘉吉元	祈年穀奉幣・止雨奉幣	
		二十二社奉幣・七社奉幣	厄禳
二	2	祈年穀奉幣・例幣	御不豫祈り・厄禳
三	3	祈年穀奉幣・祈雨奉幣・止雨奉幣	
		春日一社奉幣・伊勢一社奉幣	
四	文安元	北野一社奉幣	造営
		祈年穀奉幣・例幣	甲子革命・彗星祈禳
五	2	祈雨奉幣・伊勢一社奉幣	
六	3	止雨奉幣・祈年穀奉幣・例幣	
七	4	祈年穀奉幣・例幣	
		伊勢奉幣	吉田社等怪異
八	5	例幣	
九	寶徳元	祈雨奉幣・止雨奉幣	
		八社奉幣・十二社奉幣・例幣	
五〇	2	伊勢一社奉幣・止雨奉幣	
		大神宮奉幣	
一	3	祈雨奉幣・止雨奉幣・例幣	
二	享徳元	祈雨奉幣・止雨奉幣・例幣	
四	3	止雨奉幣	

西暦	年号	事項	目的
一四五六	康正2	止雨奉幣	
七	長禄元	諸社に祈雨奉幣	
六〇	寛正元	祇園社奉幣	地震祈願
二	寛正3	例幣	
五	6	即位由奉幣	
六	文正元	伊勢一社奉幣	

＊『神祇史年表』『壬生家譜』『續史愚抄索引』を基本に、第一編第一章第二節注2の史料『師守記』『円太暦』『康富記』『尊卑分脉』『公卿補任』『常楽記』『愚管記』『後愚昧記』『公忠公記』『空華日用工夫略集』『師郷記』『公定公記』『薩戒記』『満済准后日記』を適宜参照し傍証として作成した。

表七　香椎宮奉幣使概要（藩制時代）

西暦	年号	正使	供方	国方出没
一七四四	延享元	飛鳥井左中将雅重	多良尾大学以下一〇一人	九六人
一八〇四	文化元	四辻在中将公説	山路駿河守以下一〇六人	二七二人
		源権中将通喜	雑掌加島富三郎以下二一四人	二七一人

＊『香椎宮奉幣使（藩制時代）についての記録　付筑前社家の軍役について』より作成

注1　『三道』三体作書条々　一、老体・『習道書』一、中楽の番数の事
注2　「円満井座壁書」一、芸能ノ次第ノ事。「中楽談義」一、永享元年三月、薪の神事
注3　『小鍛冶』（五番目）『蟻通』（四番目）などは脇能としても演じられる。流派によって脇能以外の演目の中から選ばれる曲が異なる。
注4　『風姿花伝』第三「問答条々」問。能に序破急をばなにとか定むべきや。
注5　表章編「観世」中心の能楽史年表1　「花伝」三号　平成八年三月
「花伝」第三までの原型成立は応永七1400年ごろとされる。
注6　『花習内抜書』「能序破急事」
注7　『習道書』一、中楽の番数の事
注8　『三道』三体作書条々　一、老体
注9　『中楽談義』能書く様
注10　『拾玉得花』「軍体は凡修羅の風体なれば」
注11　『五音』『五音曲条々』祝言・幽曲・恋慕・哀傷・闌曲
注12　『六義』風曲（妙花風）・賦曲（寵深花風）・比曲（閑花風）・興曲（正花風）・雅曲（横精風）・頌曲（強細風）
注13　『中楽談義』
一、祝言は呂の声にて謡ひ出すべし。（中略）
祝言は直に正しくて、面白き曲有べからず。九位にとらば、正花風なるべし。（下略）
注14　『中楽談義』一、能の役人の事

注15　『習道書』脇の為手の心得べき条々
注16　永和二年四月十七日付二条良基書状・『不知記』（『崇光院上皇御記』）同年四月二十五日条　「緒言」参照。
注17　『筑波問答』一、問ひて云はく、「連歌は国の政のたすけなどにも侍るべき」など申す人のあるは、あまりのことにや。
注18　表章・加藤周一『世阿弥　禅竹』日本思想大系　岩波書店　昭和四九年
注19　白洲正子『両性具有の美』　新潮社　平成九年
注20　『風姿花伝』第二「物学条々」冒頭
先、国王、大臣より始め奉りて、公家の御たゝずまひ、武家の御進退は、及ぶべき所にあらざれば、十分ならん事難し。さりながら、能々言葉を尋ね、品を求めて、見所の御意見を待つべきをや。（下略）
注21　『後愚昧記』永和四年一一月一五日付　中原師香　書状
注22　『康富記』応永二六年二月一九日条
注23　『康暦二年外宮遷宮記』応安四年一一月八日条　続群書類従神祇部上　同完成会　昭和三九年

〈参考文献〉

野々村戒三　『謡曲三百五十番集』日本名著全集　興文社　昭和三年
佐成謙太郎　『謡曲大観』全7巻　明治書院　昭和六年
矢野太朗校訂　『康富記』史料大成　史料大成刊行会　昭和一一年
能勢朝次　『能楽源流考』　岩波書店　昭和一三年
野上豊一郎他　『能楽全書』全6巻　創元社　昭和一七～一九年

香西精　『世阿弥新考』　わんや書店　昭和三七年
萩原龍夫　『中世祭祀組織の研究』　吉川弘文館　昭和三七年
表章・横道萬里雄　『謡曲集』上・下　日本古典文学大系　岩波書店　昭和三五・三七年
田中允　『未刊謡曲集』31冊　古典文庫　昭和三八〜五五年
中村保雄　『能と能面の世界』正・続　淡交社・淡交新社　昭和三六・三七年
『康暦二年外宮遷宮記』続群書類従神祇部上　同完成会　昭和三九年
佐藤進一　『日本の歴史9　南北朝の動乱』　中央公論社　昭和四〇年
森末義彰　『中世芸能史論考』　東京堂出版　昭和四六年
小松茂美他編　『年中行事絵巻』　中央公論社　昭和五二年
近衛道継　『愚管記』一〜三　続史料大成　臨川書店　昭和五三〜六〇年
桜井好朗　『中世日本文化の形成』　東大出版会　昭和五六年
小田幸子　「世阿弥の祝言能」藝能史研究80号　藝能史研究会　昭和五八年
平雅行　「中世宗教の社会的展開」『講座日本歴史』3　東大出版会　昭和五九年
徳江元正　『室町藝能史論攷』　三弥井書店　昭和五九年
永原慶二他編　『日本中世史　研究の軌跡』　東大出版会　昭和六三年
西野春雄他　岩波講座『能・狂言』　岩波書店　昭和六二〜平成四年
今谷明　『室町の王権』　中央公論社　平成二年
村山修一他編　『陰陽道叢書2中世』　名著出版　平成五年
朝尾直弘他編　『岩波講座　日本通史』巻九　岩波書店　平成六年

岡田荘司　『平安時代の国家と祭祀』　続群書類従完成会　平成六年
月曜会編　『世阿弥自筆能本集』　岩波書店　平成九年
三宅晶子　『歌舞能の確立と展開』　ぺりかん社　平成一三年
小川剛生　『二条良基研究』　笠間書院　平成一七年
鈴木正人　『能楽史年表』古代・中世編　東京堂出版　平成一九年
永原慶二　『永原慶二著作集』7　吉川弘文館　平成二〇年
伊藤喜良　『足利尊氏』　吉川弘文館　平成二〇年
植木行宣　『中世芸能の形成過程』　岩田書院　平成二一年
安田次郎　『寺社と芸能の中世』　山川出版社　平成二一年
河内祥輔他　『天皇と中世の武家』　講談社　平成二三年
舟田淳一　『神仏と儀礼の中世』　法藏館　平成二三年
勝俣鎮夫　『中世社会の基層をさぐる』　山川出版社　平成二三年
伊藤聡編　『中世神話と神祇・神道世界』　竹林舎　平成二三年
小林健二編　『中世の芸能と文芸』　竹林舎　平成二四年
片岡耕平　『穢れと神国の中世』　講談社　平成二五年
沖本幸子　『乱舞の中世』　吉川弘文館　平成二八年

第三編　中世日本紀と能

はじめに

『日本書紀』神代上下二巻は、一段ごとに本文（正文）を挙げ、次に異伝（呼称一書あるふみ等）を列挙する。一書は整理の便宜上、初めから、第一・第二と各段でナンバリングする方法が、現在も一般的である。列挙の順位と数に各段に共通する基準はない。たとえば、一―一（第一段・第一異伝）の内容が正文と近いわけでもなく、一―四は『古事記』の該当箇所と神名など共通部分があるものの、各段で『古事記』に同じような配慮がされているわけでもない。典拠は提示されない。『日本書紀』神代二巻そのものが、最初から、不特定多数の異説を前提に、それを許容する構成を持っている。各氏族の神々と信仰、解釈が神代記と異なるとき、講筵などから『日本書紀』が浸透し、異説や異論が主張されるのは、自然な成り行きである。斎部広成の『古語拾遺』撰述には、書紀の齟齬や空白を補綴し、氏族のアイデンティティを呼びかける営為が認められる。

『日本書紀』神代上下で明確な位置付けがない神々が、みずから存在を主張する意思は、『日本書紀』神代の構成を考慮すれば、つねに存在する。神代という祖神の存立に関わる時は、どの氏族にもあり、また、奏上時には視野に入っていないとか、言語化されたりしていないとか、たとえばそれは、山人海人などの信仰に関わる神々の主張として、平安初期に上申されたという『住吉大社神代記』や、長寛元1163年に奏上された「長寛勘文」に噴出する「伊勢熊野同体論」に、顕著な例を見ることができる。『住吉大社神代記』は『日本書紀』神代から巻八・九に及ぶ視野をもって、記紀の記述、なかでも大きな文量を占める神功皇后の存在と、住吉の大神の神格との関連を明確に主張している。「長寛勘文」の「伊勢熊野同体論」は、『日本書紀』五―五を同体論五名中四名が全文を引用し、一書が論拠の一となっている。「花の岩屋」で現在も続く、熊野の地方祭祀について、民俗学・宗教学からの考究も興味深い。「長寛勘文」は院政の前提となる、天皇と上皇・法皇との、朝儀全体に関わる中世的な宗教観・社会意識が浮上した例でもある。大成期初期の能を対象とする本論での言及はここで留め、より詳細な考察については機会を改めて論じたい。

「中世日本紀」は、用語として定着した観がある。しかし、「中世日本紀」の概念は、拡散し深化してまだ規定できるところまで至っていないようにも見える。その一因は、右に指摘した『日本書紀』神代の構成が具有する本質にあり、今一つ明らかな要因は、中世の、地域・階層・性別・生業等によって個別分散した集団や共同体の文化と信仰の在り方によると考えられる。平成二三年には、中世天照大神の信仰について伊藤聡氏の密教を中心に秘説を博捜し、文芸・芸能にも及ぶ広範な実態を考究した大著が出版され、同二四年には「中世日本紀」を古注釈の実態から総括した原克昭氏の大作も公になった。また、阿部泰郎氏は真福寺文書をはじめとする膨大な聖教資料・テクストの発掘と翻刻を継続し、文観弘真と後醍醐天皇をめぐる中世真言密教の秘説・動向などのほか、中世日本の宗教テクスト体系について精力的な解明を展開している。本論は能楽研究の立場から、こうした先学の先進的な成果を仰ぎつつ、中世の神典「日本紀」と大成期初期の能について概観し、世阿弥自筆本『布留』と、それに繋がる大成期後期の「出雲の能」について考察して、大成期初期から進める研究のささやかな見通しを試みる。

第一章　能から見る中世日本紀の展開

はじめに

古代から中世にかけて改編・再解釈された『日本書紀』とくに神代紀異説の総称として、「中世日本紀」が提唱されたのは、伊藤正義氏の「中世日本紀の輪郭—太平記におけるト部兼員説をめぐって—」（「文学」昭和四七年一〇月号）である。伊藤氏は「謡曲冨士山考」（「言語と文芸」六四号）、「古今注の世界」（「観世」昭和四五年六月号）・「謡曲高砂考」（「文林」六号）など、能楽研究の関連の論考を経て、中世の秘伝・古注釈が「現在の学的レベルでは荒唐無稽 低級で捨て去るべき塵芥」として、従来研究史的意義も与えられることが少なかったと指摘する。氏は、中世の秘伝・古注釈は、なぜ中世文学を育てた土壌となったのか、どのようにして中世の知識となり、教養として蓄積されて思想を形成し、文学に投影されたのか、と問う。そして、中世文学の底流にある中世的教養のなかで、一口に「日本紀」と一括されて理解される「歌学と日本紀注と神道説が融合し、いつしか『日本書紀』原典とは大きく隔たって増補し増殖する、神代あるいは古代の事績」を「中世日本紀」と規定した。氏の視野には、歌学・日本紀注・神道説が包摂され、『俊頼髄脳』が『日本紀竟宴和歌』の添付文を、『奥義抄』が『古語拾遺』の一説を「日本紀」として引用している例や、神代記と古今集序が同じ次元で捉えられている事例、平野ト部の家説が「日本紀」として『太平記』に現れる部分を挙げるなど、諸史料の博捜と的確な解釈で、説得力ある立論を展開された。

古代から中世にかけては、祭祀軸が大きく変容している。岡田荘司氏は「古代・中世祭祀軸の変容と神道テクスト」(平成二〇年)で、中心は大和飛鳥・藤原京・平城京から・山城平安京へ移行したとし、さらに四期に時代を区分した。Ⅰ期は、伊勢―大神―出雲が祭祀軸である。大王(天皇)の守護神＝オオナモチとオオモノヌシの神格が注目される。Ⅱ期は、伊勢―賀茂―宇佐八幡、画期は、天長一〇833年・寛和二986年である。Ⅲ期は、伊勢―賀茂―石清水、公祭・神社行幸・十六社・二十二社・内侍所祭祀。天皇の直轄祭祀が畿内に収斂する。Ⅳ期、伊勢―石清水―春日。朝廷祭祀の再編・諸国一宮の成立・神道秘事の進行となる。

井上寛司氏が「日本の古代国家と神社史研究の課題」(平成二〇年歴研古代史部会)の研究から、中世出雲神話について指摘した、杵築大社の祭神のオオナモチからスサノオ(歴史的仮名遣いはスサノヲ)への転換は、右の祭祀軸の変容と、闘諍の世という南北朝から戦国期の、歴史的変化に起因すると考えられる。

以上の二視点をベースに、南北朝・室町初期に至る「中世日本紀」と能との関係について、能に直接現れる現象を視野に、概括する。

第一節　『日本書紀』講究

いわゆる「日本紀の家」には、勅を奉じた『日本書紀』三〇巻の和訓購読講義「日本紀講筵」以来、『日本書紀』の本文、博士の講義・参加者の討論・日本紀饗宴の記録が伝承・集約された結果、歴史的な権威が形成された。天皇家・延臣の要請などによって進講したテキストも蓄積され、その総体も「日本紀」と呼ばれる。『日本書紀』講究は、「日本紀の家」の家説など、朝廷周辺の『日本書紀』探求を仮称したものである。

日本紀講筵については、『日本（書）紀私記』と称して、参加した博士の私的記録や『釈日本紀』に引用された断片が考証・刊行されている。日本紀講筵は、嵯峨・仁明・陽成・醍醐・朱雀・村上各天皇がそれぞれに、弘仁三〜四812〜3・承和一〇〜一一843〜4・元慶二〜五878〜81・延喜四〜六904〜6・承平六〜天慶六936〜43・康保二965に開催した。記録はほかに、『養老私記』残闕（養老五721年講筵）が残存する。前掲『長寛堪文』は、記紀異伝のテキストと推察される『初天地本紀』『天書神記』を引用しており、講筵によって『日本書紀』の全容が浸透し、異説が編纂され記録された片鱗をうかがうことができる。

『日本書紀』の私的古注が集大成されるなかで、藤原信西通憲の『日本紀鈔』は、洛中の位階・官職・和歌・歌学や明経・陰陽といった分野を超えて流布した形跡がある。『日本書紀』の講義と三〇〇余の語句注解が収められ、「日本紀云」と日本紀竟宴和歌・『日本（書）紀私記』とその注記、『古語拾遺』が引用されている。「中世日本紀」形成が、院政期の知の再編、その体系の構築という動向に深く関わっている状況が見える。「日本紀の家」の権威は、卜部兼方の『釈日本紀』により確かなものとなった。卜部氏は神祇大副を世襲して家職を務め、『日本書紀』をはじめとする史書の書写を相伝した。卜部兼文は文永一一1274年から建治元1275年にわたり、一条実経に『日本書紀』を講義している。子兼方はその父の講義・問答、日本紀講筵の記録にもとづき、『日本書紀』の私家研究を集大成した。

南北朝・室町期の私家研究は、一条兼良の『日本書紀纂疏』に一集約をみる。彼は、一条実経以来卜部家より受けた、『日本書紀』の伝授と東山時代の漢籍・仏書を博覧し、神儒仏一致説から『日本書紀』神代紀を注釈し、『日本書紀』は『旧事本紀』を基とすると主張した。康正年中1455〜57のことである。

中世の秘伝・古注釈と神道書に、いわゆる「日本紀」として引用される原典は、『日本書紀』講究の数世紀に及ぶ成果により、その範囲を拡大させている。中世的知は、仮名序「あめつちのひらけはじまりける時よりいで」たるという、言葉のひびきに触れるだけで直感的に飛躍し、『日本書紀』神代記と『古今和歌集』仮名序を融合する。それは、神代記と仮名序に留まらず、「あめつちのひらけはじまりける時」に存在するもの、認知するものすべて、それと同質と感じるすべてを、自在に融合する。基底となるテキストは、『日本書紀』神代記のほか、歌学書として『歌経標式』『和歌秘伝鈔』などの歌論、『俊頼髄脳』『奥義抄』『古今集序注』などの古今注、『伊勢物語』など歌物語をはじめとするの物語文学の古注がある。神道書としては、『神祇譜伝図記』ほか神道五部書など、伊勢神道の中核書・『麗気記』などの両部神道書があり、『古語拾遺』『先代旧事本義』『釈日本紀』『三流抄（古今和歌集序聞書）』、引用日本紀古注に『日本紀抄』『日本紀公望注』『日本紀問答抄』『日本紀私見聞』など、中世的記述や著述・錯綜する膨大な文献が浮ぶ。

中楽能の棟梁らと日本紀古注釈の講演・記述者との直接的接点は、本論が対象とする南北朝・室町初期は時期尚早、皆無であると考えられる。猿楽者は歌舞の人であり、中世的記述に馴染む日常はなく、本来スキルは持っていない。世阿弥は所有できても、書物の保有を公にできる存在ではなかった。彼がまず直接吸収できる中世古注は、『古今和歌集』などの和歌集や『伊勢物語』などの歌物語、「平曲」『太平記』『曽我物語』声聞師・唱導師などの謡物・幸若などの謡舞に混在する。それも本文と古注釈、時にはその場の新解釈まで融合し、かつての日本紀古注釈まで混交した古典であろう。

また、良遍が応永二六1419年二月講述した「日本書紀聞書」によれば、今川了俊をはじめとする北方の武家は、さまざまの神道説話を「日本紀」として享受しており、彼らから神仏が習合する混沌とした中世神話が猿楽能の題材として流入したと推測される。

第二節　『古今和歌集』古注釈

主な『古今和歌集』の古注としては、藤原清輔『奥義抄』『袋草紙』、顕昭『古今集序註』『袖中抄』、藤原俊頼『俊頼髄脳』天元二～永久三1111～15年、藤原範兼『和歌童蒙抄』久安・仁平?·1145～53年・藤原俊成『古来風躰抄』建久八1197年・順徳天皇『八雲御抄』承久三1221年のほか、『古今和歌集序聞書（三流抄）』・『玉伝深秘抄』・『古今灌頂巻』などがある。

世阿弥自筆本『江口』には西行と遊女妙の相聞がある。この部分は『撰集抄』などの本文と齟齬もなく、古注と特定はできない。自筆本以外で注目されるのは、前掲伊藤正義氏の諸論考・「熱田の神秘」などが明示した古注、現行『高砂』のクリ・サシ・クセの『古今和歌集序聞書（三流抄）』の一部などである。

中世古注は語感の連想から前後のストーリー展開とは無関係に次々と論理を提示し、物語を飛躍させ、神仏のいます世もこの世の地平も、自在に往来する。『古来風躰抄』には天台止観のキーワードが見える。

やまとうたの起り、その来れること遠いかな。ちはやぶる神代より始まりて、敷島の国のことわざとなりにけるよりこのかた、この心おのづから六義にわたり、この詞万代に朽ちず。（中略）いま、歌の深き道も、空仮中の三躰に似たるによりて、通はして記し申なり。
三十一字の歌のはじめは、さらに申もことふりにたれど、素戔嗚尊の出雲の国に至りて、宮造し給ふとき、八色の雲の立ちけるに、よみ給へる歌、
八雲立つ出雲八重垣つまごめに八重垣作るその八重垣を
天つ神の御孫、わたつみ姫に住み通ひ給ひけるを、鵜羽葺不合尊をわたつみの宮に帰り給ひにける時の御歌、
沖つ鳥かもづく島にわがゐねし妹は忘れじ世のこと〳〵に
かくよみ給ひたりければ、豊玉姫の御返し
あかだまの光はありと人はいへど君がよそひし尊くありけり
となんありける。これらは、神代のことなるべし。

注釈の主張は、大和歌は唐・天竺に優れて永遠であるというところだろうか。神話が並列して紹介される。「鵜羽葺不合尊」の読みは「ウノハフキアハセズノミコト」「ウガヤフキアエズノミコト」どちらであろうか。世阿弥作とされる番外曲『鵜羽』では、『古来風躰抄』のこの箇所の記述に従ってストーリーが展開する。中世古今注・伊勢物語古注は能の典拠として、研究の進展がさらに期待される分野である。

第三節　神仏習合と中世の芸能

法楽和歌は天神社・住吉社・日吉社をはじめ、多くの寺社で奉納された。法楽和歌では、真言・陀羅尼・和歌は同一であるという「和歌陀羅尼観」がある。天竺では仏教・中国では儒教・日本では神道の信仰が対応し、詩歌はひとしく神仏を動かし、神仏にとどく言葉であった。次は鎌倉期から室町初期の例である。

○『阿弥陀経見聞私』引用歌（部分）

仏トハ　何カハマノ苔筵　タヾ慈悲心ニ　シク物ハナシ　慈悲仏　スグナルハ神　ユカム人　心一ツゾ　三ニワカル、

○北野一万句連歌供養（書き下し文　部分）

なかんずく

連歌には、神祇釈経、恋慕無常、述懐懐旧、古今遠近、春夏秋冬、雨露霜雲、松風羅月、飛花落葉、山禽林鹿、樹蝉草虫、琴棊書画、士農耕商、古郷旅宿、名所旧跡、川海舟筏、畋猟漢捕、寒温動静、憂喜苦楽、生老病死、四苦八苦等、

惣じて

百韻の内に、万端の義理を含み、百句の間に、無辺の徳用を備ふ。

ゆえに、

これを吟詠すれば、諸神も随喜し、これを法楽すれば、冥衆も納受したもう。

ここを以て、

古今序には、天地を動かし、鬼神を感ぜしめ、人倫を化し、夫婦を和すること、和歌より宜しきは莫し。

○日吉法楽和歌（抜粋　部分）
志賀の浦に 五つの色の 浪立てて 天下りける いにしへの歌
諸人の 願ひを御津の 濱風に 心涼しき 四手の音哉
昔聞く 三輪の光に 春霞 たなびく末は 比叡の 山本
大びえや 杉立かげを 尋ぬれば しるしもおなじ 三輪の神垣

大比叡一番 判詞、
この歌の劣り勝り勝り注したてまつるべき由、おほせかくることは、且つは神事に事を寄せ、且つは結縁のため也。是を強ひて辞び申さば、本意なくもなりぬべく、かくれての恐れも有ぬべし。

「大比叡一番 判詞」は、藤原俊成のものである。神仏への捧げものという敬虔な歌人の信仰が伝わってくる。古今仮名序の引用は、能の現行曲でも、二四〇曲中一二曲が、法楽和歌と類似の引用をしている。神仏に捧げる詞章に対する思いは、能は法楽和歌に近い。能で謡われる四句偈文「草木国土悉皆成仏」のキーワードは、かつては中陰経が典拠ともされ、天台止観との関連が伺える。

同じ謡物でも、平曲と『太平記』や曽我語りは門付けによって流布し、猿楽者に身近な芸能である。「修羅」の作品群については、第一編第一章で詳述した。

平家の神剣異説については、次章に譲り、ここでは禁中に進上された神器伝承を『太平記』巻二十五　宝剣進奏両卿意見の事から、振り返る。

同（承久三）年の冬の比、伊勢の国より宝剣を進奏す。その子細を委しく尋塗れば、伊勢の国の国崎神戸庄に、下野阿闍梨円成と云ふ法師あり。太神宮へ千日参詣して、有漏の福報をぞ祈りける。毎日闕かず夜歩を運びけるが、すでに千日に満ずる夜、去垢を掻かんとて、浜へ立ち出でて澳の方を見るに、一つの光物あり。（中略）目も放たず守り居ければ、この物些し小さくなりて、円成が足本にぞ流れ来ける。恐ろしながらこれを取り挙げて見れば、金にも非ず、石にも非ず、ただ三鈷柄の剣なんどの形にて、長さ二尺四、五寸の物にてぞありける。（中略）

ここに、大神宮前に遊びける童部の中に、歳十二、三ばかりなるが、俄に物に狂いて、一、二尺飛び上がり飛び上がり、「思ふ事など問ふ人の無かるらん仰げば空に月ぞ苦けき」と、高らかに詠じける間、社人・参詣の貴賤怪しみをなし、「何なる神の着かせ玉ひたるか」と問ひければ、この童部の申す様、「汝等、我を知らずや、只今天照大神乗り居させ御座す。（中略）百王鎮護の総廟の神、勅を竜宮に下されて、元暦の古西海の安徳天王の沈み失せ玉ひし宝剣を召し出ださるるところなり。それこそその剣よ」とて、（中略）「急ぎ伝奏につけて、この宝剣を進奏すべし」と託宣して、五体に汗を流し、悶絶躃地すること良久しくありて、神明は忽ちに上がらせ玉ひにける。

中世神話の誕生を、目の当たりにする語りである。平家の「神竜の宝となった」という詞章との対応も見え、

「中世日本紀」の流布と皇祖神天照大神への信仰の普及が、一体となって進行する状況が伺える。天照大神は僧に、みずから「召し出だし」た神剣だと告げ、一二・三ばかりの童に憑いて親しく神託したあと、神上がりしたという。かつてその神威を畏れられて伊勢に祀られ、僧を忌み天皇が奉る幣のみを許した神は変容した。この進奏された宝剣は、朝廷の入れるところとはならなかったようである。伊勢と神がかりを題材とした能には世阿弥の子元雅作の『歌占』があり、世阿弥の自筆本『布留』では、水仕の少女が聖剣を携え、スサノオと大蛇の闘争を舞う。その前場で山伏は布留社の謂れを神衣を洗う少女に尋ねる。

ウレシクモ　メイシヨ〳〵ヲシエ給モノカナ。サテ〳〵サキニ　ウケタマワル
フルトワヌノニトマルト　カキタル　イワレ。ウケタマワリタクコソ候へ
サテワイマダシロシメサヾリケリ。タウシヤノゴシンタイワ　ツルキニテ
御ワタリ候。コノカワニテ　アライシヌノニ　ナガレト、マリ給シ　ミツルキナリ。
クワシクカタリマイラセ候ワン
ソモ〳〵コノミツルキト申タテマツルワ。ヂシン第一ノ御代。アマテル
ヲ、ンカミノコノカミ。ソサノヲノ　ミコトノシンケンナリ。（下略）

石上の御神体は、川上から流れてきた剣だという。天照大神の兄スサノオ神の神剣は国家を護る神変飛行ののち、天上から川を下り、少女の洗う布に留まる。この布に留まる故をもって「布留」というと。これを荒唐無稽とするのは、現代の知性である。未知の神々の世界に人間の感性のまま分け入り神を求めた人々は、川で

布を洗う少女のイメージに血を通わせ、時空を越え神々に近づく。舞台には美しい少女が尊い神の謂れを語っている。観衆は彼女に語り掛けたかったかもしれない。あなたでしょう。尊い神剣を川からその手に取り上げられたのは、きっとあなたですね。問いかけは現代の理性にはただの妄言である。しかし、能では妄言に応えるように、後場で少女が神剣を携えて舞う。世阿弥は『申楽談義』で戒める。

又、何としても、思ひ倣しを能、奥近う心得べし。幕屋などをも、能々塞ぎて、人に見せ度もなし。女などに美しく成たれ共、まさしく、幕屋にて裸に成て、大汗だらけなれば、匂ひ少なく、思ひ倣し悪き也。

世阿弥は演者としての自己を、客体として見据えている。人に見せたくもない自分がいる。この世では身分の外にいる「乞食」が少女となり神となって舞う。能『布留』を「児」の身体で演じるとき、客体としての演者は自己矛盾なく舞い終えられたであろう。世阿弥は神仏が定めた生業に任せ、舞台の上で虚心に舞い、見所に応える。『布留』にある石上縁起は、舞台の上だけの、見所とともに創造したおおらかなテキストかもしれない。

第四節　中世神道と能

寺社縁起は垂迹・霊験奇瑞譚と神代記を融合する。『朝熊山縁起』は「大日本国の束根所、伊勢の分峰、志摩国の内、朝熊山常住の金剛寺は、不動明王の常住するところなり。」と述べ、「朝熊山秘」を神鏡博記五巻の内、弘法大師の御作」であるとした。空海の神秘に引き寄せられて語られる、「中世日本紀」は大胆である。

（前略）時に明星出て、光、輪宝を遶る。輪宝変じて仏躰となる。これ今の虚空蔵にいます。その面足の御沓を擲げますに、乳のごとくに浮く。我（天照大神）が父母の伊弉諾・伊弉冊尊、この沓の上に降り、塵を集めて山と成したまふ。淡路島これなり。（下略）

『神道雑々集』・『神道集』・『諸山縁起』・『日吉山王利生記』・『六郷開山仁聞菩薩本紀』など、ダイナミックな「中世日本紀」は、能の詞章との連関はない。

神道説では、両部神道が伊勢神宮内宮と外宮をそれぞれ胎蔵界、金剛界の両部に充てた教説で「中世日本紀」を展開する。神道説の中では、天台園城寺と大神宮の法楽寺院 仙宮院、真言・律宗系寺院、大和大神神社に流れる三輪流神道が能との接点を持つ。

能『三輪』では三輪清浄の偈・三輪空寂の布施「三つの輪は清く浄きぞ唐衣　くると思ふな 取ると思はじ」の神詠に誘われて、後シテが登場する。『三輪』の舞は神楽であり、巫女が憑依した舞ともされていて、後シテは女体である。クリは「それ神代の物語は末代の衆生のため。済度方便のことわざ。品々以て世のためなり」とおおらかに衆生済度方便を謡う。この方便の謡は詩句を微妙に変化させ、他の能でも神々を迎える謡になっている。神の妻訪を語るクセの後、神楽が舞われ、天の岩戸神話の仕方舞が入る。天の岩戸神話は、舞歌の民の間で、舞歌の始原と尊ばれる神代の物語である。現行の謡本では、どの神々の曲でも、天照大神は岩戸入りから出まで、百字前後で忙しい。要約の字数も少なく、注釈という趣の詞章ではない。『三輪』のキリはふと思い出したかのように終曲に入る。「思へば伊勢と三輪の神。思へば伊勢と三輪の神。一体分身の御事。今更何と磐座や。その関の戸の夜も開け。かくありがたき夢の告。さむるや名残なるらんさむるや名残なるらん」三輪伊勢同体は、サラサラとキリに謡われるだけである。

神道説では、『中臣祓訓解』・『中臣祓記解』・『宝和尚伝』・『三角柏伝記』・『大和葛城宝山記』など膨大な中世的古典があり、能に引用されると引き立つ記述が多い。例えば『中臣祓訓解』冒頭文では、

夫レ、和光垂迹ノ起り、国史家牒ニ載すト雖モ、猶ヲ遺ル所有りて、本の意ヲ識るコト靡シ。聊カ覚王の密教ニ託げテ、略シテ心地の要路を示スらく而已。蓋シ聞ク、中臣祓ハ、天津祝太祝詞、伊弉諾尊ノ宣命なり。天児屋根命の諄解ナリ。是れ即ち己心清浄の儀益、大自在天の梵言、三世諸仏ノ方便、一切衆生ノ福田、心源広大ノ知恵、本来清浄ノ大教、无怖畏陀羅尼、罪障懺悔の神呪ナリ。（下略）

と「伊弉諾尊ノ宣命・大自在天の梵言・三世諸仏ノ方便」など、天地のありとある神仏に触れて謂れが語られる。能はこうした物々しい自在さを持たない。「天児屋根命」は『海士』で、子方が高らかに名乗る場で謡われる。しかしそれは、子方が演じる藤原房前の祖神としてである。「和光垂迹」は、典拠に応じ日常的に提示される。

謹慎と正直　神明と国家の相依を尊び、北畠親房の『神皇正統記』にかよう精神性を伝える伊勢神道は、『天照坐伊勢二所皇太神宮御鎮坐次第記』・『伊勢二所皇大神宮御鎮座伝記』・『豊受皇太神宮御鎮座本記』・『造

伊勢二所太神宮宝基本記』・『倭姫命世記』の神道五部書のほか、『麗気記』がある。『倭姫命世記』は『日本書紀』の天地開闢に対し、独自の開闢神話を冒頭から展開する。

天地開闢シ初、神宝日出デマス時、御饌都神ノ大日孁貴と、予メ幽契ヲ結ビ、永ニ天ガ下ヲ治メ、言寿宣りタマフ。肆ニ或ハ月と為り日と為り、永ク懸つて落ちず。或ハ神ト、為リ皇ト為ル、常ニ以テ窮リ無し。（下略）

『二所大神宮　麗気記』冒頭は、神仏界と人間界が奇妙に交錯する。引用は書き下し文である。

蓋シ以レバ、去んジ白鳳年中ニ、金剛宝山ニ攀上りテ、宝喜蔵王如来の三世常恒ノ説ヲ聞けば「一威音王如来より以降、十我等ニ及びテ、天照皇太神の御寓勅ヲ周しタマフ『周遍法界の仏土は、達磨を以て本師と為す。一大三千世界の間は、神を以て主と為す。』」と。是、役塞行者の説也

空海言はク、「如来の三密ヲ留めテ衆生を利す。経巻ヲ留むハ如来ノ語密ナリ。舎利ヲ余すハ如来ノ身密ナリ。神明ヲ現ずるハ如来ノ意密也。」所以何となれば、仏日、西天ニ隠ルト雖モ、達磨ヲ凍土ニ弘めテ、諸仏ノ機を得て三身ヲ顕はす。神明ハ、仁ニ於いて利生を現ス。故に普門法界、昔、空劫ノ先ニ空劫ヲ興し、所化ノ間に無相ヲ以テ神体と為す。九山八海ノ中にハ日月ヲ以テ指南と為す。仏法人法ノ主ハ虚無神ヲ以テ尊皇ト為ス。是ヲ大元尊神ト名づク。葦原中国ノ心王如来也。

新作能は別として、能は空海の存在に明確に関わる詞章を持たない。伊勢神宮の祭神では「内外の宮」（『内外詣』「伊勢両宮」「伊勢の二柱」（『絵馬』））と謡われてはいるものの、外宮の祭神は役に現れない。『絵馬』では、能創作当時群行が絶えた斎宮が舞台である。節分に斎宮で絵馬を掛けた行事を、伊勢神宮に宝物を捧げる勅使が見物する。こうした空白は、山王神道や吉田神道にも認められる。山王神道の、「山」「王」の二字が、天台教学の「三諦即一」の理を現す形であると付会し、その山王―日吉の神は比叡山の護法神であり、天台の教理と山王の教理は習合し、また比叡と三輪は一体であるという教説に対して、能は無関心である。吉田神道の、神道は儒教・仏教の宗、万法の源であり、神は天地に先立ち陰陽を超越した、無始無終の絶対的存在であるとする神観念、神即心・心即神の認識論について、能は言及しない。吉田家の斎所　大元尊神を祭る大元宮には、天神地祇・八百万神・六十余州三千一百卅二神が降臨した。その教説や祭祀も、能が学んだ形跡は無い。

おわりに

本章では「中世日本紀」の概念が提起された原点にかえり、能と「中世日本紀」との関わりについて概括を試みた。

『日本書紀』神代上下二巻は、一段ごとに正文を挙げ異伝・一書を列挙する。神代二巻は、古事記や中国の正史に学ぶことなく、不特定多数の異説を前提に、それを許容する構成を持った。神代上下に存在しない神々の意思は、信仰する集団とともに変容し、増殖を続ける。

能の場合、大成の主体である猿楽能の演者は歌舞の人であって、中世的神話や聖教または仏教教学は平曲・太平記・曽我語り・法楽和歌などの芸能や能に親しい貴人・芸能者から得た寺社縁起などから享受していると把握したほうが無理はない。また、北方の武家が積極的に庇護しており、武家の芸能・詩歌への関心と習得・創作状況が、能と「中世日本紀」の関係の基本条件である。南方の支配地域である伊勢・熊野・南紀地域には関心が薄い。中央でも、既得権の主張から鋭く北方と対立しがちであった比叡山との関係は微妙である。日枝の能の演者であった犬王の影響は演技に限られ、神道の教説などはむしろ空白地帯である。犬王の能は、彼の身体表現とくに歌舞の魅力にあったのであろう。都への進出の先端にいた大和猿楽の地域性も、配慮しなければならない。能『三輪』が三輪神道を享受しているのは、大和盆地を活動の中心としていた大和猿楽ならではの現象である。天台教学は、多武峰の教学から再考される必要があろう。従来『日本書紀』を典拠とするとされた能は多い。『淡路』『呉服』（『逆矛』『白髭』『代主』）『玉井』（『難波』）『氷室』（『御裳濯』）『和布刈』『草薙』『花筐』『第六天』と、すこし想起するだけでも、関連曲を入れれば、二〇曲を下らない。ほかに幸若舞に『日本記』という、示唆的な曲なども存在する。猿楽者の社会的歴史的条件を把握し、分析を進めたい。さしあたり、本章で言及した『布留』の神剣信仰に関わる大成期後期の「出雲の能」を取り上げ、「中世日本紀」を視野に、分析を試みる。

能から「中世日本紀」を眺めると、『日本書紀』を契機として、中世の個別分散する集団や共同体に共有された信仰告白の側面が感じられる。生活のすべての営為の中で試みられ、宗教的エクスタシーで高揚した言葉や絵画的具象などとの連鎖と連想のなかで表現が飛躍し、秘伝・注釈の形態であっても、客観と正確な論理より直感的な共感が主導する。牽引が付会を付会が牽引を呼び、荒唐無稽なイメージを伴って、正統性が主張されるのは常である。その考察と究明には、それぞれの宗教的必然の論理や集団の社会的歴史的条件を把握し、集団の数だけ異なる信条の主張・信仰告白が存在するという状況認識が前提となると考える。

〈参考文献〉

西田長男　「両部神道家の日本書紀研究」　國學院雑誌　四四巻四号　昭和一三年
久保田収　『中世神道の研究』　神道史学会　昭和三四年
西田長男　「卜部宿禰のことども―太平記管見―」　日本古典文学大系月報六二　昭和三七年
中村啓信　「信西日本紀抄」　文学語学28号　昭和三八年
伊藤正義　「古今注の世界―その反映としての中世文学と謡曲―」　観世　昭和四五年
久保田収　「中世における日本書紀研究」　神道史研究二二巻四号　昭和四九年
多田厚隆校注　『日本思想大系九』　岩波書店　昭和四九年
櫻井徳太郎他校注　『日本思想大系二〇』　岩波書店　昭和五〇年
大隈和雄校注　『日本思想大系一九』　岩波書店　昭和五二年
新井栄蔵他校注　『叡山の和歌と説話』　世界思想社　平成三年
岡田莊司　『平安時代の国家と祭祀』　続群書類従完成会　平成六年
徳江元正　「〔翻刻〕麗気抄（其一）」『日本文学論究』第五五冊　平成九年
直木幸次郎他校注　『日本書紀①』　小学館　平成六年
月曜会編　『世阿弥自筆能本集』　岩波書店　平成九年

鎌田純一　『中世伊勢神道の研究』　続群書類従完成会　平成一〇年
阿部泰郎他　『真福寺善本叢刊』全二四巻　臨川書店　平成一〇～二三年
原克昭　「〈中世日本紀〉研究史―附・研究論文目録抄―」「国文学解釈と鑑賞」六四巻三号
牟禮仁　『中世神道説形成論考』　皇學館大學出版部　平成一二年
神仏習合研究会　『麗気記Ⅰ』　法藏館　平成一三年
伊藤正義監修　『磯馴帖』村雨篇　和泉書院　平成一四年
國學院大學　「中世日本紀」　「神道書籍」展示会目録　平成一五年
黒板勝美編　『新訂増補国史大系巻八』　吉川弘文館　平成一九年
岡田莊司編　『日本神道史』　吉川弘文館　平成二二年
阿部泰郎編　『中世文学と寺院資料・聖教』　竹林舎　平成二二年
伊藤聡　『中世天照大神信仰の研究』　法藏館　平成二三年
原克昭　『中世日本紀論考―注釈の思想史―』　法藏館　平成二四年
阿部泰郎　『中世日本の宗教テクスト体系』　名古屋大学出版会　平成二五年
青木周平　『古代文献の受容史』　おうふう　平成二八年

第二章　中世の出雲信仰

はじめに　―出雲の能の概容

出雲の能は、刊行・影印などで詞章が確認できる曲が五曲知られている。注1 その中で、作者が確定されているのは、観世小次郎信光の『大蛇』（宝生・金剛・喜多各流現行曲）、その子観世弥次郎長俊の『大社』（観世・金剛・喜多各流現行曲）の二曲であり、『出雲龍神』『神有月』『御崎』（いずれも廃絶曲）については、作者・成立年などを考証する、信頼できる傍証資料はない。

また、能にあらわれた出雲信仰を知るうえで、応永三五1428年二月奥書世阿弥自筆能本『布留』（番外曲）・『源太夫』（喜阿弥作・世阿弥改作　金春流現行曲）・『草薙』（作者・成立年未詳　宝生流現行曲）・『十握剣』（作者・成立年未詳　廃絶曲）四曲 注2 は、詞章の上から関連が確認できる作品である。本稿は能にあらわれた出雲信仰を考察の対象としており、以上の出雲の能・出雲関連の能九曲を中心に、中世出雲信仰の一端を知る目的を、幾分なりとも果たせればと考える。したがって、諸記録に曲名のみが見える、たとえば、『蔭涼軒日録』寛正六1465年九月二七日条『出雲トツカ』注3 や、『いろは作者註（注）文』の『とつか』、近世以後の名寄に散見する『十柄剣』『とつかのけん』『とつかのにん』『こつかのかん』など、曲名のみまたは演能・注釈記録のみ残る曲についても興味深くはあるものの、最小限の配慮に留める。

出雲の能と出雲関連の能を概観すると、神の影向・示現をクライマックスとした能や、いわゆる水神である龍神・大蛇などの異類が活躍する能の特徴が認められる。注4 また、十羅刹女や異国との闘争の題材は、出雲が異国と接点を持つ地域であるという境界の認識の対象となっていたことを伺わせる。

本稿では、出雲の能・出雲関連の能の中で、題材やテーマを集約的に展開している、観世弥次郎長俊の『大社』を足がかりに、能にあらわれた中世出雲信仰の考察を進めたい。（表八　出雲の能・出雲関係の能一覧　三六五頁　参照）

第一節　観世弥次郎長俊と能『大社』

観世弥次郎長俊は、長享二1488年に生まれた。没年は天文一〇1541年、父は音阿弥元重の第七子、観世座大鼓方・能作者であり脇の名手とも伝えられる観世小次郎信光である。父信光は永享七1435年生まれ、現在でも上演されることが多い『船弁慶』『紅葉狩』をはじめ、『大蛇』『九世戸』『胡蝶』『張良』『遊行柳』『吉野天人』『羅生門』などを能作した。信光の能には、激しく華やかな演技と風流を追及した多様な登場人物やローマン的空想的なテーマ・場の設定、演出が見られ、舞はテーマによって優美にも戦闘的にも展開されて能の演劇的な進化が認められる。また、詞章や題材には「三体詩」など中国の古典の影響が明らかである。信光は長享元1487年に再婚し、長俊は翌年に生まれている。晩婚の子ではあるが、嗣子長俊の能は、小次郎信光の能の特質をよく継承している。信光は永正六1509年一二月三条西邸を訪問したことが『実隆公記』に見えるなど、永正一三1516年の没年近くまで、晩年も壮健であったらしい。

弥次郎長俊は、観世座の脇役者、能作者として活動した。名脇方といわれた金剛四郎次郎元正に師事して、観世大夫元弘（道見）の脇の為手を勤め、観世元忠（宗節）を補佐した。享禄（1528~1532）ごろは、まだ脇を演じていたようである。注5　吉田兼将編『能本作者註（注）文』は長俊の直談に基づいており、そこに長俊作と伝えられる二五曲のうち、『大社』『江野島』『正尊』『輪蔵』『異国退治』『河水』など一五曲ほどが現存する。長俊の能も、多彩な登場人物が華やかな風流を現出する。人物や場の設定は劇的な効果や新規な試みが配慮され、エキゾチシズムやローマン性を帯びながら、能を受容する観衆や時代の嗜好が巧みに取り入れられている。

『大社』ではまず、一畳台が大小前に出され、引廻を掛けた大宮がその上に載せられる。次第でワキ三人が登場、当今臣下を名乗り道行を謡う。作物は華やかさと神の影向を演出する見せ場を作る。通例にそった脇能の開始である。当今臣下は、毎年一〇月、日本国中の神々が出雲に影向し、出雲ではこの月を神有月といって様々な神事があるのを聞き及び、参詣しようと出雲に向かっている。彼らの参詣は、奉幣やその他の宣旨などの下命をうけたものではないらしい。

大社で案内を伺う朝臣の前に、老社人が若い社人とともに現れる。大社の神秘を問う臣下に、老社人は、大社が三八社を勧請した地であること、中に五人の王子があり、第一はあじかの大明神で山王権現、第二はみなとの大明神で九州宗像の明神、第三は伊奈佐の速玉の神で常陸鹿島の明神という。第四には鳥屋の大明神で諏訪の明神、第五は出雲路の大明神で、これは伊予の三島の明神と現れたと語る。神々の中で住吉の神だけが九月晦日に影向し、残りの神々は一〇月一日寅の刻に影向する。神々はそれぞれの役を演じ舞歌の袖を翻して、いろいろの神遊は尽きない。老社人は語り終えると名乗りを言い挿し、ただ「神の告ぞ」と言い捨てて作物の大宮に消える。

間狂言はまず、大社の神主と参詣人が登場する。神主は大社が天下に隠れもない神で、夥しい参り下向の人があると述べ、参詣人に問われるままに、「神有月」には日本六六か国の神々がこの大社に参り、天下安全の守りと夫婦の縁を定め、一〇月末、向こうに見える神あげの山に早鞆の明神がのぼり、神々の帰りを榊の枝で促して送るという。参詣人は物語を寿ぎ神楽を所望、呼び出された巫女は鈴を持ち、「遥かなる沖にも石のあるものを。蛭子の御前の腰掛の石。」と謡い出し、神楽が舞われる。「御神楽こそめでたう・・・・・」と舞い納め、狂言一同は幕に入る。

後の場に最初に登場するのは天女である。天女は「出雲の御崎に跡を垂れ、仏法王法の守りの神。本地十羅刹女の化現なり。」と名乗り、天女舞を舞う。舞のうちに諸神も現れ、作物の引廻が下り杵築大神が出現して、住吉・鹿島・諏訪・熱田をはじめとする神々の神遊に楽を舞う。大神が舞い終わると、しぐれる雲と疾風を巻き起こし、龍神が沖から姿を現す。

龍神は打杖のほかに、小龍を入れた黄金の小箱を手にしている。自らを海龍王と名乗り、毎年恒例の捧げ物である小箱を神前に据え置いて渇仰し、その箱から小龍を取り出し神前に捧げて舞働を見せる。「四海安全・・五穀成就・・福寿円満・・君を守るべし」祝言の数々のうちに、諸神は神あげの山から虚空に遍満しつつ去り、天女は消え龍神は海中へ、大神は社殿に入って、終曲となる。

長俊の『大社』では、作物の大宮から現れる神は、その名を明らかに名乗らない。社殿に消える老社人も、地謡もその名は語らない。前シテとツレの一声―登場歌にはスサノオ神の神詠「八雲立つ」の上の句が引用されているが、それで『大社』の神の名を類推できるとは、言い切れない。現行の詞章のみから、『大社』の大神を特定するのは困難である。これが創作当初からの内容であったかどうかは、テキストの時代考証に必要な史料が不備な現状からは、確定はできない。

その神が勧請した三八社についても、またその中の王子とされた御社についても、典拠や所伝は不明であり、勧請された社殿も特定できていない。ただ、王子の神として山王権現・宗像・鹿島・諏訪・伊予三島を挙げたことは、この能が「大社」を優位とする当時の、出雲を中心とする信仰圏の存在を前提として、創作されたことを推測させる。住吉の神が神々の影向に先立って現れ、神遊でも住吉・鹿島・諏訪・熱田・早鞆と神々の名が具体的に列挙され、再度住吉が挙げられているのも、『大社』の詞章の特色である。

龍神の出現は、水神の信仰が認められる神々の能に一般的に見られる演出であり、老体の神の場合、龍神とともに天女が現れて天女の舞を舞い、賑々しく風流を演じるのも、『白髭』『九世戸』などの脇能に認められる。『大社』では、龍神は黄金の小箱を捧げ、天女は一声で高らかに十羅刹女を名乗る。配役の常套を踏まえながら、ローカルな受容が配慮されている。間狂言にはこのような演出の特徴がよく発揮され、一人で演じる「所の者」という一般のアイとは異なり、参詣人と神主、巫女に分かれ、「神有月」に集う神々が、国土安全・夫婦の縁を定める巷説を紹介し、「遥かなる沖にも石の……」と床しくも懐かしい地神を偲ぶ神楽を舞う。

『大社』の構成は、大臣ワキの神社参詣、神の化身としての宮守の出現、間狂言、本体の神の影向、神遊という脇能の基本的な骨格を持っている。大社をはじめとする出雲の諸社に伝えられ、時にはほぼ一か月以上に渡って斎行される神有月の神事は、窺い知ることもできない秘事である。その神事に代えて、脇能本来のスタイルを採用し、寅の刻の影向・神遊をおおらかにスライドし、天女の舞・楽・舞働を華やかに演じた工夫はほほえましい。そこには遥かな神の国出雲に目を瞠る、能作者弥次郎長俊が持つ瑞々しい感性と、舞人として能に生きた人々の、能作に込められた神々への思いを伺うことができる。

第二節　『大社』と出雲の能・出雲関係の能

出雲への神々の影向を題材とした能『神有月』でも、「当今に仕へ奉る臣下」が出雲国大社に参詣する。前シテ・ツレが演じる老社人は「手なづち足なづち」夫婦の化身である。二人は毎年一〇月に、あたりの万木は皆、神の御宿木になるといい、第一の御神、葉守の神の宿木であるこの紅葉の木陰を清めているのだと語る。臣下の不審に神有月の謂れが説かれる。「人のめにこそ見え給はねども、諸神はここに遍満して」社々・山川草木・海・虚空みな影向の神所になる。あの岡の松は住吉の御やどり、杉は三輪、「もろかし」は「すは」、木々の葉守の神たちはこの紅葉と案内し、神の和光同塵のありがたさを述べていると、川上から八雲が立ち、宮居に迫る。二人の社人は、雲は大蛇の怨霊が、我が子稲田姫、御神の妻を襲おうとしていると言い置き、八重垣の中に消える。

後場の天女は「稲田姫」を名乗り、天女の舞を舞う。迫る大蛇に立ち向かう「尊」は「十つかの剣」で酔い臥した大蛇を切り放し切り放し、大蛇の尾より「むら雲のけん」を見出す。村雲と十束、今の世までの両神剣と尊の神徳を讃えて曲は終わる。

『大社』と『神有月』の能柄は脇能である。構成・テーマは、神々の神徳・神威を讃え四海安全・五穀成就を祈願し君の政を寿ぐという基本的共通点があり、神有月に出雲に遍満する諸神のイメージや諸神のなかに住吉や諏訪の神を挙げる詞章は興味深い。前場は『大社』が王子信仰から杵築大社の神威を演出しているのに対して、『神有月』はヒモロギ信仰によって、葉守の神に対する崇敬を述べ、和光同塵の神に親愛を寄せ、三輪の神を挙げるなど、素朴なアミニズムや畿内に近い宗教意識が見られる。後場は『大社』が杵築大神をシテとし、十羅刹女・龍神の舞など賑々しい神遊を展開するのに対して、『神有月』はスサノオ神の大蛇退治と両神剣への崇敬を描いており、典拠に記紀、特に『日本書紀』を想定できる。

弥次郎長俊の父、小次郎信光の『大蛇』でも、記紀とくに『日本書紀』を典拠として、大蛇退治がテンポよく展開される。ワキ「素盞嗚」、前シテ「手摩乳」、ツレ「足摩乳」、後シテ「大蛇」。前場で櫛に変身したはずの稲田姫は、後場ではワキツレ輿舁二人を従えた子方によって演じられる。大蛇退治はワキ「素盞嗚」後シテ「大蛇」の切組でみせる。シテは切り伏せられた態で切戸より引き、ワキが名乗座で留め拍子を踏む。

出雲の能や出雲関係の能では、諸神の中でもスサノオ神の存在は圧倒的である。『大蛇』と同じくワキが「素盞嗚の尊」を名乗る『御崎』では、次第で「をさまる御代を守らんと、誓ひはあらたなりけり」と、尊自身、国土安全の守護神であることを謡い、「朦胡」の襲来に備え、「天照大神」「住吉」「春日」その他の日本の神々を出雲に勧請し、異敵を防ぐ覚悟を語る。尊が詠唱する出雲神の宮居草創譚は興味深い。あるとし「天竺月支國うしとらのすみ」が欠け落ちて海に漂い、出雲の国に着き「不老山」となった。神は流れ寄る山をつきとめ宮作したという。出雲は大日の印字を便りに「開け初まれる神国」の中にある。「西海の波にうかべる山」を「土をつかね杵をくだし」て宮居した杵築大神の挿話は、伯耆の『大山寺縁起』にも見える。

『御崎』の前場には、子方が演じる「素盞嗚尊第三の姫」が父神をしたい見参のため現れる。訝る尊に姫は、母が尊にかかりに従った「はらげつら龍王の姫宮」であると明かす。思わぬ子なりと柏の葉に包み、父神が守護に残した「十握の剣」を添えて海に捨てられたが、子のない漁人夫婦に育てられ、「きづきの御社」に現れたある印に感じて、一一歳の今帰国したと語る。再会の感涙に咽ぶ父子神の前に、異国より「八萬艘の大船」が「億兆の兵」を乗せて攻め寄せてくる。味方がみな「中々叶ふまじき」と逃げ去るなか、姫宮は「十羅刹女」と現れて、白鳥に身を変じ、石を投げ十握の剣を振るって掃討する。

子方の役名は市杵島姫命となっており、父神スサノオ神の神格を、国土を守る闘諍の神とする本曲では、姫宮の本地を十羅刹女に求めたのであろう。シテが「朦胡」軍を率いる「北天竺月支國、ひこねの天皇」を演じるのも、曲成立当時の中世的な世界観や「朦胡」襲来についての宗教的動機の一解釈を見る。「ひこねの天皇」は、かつて自らの国土から流れ出た聖地奪還の戦いを挑んだのである。「はらげつら龍王」というメルヘンティックな龍王の孫姫宮は、この天皇と健気な切組を演じたのかもしれない。

『御崎』は中世的なメルヘンとエキゾティシズムに彩られている。役柄や筋立ては、近世になっていわゆる「シテ一人主義」や「典拠尊重」に固定化し編成される以前の、能のスタイルをよく伝えている。その創作法は演劇としての能の可能性を自由に追求し、典拠の古典が特定できないほど闊達である。スサノオ神は龍王の娘と契って市杵島姫命を生み、その姫宮の本地は十羅刹女とされる。神々の系譜は更新され、本地垂迹・神仏混淆すら舞台上の鮮やかな演出により、新たに提示される。スサノオ神は異類を従え異敵を掃討する、生命力溢れる国土の守護神である。

出雲の能で、杵築大社に宮居する神をスサノオ神とする、明確な詞章を持つのは『出雲龍神』である。ワキ塩冶五郎貞俊は「當國大社は素盞嗚尊の御跡にて。我日の本の宗神なれば。和光のかげもいや高し」と述べ、「神有月」を慕って大社に詣で、社人からその子細を聞く。社人はさらに、龍神が剣の形をした尾を持つ「二三寸」の蛇を捧げること、折も折それがこの一〇月一〇日であると告げ、龍蛇を宝殿に一年間祭る神事を伝える。夜もすがら夜神楽が奏されるなか、打ち寄せる波に乗り龍神が現れて小蛇を捧げ、やがて龍宮に帰ってゆく。

『出雲龍神』のワキは塩冶という、かつての出雲の名族・守護佐々木氏の子孫とされた有力国人にあやかり、武士らしい姓名を名乗った。ラフカディオ・ハーンの心も捉えた出雲の民俗である龍蛇信仰を踏まえ、龍神に後場のクライマックスを委ねている。注6 そこには中世の闘諍のなかから出雲を形成していく新しい力とその力強い信仰、神々が影向し遍満する地への誇りが映し出されている。

小次郎信光の『大蛇』弥次郎長俊の『大社』と『出雲龍神』『神有月』『御崎』の作者・成立など能作上の相関関係を実証する史料は、現在まだ発見されていない。これらの出雲の能を概観するとき、それは、出雲の地でなければ、また、中世でなければ創造することができない、文学と信仰の世界を形成していることが伺える。

スサノオ神は、ストーリーや役柄からは圧倒的な存在である。しかし一方、杵築大社にいます主神をスサノオ神と明言した能の詞章は、『出雲龍神』のみである。近世、能は式楽として、幕府をはじめとする諸大名によって整備された。現在五流で刊行する能の謡本は、近世の整備と演能の場を経、さらにベストセラーとして洗練され固定化したものである。その謡本ですら、近現代の各流の改版を機会に、詞章の仮名表記・送り仮名・読み仮名・漢字表記をはじめ、挿絵・装束付は勿論、解説事項も変化し、その例は枚挙にいとまがない。なかには近現代新作された能本が、中世から親しまれた同じ曲名であらたに刊行されている場合すらある。能本は舞台とともに生きる本質を持っており、舞台とともに再反される。文字に固定される必然は一様ではなく、現行の小次郎信光の『大蛇』弥次郎長俊の『大社』と『出雲龍神』『神有月』『御崎』を、同じ基準で論ずることはできない。詞章の細部を比較することも、かえって客観性を見失うことに成りかねない。こうした能の詞章の性格を考慮し、出雲の能・出雲関係の能を、大社の神の神格について検討すれば、スサノオ神が圧倒的な存在であるにもかかわらず、スサノオ神に限定されない、多重性を持っていることが指摘できる。

能では、場とした宮居の神が必ずしも影向するとは限らない。テーマや演出により、末社神や摂社神である場合もある。能『源太夫』では、宣旨を蒙り熱田神宮に参詣した「当今に仕へ奉る臣下」の前に、現在でも摂社として祀られる源太夫神が現れる。源太夫は『平家物語』剣巻（有朋堂本）では「日本武尊」に愛された「岩戸姫」の父であったが、室町期には橘姫の父、また脚摩乳と同身である東海道の守護神と信じられていた。前シテ老翁は彼の化身に設定されており、ツレ老嫗（手摩乳の化身）と「仏の道も。よそならぬ。神の恵みを頼むなり」とおおらかに神仏習合を讃え、熱田と出雲の神が御一体であると語る。

「日本武尊」を「素盞嗚尊」の再来とする一種の垂迹信仰は、能『草薙』のバックボーンともなっている。『源太夫』の後場がスサノオの大蛇退治・源太夫神との所縁・ヤマトタケルの東征と慌しく冗漫であるのに対し、『草薙』はワキを「比叡山に住む慧心の僧都」として、熱田に一七日参籠し最勝王経を講ずる場面を工夫している。慧心は能に登場する有徳の僧の象徴であり、前シテとツレは貧しい草花売りとして聴聞する。神前の経文購読は、おそらく、この世の身分を越えて群集できる宗教的空間を形成していたのであろう。『草薙』の前シテとツレは日本武尊と橘姫の化身であり、二人は後シテ・ツレとなる。この処理で後場の源太夫神との所縁は整理されたが、スサノオの大蛇退治・ヤマトタケルの東征の間に、草薙の剣を取り返そうとする怨霊になったヤマタノオロチを組み込んで、能本としての冗漫は解消できていない。冗漫の原因は「日本武尊」を「素盞嗚尊」の再来とする一種の垂迹信仰にあり、ヤマタノオロチの怨霊への執着にある。それにもかからず、同じ宗教的信条に基づき『源太夫』と『草薙』が能作され現存することは、中世の熱田と出雲を一体として東西を結ぶ、信仰のラインと宗教的境界の形成を推測させる。また、中世の闘諍の世に、異類を従え異敵を掃討し怨霊を切り伏せる守護神の象徴として、スサノオ神を渇仰する信仰が強固であったことも示唆している。スサノオ神所縁のもう一つの神剣「十握剣」の、中世的信仰に基づく能本に、応永三五1428年二月奥書世阿弥自筆能本『布留』と『十握剣』がある。注7

『布留』は「山伏二人ばかり」が現れ、求道を志す次第（登場歌）と「九州彦の山の行人」を名乗る場面から始まる。彼らは「霊佛霊社」を巡礼し吉野熊野に赴く道すがら、「石の上、布留の社」に着き、神前の川で布を洗っている女を見咎める。女は山伏の問いに答え「当社のご神体は剣にて御わたり候。この川に洗ひし布に流れ留まり給ひし御剣なり。」と神剣の謂れを語る。この神剣は「天輝大神の兄 素盞鳴の尊の神剣」であって、「八雲立つ出雲の国簸の川上にして 大蛇を従へ給ひし 十握の剣これなるべし」という。

女の言によると、御剣は国家を守る神変飛行の剣であり、神武天皇の東征で悪神を静めたのち、終には大和石の上に納まり国家護りの神となった。山伏が、神剣を拝したいと願い出ると、女は思いもよらないことと躊躇いつつ、かつて「熱田の宝剣は、道行法師が法味に引かれて、筑紫まで出現ありしぞかし」とあらたかな古例を紹介する。「それは異国の行人なれば、さも法力も高かるべし」と怯む山伏。女は「あら愚かや法力に、和国異朝の隔てあらんや」と励まし「それ一如法界の内には 神もなく仏もなし しばらく済度の方便を設けて 和光同塵の結縁たり 神と言い仏と言うも 水波に浸しつる 絹布に留まりし泡沫の 憐れみ衆生を度すべきなり」と説き、瑞垣を越え消え失せる。

里人にも「いかさま尊き聖にて御わたり候ふほどに、かかる御告げもわたらせ給ひ候ふか」と励まされ、社

頭で一七日の念誦を勤める山伏の前に、女体の神体が現れる。『布留』はその風姿を、

○女躰ノ神躰ツルキニキヌヲ四シャクハカリ付テ　モチテ　出ヘシ。ヌノニトマルスカタナルヘシ　カシラワ　ワカフリナンドノテイナルベシ。

とト書きする。女神は山伏による尊い法味に引かれて、夢中に現れたのだと告げ、舞楽のうちに、尊が十握の剣によって大蛇を退治し、「天長く地久しくて　国土豊かに安全なるも　ただこの利剣の恩徳なり」と霊剣を讃える。夜はほのぼのとあけ、神剣は御殿のうちに納まり、曲は終わる。

『十握剣』のワキは奈良の京に住む、百の剣を作って誉れ高い「冶工」である。彼は十握の剣の謂れを求めて、石の上布留の社に参詣する。現れた宮守はご神体の剣が「国家長久怨敵退散の御守り」であると言い置いて夕闇に消え、ワキは通夜をして神託を待つ。神託は世阿弥自筆本『布留』と同じ要旨で語られる。ご神体の剣が大蛇を切り裂いた「十握の剣」であること、川の流れから女の洗う布に纏わって現れ、この社に祭られたこと。お告げは、明け暮れの信心をおこたらなければ、影身に添って守りを得、いっそうの誉れを得るであろうと結ばれる。『十握剣』には布留の神剣について、様々な呼称が列挙されており、「佐土都」「甕布都」など表記を含め今と共通する呼名もあって、興味深い。なかに、「韓鋤の剣」は「からすき」に似ている形からきたものであるという。

『十握剣』の作者・成立年は未詳である。その信仰は近世的な宮参りに近い、平明な信心である。ただ神託は、世阿弥自筆本『布留』と同じ要旨で語られている。

世阿弥自筆本『布留』は観阿弥作詞の謡を借り、世阿弥が書き下ろした作品とされる。前シテは宮人に仕える女で、御手洗川の岸で神の御衣である布を洗っている。山伏は水仕とも見えない由ある姿を不思議に思う。「布を洗いながら神前を拝み礼をなす」というその描写は、聖なる神御衣を織る「女の童」の清らかな挙止さえ偲ばせる。後の場のプロットが、神体の影向・聖剣の出現であるにもかかわらず、「布に留る姿」のままに「女体の神体」が手に聖剣を持って舞う。

布留の御手洗川で聖なる神御衣を洗う清らかな少女の存在は、布留に名を借り世阿弥が見た、神に近い者の幻影なのであろうか。女体の神に太鼓入りの舞楽を舞わせたいという、創作上の要求が生み出した舞台上の影なのだろうか。女は夢中に神となって、宝剣を携えて山伏の前に現れる。ここには神体である聖剣の影向が、仏の来迎と同じく、衆生済度の奇跡として描かれている。導き手である聖なる布を洗う清らかな少女が、神の姿となって聖剣とともに現れる奇跡は、おおらかで普遍的な中世の、神々への信仰を生き生きと伝えている。

『布留』は早くに廃曲になったとされている。その原因を直接解明する、充分な史料はまだ存在しない。文字に表し固定化された経緯も明らかではない。ただ『布留』は能として大きな矛盾を抱えていると思われる。『布留』の後場では、クライマックスの舞楽の直後にスサノオ神が大蛇を退治する神代の故事が回想される。世阿弥自身が「見所《みどころ》似会わずと」戒めた、役柄の齟齬が顕在化するのである。注8 聖剣を持つ清らかな女神と、大蛇の血が滴る剣・荒ぶる神スサノオ神とのイメージの乖離は、それぞれの神をいただく信仰の現実と深く関わっており、その混淆は不可能に近かったのではないかと思われる。

布留石上神宮の祭神「布留御魂剣」は、神武東征のとき武甕雷神が降下した神剣とされ、一説に崇神天皇によって、石上に祀られた国家鎮護の大神である。大王と物部氏をはじめとする大和の豪族が尊崇し、律令期に入ると、貞観九867年三月に正一位の極位に至った。延喜の制では、名神大社・祈年・月次・相嘗の案上官幣、祈雨幣帛に預かり、その後も朝廷の篤い崇敬を受けたことは多言を弄するまでもない。石上神宮は、日本最古の金石文である隷書銘文が刻まれ、神体と同様の扱いを受けた国宝の七支刀など、勝れた刀剣を社宝としている。「十握剣」は神々が佩いた大剣を呼ぶ呼称でもあって、『平家物語』では大蛇を切り裂いた剣を「十つかの剣」といい、この用法は江戸初期の仮名草子・名所記にもある。一方で一五世紀中ごろの『河海抄』では「草薙剣」を指し、浄瑠璃『妹背山婦女庭訓』でも「三種の神器のその一つ十握の御剣」と謡われ、「十握剣」の語彙は混淆する。スサノオ神が大蛇を従えた剣は石上に、切り裂かれた大蛇の尾から現れた剣は熱田にあるとされる。これは「記紀」を整序した定説である。「記紀」の表記と所在はさまざまである。スサノオ神の剣は十拳《とつか》（握《の》）剣《つるぎ》（記紀）・剣《つるぎ》（紀八―四）、大蛇の剣は草薙剣《くさなぎのつるぎ》（大刀）（記紀正・八―二熱田）・都牟刈大刀《つむがりのたち》（記）。『太平記』に見える「天《あま》の叢雲剣《むらくものつるぎ》」は、紀の丹鶴本一書訓にある。

世阿弥は、「この道は見所を本にする態なれば（観客を基盤に存立している状態なのだから）」[注9]という。『布留』が明示する、石上神宮の祭神「布留御魂剣」とスサノオ神の、大蛇を切り裂いた剣を一体とする宗教的な主張は、『布留』の能作に世阿弥を向わせるほど明らかに、周辺の観客の中に存在したと考えられる。『平家物語』は巻一一「剣」冒頭に、

> 我朝には、神代よりつたはれる霊剣三つあり。十つかの剣、あまのはやきりの剣、草なぎの剣これ也。十つかの剣は、大和国いそのかみ布留の社におさめらる。あまの羽やきりの剣は、尾張国熱田の宮にありとかや。草なぎの剣は内裏にあり。今の宝剣これ也。（中略）其なかにある博士のかんがへ申けるは、「む

かし出雲国ひの河上にて、素戔烏の尊にきり殺されたてまつし大蛇、霊剣をおしむ心ざしふかくして、八のかしら、八の尾を表事として、人王八十代の後、八歳の帝となッて、霊剣をとりかへして、海底に沈み給ふにこそ」と申す。千いろの海の底、神竜のたからとなりしかば、ふたゝび人間にかへらざるもことはりとこそおぼえけれ。

梶原正昭・山下宏明校注　新日本古典文学大系『平家物語』下

と述べ、また、同書「有朋堂本」は同じ剣の巻で異説を挙げて語る。他のテキストにも霊剣の異説は多い。

次に宝剣と申すは、神代より伝はれる霊剣二つありと見えたり。天叢雲の剣天羽々切の剣是なり。天の叢雲の剣は、代々の帝の御守、即ち宝剣是なり。天武天皇の御宇、朱鳥元年六月に、尾張国熱田の社に篭られたり。また天はゝ切の剣は、本は十握の剣と申ししが、大蛇を切て後は、天羽々切の剣と号す。大蛇の尾の名を、はゞといふ故なり。をろちとも名づく。彼の剣大和国石上布留社に納れり。（下略）

その中世的で自在な混淆と垂迹の信仰は、出雲の能と出雲関係の能の分析結果にも、明らかに示されている。中世の熱田と出雲を一体として東西を結ぶ信仰のラインと、その中央に布留石上の聖剣を戴く宗教的境界形成の主張は、どのような歴史的状況の中で能に創作され、変容し継承されていったのであろうか。

第三節　出雲大社の遷宮と出雲の能

出雲日御碕神社に「十羅刹女」が祀られていたことは、大永三1523年九月二七日付宇山久秀奉納妙法蓮華経端書及奥書によって知られる。注10 このとき法華経・阿弥陀経など一一が「十羅刹女」の御前に奉納された。杵築奉納山には、享禄五1532年二月に伊予国宇和島の僧・天文二1533年八月には常陸国小山の住人久貞・天文三1534年正月には近江国某・天文一〇1541年二月には下野国の僧が、それぞれ大乗妙典六十六部を埋葬しており、常陸小山の住人久貞と伊予国宇和島の僧・近江国某の経筒銘には「十羅刹女」の名が刻まれている。注11 天文一〇年は『大社』の作者弥次郎長俊の没年にあたり、『大社』が創作された同時代、出雲の神社に祀られた「十羅刹女」に対する僧侶・旦那などの帰依と宗教的活動があったことが確認される。

「十羅刹女」は法華経勧発品・陀羅尼品に見える一〇人の羅刹である。法華経の受持者を擁護する女形の鬼であって、我が国では天台宗・日蓮宗で信仰された。法華経の修行を勧発する普賢菩薩が「十羅刹女」を従える像が描かれ、平安後期ごろからの一〇点以上の遺例が残っている。二種があり、天永三1112年の兵庫鶴林寺柱絵などは唐風、京都廬山寺などは和風、優美な十二単衣の姿である。その護法・守護力を特に強調したのは、日蓮であった。日蓮は遺文特に消息で、門弟たちにその守護を強調し、教団の結束を促した。注12「十羅刹女」信仰は門弟たちが日蓮に結びつき、次第に高次元の法華経信仰に至り、一層強固な教団を形成する媒介の機能を果たしたという。

日蓮は蒙古襲来を予言し、その調伏に力を尽くした宗教者である。出雲の日御碕に「十羅刹女」が祀られ、杵築奉納山に埋葬された経筒に「十羅刹女」の銘文が残るのは、それが異敵調伏に果たす守護力と結束の象徴的存在であるからであろう。経筒の奉納者は近江・伊予・常陸であり、「十羅刹女」と日御碕や杵築の地を結ぶ信仰圏の広がりを示している。『大社』や『御崎』に描かれた天女「十羅刹女」はこの信仰の上に存立しているのである。

能『大社』『神有月』『出雲龍神』では「神有月」の出雲に集う、諸国の神々が謡われる。龍神や天女は神々の影向の、あるときは先触れとして、あるときは守護として、それぞれの所縁に惹かれて登場する。神の影向は祝言としての能の、もっとも根源的なテーマであり、それは仏の来迎と同じく、それを感得する者に、魂の救済や慰謝と平安を招来するものであった。神有月の虚空に遍満する神々のイメージは、修羅闘諍の世の観衆に、太平の予感をもたらしたと思われる。

『神有月』の、紅葉の根元を清める老社人の描写には、『後拾遺集』巻六僧正深覚「十月の朔ごろ紅葉のちるをよめる」歌が偲ばれる。

手向けにも　すべき紅葉の　錦こそ　神無月には　かひなかりけれ

また、同曲、紅葉に宿る葉守の神には、『新葉集』巻一二妙光寺内大臣花山院家賢「恋の歌の中に」も思われる。

かしは木の　散や葉守の　神無月　頼みし影も　もる時雨哉

一〇月の「神無し」が出雲の「神有り」であることとは、藤原範兼の『和歌童蒙抄』にも「十月　此月よろづの神たち出雲国おはしますによりて、神無月といふ。」と記され、順徳院の『八雲御抄』では「出雲には鎮祭月と云。」が指摘されるなど、先学の論考に優れた考証の成果が蓄積されている。出雲での神有月神事の継承は、正平八1353年三月二日の出雲大社文書に「先祖代々仕」えた祭事であるとの記述が見え、貞治五1366年の

『詞林采葉抄』巻六には神有の宮として「佐太明神」の名も表れる。神々が出雲に集う、久しい沿革やその信仰については、柳田國男・折口信夫・朝山皓をはじめとして、民俗学・神道学から、深い学殖と洞察に充ちた学説や提言・論争の歴史があり、ここで多言を弄することは不用であろう。ただそれが、鎌倉中期から南北朝にかけて既に、出雲のみならず公卿貴族の記録や歌集・歌論など広く文献上に現れ、それが久しい祭事を伴っていた事実をあらためて指摘したい。それは、出雲の能・出雲関係の能が、能作者の「かざし」や一人の芸能者としての思いつき、自己顕示ではなく、当時の社会に普遍的に存在する宗教的な意識とエネルギーの発露であることを、巧まずして確証するものと考えられるからである。そしてそれはまた、出雲の能・出雲関係の能に現れた、スサノオ神を圧倒的な表象としながらも多重性を有する、杵築大神の神格を認識させる。国土の全ての神々を集わせ、神々がその前に天下安全と夫婦の縁を定めた神、「四海安全・五穀成就・福寿円満・君を守るべし」などの数々の祝言が謡われた神、その大神は大蛇の鮮血が滴る十握剣を佩いた修羅闘諍の守護神スサノオ神であろうか。『出雲風土記』が繰り返し讃えた「天の下造らしし大神」オオナモチ神こそ、杵築大社の深奥に鎮まり神々が集う神格にふさわしく、大社の根源に座すものではある。スサノオ神を圧倒的な表象としながら、「天の下造らしし大神」オオナモチ神が鎮まる杵築大社の多重な神格は、修羅闘諍の世に太平を求め魂の平安を祈った中世の人々が拠り求めた大神の姿であり、中世の出雲信仰そのものであったと考えられる。

民俗学では、北海道と南西諸島とを除く日本列島のほぼ全域にわたって、神々の出雲行きの民間伝承が調査され、粗密はあるものの興味深い結果がまとめられている。出雲に送られる神は産土さまや氏神さま・村の鎮守の神のほかに、山ノ神さま・田ノ神さま・地ノ神さま・オカマさま・荒神さま・大黒さまなどその土地々々で様々である。金毘羅さま・弁天さま・恵比寿さまなどはよくお留守番をする。いわゆる留守神である。出雲でも神々は杵築や佐太などを往き来する。往来の目的も様々で、縁結びの相談は多いが、出雲に近い中国地方はなぜか、酒造りがもっぱらとなっている。やぶ入り・奉公・里帰りもある。はっきりしない場合も多々あるらしい。送り迎えの神事にともなう出発・帰着・滞在の期間が、神有月からずれている場合も少なくない。一二月八日に出て二月八日に帰る神もあれば、一〇月四日に行って即日帰る神もあり、九月二八日に出て二月二八日に帰る長逗留の神もいる。

神々が出雲に往来する民間伝承は、日本列島のほぼ全域にわたって広汎に存在する。また、その起源は、近世初頭以降に属するいわゆる、出雲の御師の存在よりもはるかに古く、平安末期の文献にまで遡るものもあるという。注13 その空間的時間的広がりと多様性は、長期にわたって様々な機会を通し、出雲から積極的に信仰が扶植されたことを推測させるものである。

出雲の巨大な神殿は、国司・守護・幕府などの高い関心の的であった。その転倒は不吉なものとして公卿貴族が物忌みし、その鳴動には加持祈祷が行われた。遷宮には国司・守護・幕府の合力があった。出雲の守護は京極氏であったが、能楽大成初期に能を後援した出雲守護に、バサラ大名と称された佐々木道誉高氏がある。出雲の「北島家文書」「出雲大社文書」に残る大社宛の注進状・幕府御教書には道誉の名が見え、大社の神事に対する道誉の関心の高さを伺わせる。彼は貞和二1346年一二月三日付の注進状で大社九月九日の神事頭役を一方の国造貞孝に勤めさせるよう、披露を命じ、貞和三1347年三月一九日高師直花押の室町幕府御教書では、須佐郷・生馬郷・安来郷の杵築大社三月会頭役の勤仕を督促する命を受けている。だがその後、出雲関係の文書には足利直冬・義詮の御教書・軍忠状・後村上天皇の綸旨が錯綜し、出雲が観応の擾乱に巻き込まれ、神事の遂行も覚束なかったことが推測される。延文元1356年一〇月四日「杵築大社遷宮注進目録」（北島家文書）が記す最後の遷宮は、元亨三1323年二月一六日の仮殿遷宮である。後醍醐天皇の綸旨はこの注進目録の翌年であり、隠岐に寓して戦勝の祈祷、神宝の剣の奉渡などを命じた天皇の、大社への関心の高さが伺える。

建武元1334年、後醍醐天皇は七月五日付の綸旨で、大社国造に遷宮の沙汰を命じた。注14 しかし、観応の擾乱がきっかけとなって始まった深刻な動乱期には遷宮執行の記録を見出すことはできない。正平一二1357年九月一八日付で大社造営を命じた後村上天皇の綸旨のあたりまでは、南朝との関係が存続した模様である。室町幕府関係の文書に遷宮が現れるのは応安元1368年の御教書からである。注15 この年の暮れ一二月三〇日に足利義満が将軍宣下を受けたが、御教書はそれに先立つ九月九日付になっている。出雲はようやく、室町幕府の御教書を執達できる状況になったのであろう。その旨は、仮殿造営は先例どおり、出雲国の段米を以ってその功を果たすよう守護に命じ、早急な造功を促すものである。守護は道誉の子佐々木高秀であった。しかしその後も、杵築大社仮殿の造替は延引した。注16 遷宮が記録に現れるのは応永一九1412年四月二六日である。注17

能を大成した世阿弥は、永和元1375年または前年に、父観阿弥が京都今熊野で興行した猿楽能で将軍足利義満の知遇を得、以後、義満は観世父子を後援したという。その時世阿弥は一二歳であった。注18 最晩年の佐々木道誉高氏は観世父子を後援し、彼らが将軍家周辺に注目される一動向をつくっている。杵築大社遷宮の応永一九1412年、世阿弥はすでに四九歳、応永七1400年に彼の伝書の白眉『風姿花伝』第三の原型も成り、能作の方法を確立しつつあった。二年後の応永二一1414年能本『難波梅』（『難波』）が書写されている。九巻現存する世阿弥自筆能本の中ではもっとも早い。能『布留』が書写されたのは一四年後、応永三五1428年である。世阿弥の能作法は、杵築大社仮殿の造替が延引し、御教書から四四年、遷宮成就の記録がない時期に完成した。世阿弥の『布留』については成立年も成立事情も不明であり、その詞章以外に出雲との関連を示す史料はない。

永享二1430年奥書の『世子六十以後申楽談義』のなかで、世阿弥は『布留』の詞章を引用し、詞章の詩的効果や演出の工夫について語っている。『布留』はその頃の世阿弥にとって、演能の例として引用できる曲であったのである。将軍義教が世阿弥を佐渡に配流したとされる永享六1434年は、あと四年に迫っていた。

杵築大社の遷宮はその後、ほぼ三〇年の間隔で行われている。応仁の乱が勃発しいわゆる戦国時代に入ってからも、二〇年の間隔をおいて準備が始まり、ほぼ一〇年の歳月をかけ困難を克服し遷宮が実現した。記録には、両国造をはじめ国人・大名・僧侶などの合力の人々、宮大工・左官とおぼしい技術者・大社につらなる神職と推量される人名が見えはじめる。[注19] 都が大乱で荒廃し、伊勢神宮の遷宮が一二〇年に渡って延引する歴史的状況の中で、施工してから一〇年余の歳月をかけ営々と実現を目指した遷宮であった。

弥次郎長俊の生涯には、永正一六1519年の出雲大社の遷宮がある。[注20] この遷宮については永正四1507年以前から、現せん上人が出雲石見で勧進し柱材五本を用意したことが伝えられるほか、戦国大名尼子経久も、永正六1509年から造営を援助し始めたことが記録に残されている。経久は同年九月二三日の御柱立にも社参した。尼子氏の始祖とされる高久は、道誉高氏の子であり、室町幕府が初めて大社遷宮を執達した、守護高秀の子（一説に孫）である。両国造家も出仕協力するなか、御正殿のいぬいの御柱の調達が遅れるなどの困難を克服し、一〇数年の後に遷宮は実現する。[注21] この遷宮の特徴は、守護・幕府・朝廷といった国家的な動向より、出雲国内での勧進や造営に対する合力の記録が豊富なことである。経久は大社遷宮だけでなく、永正六1509年に鰐淵寺掟書を定め[注22]、大永三1523年には国造北島雅孝と千家氏・宮富氏間の神職得分についての争論を裁定し[注23]、同四1524年には将軍足利義晴の命を受けて日御碕社の遷宮修造勧進簿を作成する[注24]など、出雲国内の支配地で寺社の支配を確実に進めた。永正六1509年を初見とする「大社本願」は、大社遷宮を発願した経久が、新しく造営費用を調達する中心的な機能を果たしたという。彼は鰐淵寺・清水寺・岩屋寺・興法寺を座頭とする一万部法華経読誦会を執行し、大社の社殿を仏教色に荘厳した。杵築は美保関を抜いて、鉄・銅を積み出す西日本海水運の拠点となり、やがて石見銀にも関わる、北国船・唐船が往来する積出港となった。大社の御供宿を経営する商人層はまた、国造家に連なる上級神職・被官であり、経久は遷宮に伴う強硬な新施策によって、出雲経営の中心となった杵築の掌握を図った。大社遷宮の経済的基盤は、広範囲な交易によって蓄積された出雲の富である。注25

長俊の最晩年の天文九1540年、一〇年の後の天文一九1550年に実現する遷宮に向けて、柱立が開始された。長俊は文明一八1486年の遷宮の二年後に生まれており、この文明の遷宮でも明星闍院という聖僧とおぼしい人物の活動が記録されている。注26 長俊の父『大蛇』の能作者小次郎信光は、この文明の遷宮の年五一歳であった。信光の生涯には三回の遷宮がある。嘉吉二?・1442?年・応仁元1467年・文明一八1486年。嘉吉と応仁の記録上の間隔は一五年、応仁から文明まで一九年。遷宮記録は工程・史料の性格上様々なものがあり、単純に並列し同質に扱うことはできないが、『大蛇』の創作が推察されるこの時期は、遷宮執行について、杵築大社の関心と活動が活発であったのであろう。

おわりに

小次郎信光・弥次郎長俊の同時代には、騒乱の中、大社遷宮を実現した出雲があった。能『大社』が謡った、和歌の神・海洋の神・国家鎮護の神である住吉大神のいち早い来臨、オオナモチ神の御子神、はるか諏訪にいます軍神タケミナカタ神らの影向は、「神有月」に虚空に遍満する神々の姿にとともに、いっそうの平安を約束したことであろう。出雲の能は修羅闘諍の世に、杵築の神殿を再生しそこにいます大神の力を弥増して、その加護の下に国々の平安を祈った出雲の人々の、信仰と祈願に支えられている。

『大社』は佐太の中川本「神能十二段」に、曲名もそのまま神能となって出雲に蘇り、現在も舞われている。神能では、当今臣下が向かう大社の名は「佐太」である。注27

近世に入り、能楽は幕府と藩の式楽となり、太平の世を支配する武士と、城下町や商業都市の富裕な住人を、担い手とするようになった。神々の系譜は古典の復活とともに、その研究によって再編され、交通と商業の発達は、日本を統一的に把握し極東に位置付ける地理的な認識や世界観を生んだ。山の尊容に自然の神秘と不思議を思い、海に遥かな未知の、異類や異敵・生命を包摂する無限を感じ、全ての存在に神仏を見た中世的な知と信仰は、歴史の表面から消え、舞楽や人々の心の深奥に、それにふさわしい包容力を持つ地に帰った。『大社』は江戸初期には、卓越した能役者として喜多流を開いた、喜多（北）七大夫によっても演じられ、喜多流の書上にも上演曲として曲名が挙っている。注28 しかし、近世中期には、出雲の能・出雲関係の能が、現在現行曲としている諸流の書上でも、非所演曲の項目に置かれる状況が生じ始める。注29 観世の勝れた能役者・能作者であり、能楽史上新作活動最期の光芒を放った、観世小次郎信光・弥次郎長俊父子が残した『大蛇』『大社』すら例外ではなかった。出雲の能・出雲関係の能は、今日でも上演の機会は多くはない。近世のこうした状況は、出雲にかぎらず、能楽の歴史的な変容を把握するうえでも、無視できない数々の問題を予想させるものである。ただ、本稿の目的は出雲の能に現れた中世的信仰を、そこに生きた人々の在りのままの真情に沿って蘇らせ、紹介・分析し、検討することであり、近世の出雲の能・出雲関係の能について考察する問題は、機会を改めて論ずる必要があると考える。

注1　出雲の能

本稿では、能の「場」が出雲に設定されている能を「出雲の能」と呼称する。能はその設定された「場」に、能作者と観客が共有する霊的共感をもとに展開される。ドラマとしての登場人物の出自・身分・性格と行動やストーリーは、いわば地霊の存在とそれに対する信仰を前提にしている。詠唱部分の詞章は、地霊に呼び寄せられる傾向も強い。神や精霊を主人公とする能では特に、「場」は前提となる要件である。本稿の考証の対象となり、本文でも詞章を引用したテキストは下記のとおりである。（曲名は五十音順）

1『出雲龍神』いずもりゅうじん　伊藤正義編『版本番外謡曲集』三　臨川書店（影印）　平成二年
2『大社』おおやしろ　佐成謙太郎編『謡曲大観』巻一　明治書院　昭和五年
3『大蛇』おろち　佐成謙太郎編『謡曲大観』巻五　明治書院　昭和六年
4『神有月』かみありづき　芳賀矢一・佐佐木信綱編『校註謡曲叢書』巻一　臨川書房　大正三年
5『御崎』みさき　芳賀矢一・佐佐木信綱編『校註謡曲叢書』巻三　臨川書房　大正四年

なお、「場」が出雲に設定されている能はほかに、『初雪』がある。ただ本曲は観世流元禄二年本では、場は住吉である。「初雪」は白色の鶏で、出雲大社の神主の娘が飼い馴らし、朝夕に遊んでいたという設定になっている。能は初雪の急死で始まり、回向の場に現れた初雪の霊が悦びの中舞を舞い、そのまま極楽に飛び去る。

作者に金春禅鳳が比定される（『能本作者註文』）清楚な小品で、成立は室町後期と推定される。ただ、鶏が伊勢神宮の御使であり、伊勢神宮の遷宮が一二〇年できなかったという、この時期の状況を考えると、清楚とも言いきれない皮肉さを秘めた曲である。場を住吉とした史料もあり、出雲でなくても狂言の開口で設定に融通が利くテーマであることを考慮し、本論での考察はこの解説に止める。

注2 「出雲関係の能」

出雲の神々を主要な登場人物とし、その神々への信仰をテーマとした能。註1「出雲の能」に対して「場」は出雲以外である。したがってワキが「出雲の国美保の関より出でたる僧」で京都泉涌寺を舞台とする『舎利』は、仏舎利を奪おうとする足疾鬼と韋駄天の闘争を描いており、出雲に対する境の地としての意識を知るうえでは興味深いが、今回は対象から除いた。本文で詞章を引用したテキストは下記のとおりである。（曲名は五十音順　番号は通し番号。なお、本論では、出雲大社の主神を『出雲風土記』によって「オオナモチ」と表記する。）

6『草薙』くさなぎ　　佐成謙太郎編『謡曲大観』巻二　明治書院　昭和五年
7『源太夫』げんだゆう　　佐成謙太郎編『謡曲大観』巻一　明治書院　昭和五年
8『十握剣』とつかのけん　　田中允編『未刊謡曲集』一二　古典文庫　昭和四二年
9『布留』ふる　表章監修月曜会編『世阿弥自筆能本集』　岩波書店　平成九年

注3 「出雲トツカ」は演能順位からも脇能と思われる。観世座が演じた。作者・成立年は不明。
注4 出雲の能・出雲関係の能一覧　（図表は末尾に掲載する）
注5 東京大学史料編纂所編大日本古記録『二水記』三　享禄三1530年五月三日条

注6　石塚尊俊編『出雲信仰』民衆宗教史叢書巻15　雄山閣　昭和六一年
注7　世阿弥自筆能本『布留』は漢字カタカナ表記である。影印本のままでは読み取りに時間を必要とするため本文での引用は、表章監修月曜会編『世阿弥自筆能本集』校訂編の漢字平仮名文によった。影印本による漢字カタカナ表記のままの引用は、「ト書き」部分のみである。
注8　表章・加藤周一編『世阿弥　禅竹』日本思想大系24　岩波書店「風姿花伝第二」　昭和四九年
注9　表章・加藤周一編『世阿弥　禅竹』日本思想大系24　岩波書店「花伝第六花修云」　昭和四九年
注10　鰐淵寺文書　大社町史編修委員会編『大社町史』史料編上　1056文書　大社町　平成九年
注11　経塚遺文　同右　資料編下1090文書・同上1093文書・経塚文書　同上1129文書
＊以下大社町史編修委員会編『大社町史』史料編については、『大社町史』史料編とのみ表記する。
注12　池上尊義「日蓮における十羅刹女信仰の位置」渡辺宝陽・中尾尭編『日蓮』吉川弘文館　昭和五七年
注13　石塚尊俊「神送り・神迎えの問題」前掲『出雲信仰』民衆宗教史叢書巻15　雄山閣　昭和六一年
注14　出雲大社文書『大社町史』史料編上　398文書
注15　北島家文書『大社町史』史料編上　513文書
注16　千家家文書・北島家文書　佐伯徳哉「出雲大社造営をめぐる古文書記録記事について」島根県古代文化センター　古代文化記録集「しまねの古代文化」9号　平成一四年
注17　佐草家文書『大社町史』史料編上　622文書
注18　表章・加藤周一編『世阿弥　禅竹』日本思想大系24　岩波書店　昭和四九年『世子六十以後申楽談義』
注19　前掲　千家家文書『大社町史』史料編上　1030文書・1044文書・同書下1120文書

千家古文書写丙　『大社町史』史料編下　1125文書・千家家文書　同書1231文書
注20　前掲　佐伯徳哉「出雲大社造営をめぐる古文書記録記事について」
注21　千家家文書『大社町史』史料編上　1030文書
注22　鰐淵寺文書『大社町史』史料編上　1001文書
注23　秋上家文書『大社町史』史料編上　1051文書
注24　日御碕神社文書『大社町史』史料編上　1060文書
注25　長谷川博史『戦国大名尼子氏の研究』　吉川弘文館　平成一二年
注26　鰐淵寺旧蔵文書　前掲　佐伯徳哉「出雲大社造営をめぐる古文書記録記事について」
注27　本田安次『本田安次著作集』巻三　日本の伝統芸能神楽Ⅲ　錦正社　平成六年
注28　表章『喜多流の成立と展開』　平凡社　平成六年
注29　「享保六年書上」藝能史研究会編『日本庶民文化史料集成』巻三能　三一書房　昭和五三年

〈参考文献〉　注1～29記載文献省略

永井一孝校訂　『平家物語』有朋堂文庫　有朋堂書店　大正二年
佐佐木信綱校注　『和歌叢書』第七冊　博文館　大正四年
玉村竹二・勝野隆信　『蔭涼軒日録』1『増補史料大成』　史籍刊行会　昭和二八年
神道学会編　『出雲神道の研究』　神道学会　昭和四三年
島根県　『島根県史』巻六　名著出版　昭和四七年

村田正志他調査・編　『出雲意宇六社文書』　島根県教育委員会　昭和四九年
神道学会編　『出雲学論攷』　出雲大社　昭和五〇年
藤原範兼　古典叢書刊行会編　『和歌童蒙抄』　古典叢書刊行会　昭和五〇年
米原正義　『戦国武士と文芸の研究』　桜楓社　昭和五一年
佐佐木信綱編　『萬葉学叢刊　中世篇』　臨川書店　昭和五二年
平井直房・佐藤真人校注　『神道大系』　出雲大社　神道大系編纂会　平成三年
大社町史編集委員会　『大社町史』　通史篇上・下・別冊　大社町　平成三年
鹿島町立歴史民俗資料館編　『重要文化財佐太神社』　鹿島町立歴史民俗資料館　平成九年
瀧音能之　「出雲神話の再検討」　島根古代文化センター「島根の古代文化」　4号　平成九年
大坂大学文学部日本史研究室編　『古代中世の社会と国家』　清文堂　平成一〇年
西岡和彦　『近世出雲大社の基礎的研究』　大明堂　平成一四年
今谷明編　『王権と神祇』　思文閣　平成一四年
坂本太郎他校注　『日本書紀』　岩波書店　平成一五年
椙山林継・岡田荘司他著　『古代出雲大社の祭儀と神殿』　学生社　平成一七年
西宮一民校注　『古事記』　新潮社　平成一八年
松本直樹注釈　『出雲国風土記』　新潮社　平成一九年
小田幸子　「能と神楽の接点を探る」　島根古代文化センター　「しまねの古代文化」　13号　平成一九年

表八　出雲の能・出雲関係の能一覧

曲名	ワキ・ワキツレ	シテ・シテツレ	狂言	場	季	備考
出雲龍神	塩治五郎貞（ツレ友の者）	〈前〉社人〈後〉龍神 （ツレ　なし）	不明	出雲大社	10月10日	
大社	当今臣下 ツレ従者二人	〈前〉老社人〈後〉杵築大神 〈前ツレ〉若き社人 〈後ツレ〉龍神・天女	大社神主 巫女 参詣人	出雲杵築大社	10月	
大蛇	素盞嗚尊 ツレ従者二人	〈前〉手靡父〈後〉八岐大蛇 〈前ツレ〉足靡乳	木の葉の精	出雲簸の川	無季	子方櫛稲田姫 後ワキツレ輿昇
神有月	当今臣下 （ツレ従者二人）	〈前〉老社人〈後〉素盞嗚尊 〈前ツレ若き社人・後ツレ大蛇〉	不明	出雲大社	10月	
草薙	恵心僧都	〈前〉花売り男〈後〉日本武尊 〈前ツレ〉花売り女 〈後ツレ〉橘姫	熱田社人	尾張熱田神宮	（一条天皇） 5月	
源太夫	当今臣下 （ツレ従者二人）	〈前〉老翁〈後〉源太夫神 〈前ツ〉老嫗〈後〉橘姫	熱田末社神	尾張熱田神宮	6月	
十握剣	奈良の治工 （ツレ従者二人）	〈前〉宮人〈後〉布留の明神	不明	大和石上布留	無季	
布留	彦山山伏 （ツレ山伏二人）	〈前〉宮人に仕える女 〈後〉布留の女神　布留の里人 （シテツレなし）	布留の里人	大和石神布留社	10月	
御崎	素盞嗚尊 ツレ宮人	ひこはねの天皇	不明	出雲の国	無季	子方市杵島姫命 トモ従者

結び　中世の知と日本紀

中世的な知は、山々の尊容に自然の神秘と不思議を思う知である。海に遥かな未知の、異類や異敵・生命を包摂する無限を感じる知である。それは、全ての存在に神仏を見た信仰と不可分であった。神仏は人間の内にも存在する。神仏を己に見る知は、人間の生のあり方を、無限にしたのかもしれない。人々は生の不条理を受け入れ、不条理の生を生きた。不条理は理知を挫き、感性を鋭くする。研ぎ澄まされた感性は、文学に宿り、舞歌は天上の高みに向かった。無常の世に平安を求める祈りは、舞歌に託され神仏に供される。能はその精華の一である。

「中世日本紀」は、日本紀注・神道説・諸仏教注釈・詩歌と舞歌を融合して、『日本書紀』原典とは大きく隔たり、神代や古代の事績は、共有する集団のなかで増殖する。重層し分散する階層や集団に育まれ、その階層・集団が持つ歴史・地理的条件・社会的機能によって、あらわれる神仏と信仰・事績は変容する。

本論の対象である猿楽能の棟梁らと日本紀古注釈・神道説・仏教注釈との直接の接点は、南北朝・室町初期には時期尚早であると考えられる。猿楽者は歌舞の人であり、中世的記述に馴染む日常はなく、本来スキルは持っていない。それを身につけた世阿弥は孤立した例外的存在であり、彼の感受性と知性は歌舞にある。彼が交流できたのは、当時は武家と一部の公家で、主な継承は口頭の会話や指示・舞歌が契機であったろう。世阿弥は所有できても、書物の保有を公にできる存在ではなかった。猿楽者が直接吸収できる中世古注は、『古今和歌集』などの和歌集や『伊勢物語』などの歌物語、「平曲」『太平記』曽我語り・声聞師・唱導師・曲舞・幸若舞などの謡舞に混在する。それも本文と古注釈、時には自筆本『布留』に見るように、能の庭で融合し、かつて吸収した日本紀古注釈まで混交して流動する古典である。それ以外の情報や知識の確実な享受は、大和猿楽の社会的地位が安定する、次世代の成長を待たなければならなかった。

北方の武家の積極的な庇護の影響も大きい。武家の芸能・詩歌への関心と習得や創作レベル・神道説話の享受が、「中世日本紀」と猿楽能との関係には、基本条件である。南方の支配地域である伊勢・熊野・南紀地域には関心が薄い。中央でも、既得権の主張から鋭く北方と対立しがちであった叡山との関係は微妙である。日枝は犬王の座が参勤していたが、犬王の影響は演技に限られ、神道の教説は空白である。犬王の能は、彼の身体表現とくに歌舞の魅力にあったのであろう。都への進出の先端にいた大和猿楽の地域性も、配慮が必要である。能『三輪』が三輪神道を享受して、詞章にも影響が及んでいるのは、大和盆地を活動の拠点としていた大和猿楽ならではの現象であろう。天台教学は、多武峰から再考する必要がある。戦国期の出雲と大和猿楽との関係は、守護尼子氏に注目し、今後あらためて考究したい。

『日本書紀』神代二巻そのものが、不特定多数の異説を前提に、それを許容する構成を持っている。神々の存在と変容はつねに神代記の解釈や享受に影響を与えてきた。「中世日本紀」はその一つの歴史像でもある。現代の知からみた荒唐無稽と非論理性がかえって魅力を感じさせる。中世という概念そのものも確定しているとはいいがたい。「中世日本紀」は『日本書紀』を契機として、中世的集団や共同体が共有した信仰告白でもあり、その研究はまだ、蓄積の時代であると考えられる。

終章　神々の変容 ―児世阿弥と脇能

能『高砂』は戦乱と闘諍の世に生まれた。その詞章にあらわれる神は、聖なる歌枕にあって労りあう夫婦の姿で登場する。それは宿木 松の、千秋の緑を具現した詩的擬人法から生まれた中世的神像であった。その神は深遠で清浄な神域に鎮まり神楽や神饌を奉献される神ではない。限りなく人間に近づき、客人に影向し舞歌で迎える神である。その舞歌は、汚辱と闘諍の世を生き抜こうとする人々に、勝者・敗者の別なく寿福を与え、悪魔を払って太平を寿いだ。やさしく人間性豊かなその神性は、能のなかでどのようにして育まれ、その信仰は能のなかで、どのようにして培われたのであろうか。

能は、武家が保有する初めての、天下泰平・国土安穏を祈る、支配者の舞楽である。観阿弥と世阿弥は、大和から京都に進出し、足利将軍義満に見出された。世阿弥がその記述の中で、京進出の契機となった今熊野の画期的な番組について、観阿弥の翁以外言及しなかったのは、その後の能の、急激な変貌によるものであろう。「脇の申楽」は、能本の作者であり観世座の棟梁として座を率い、演者でもあった世阿弥が、その能楽論なかで作品群として最初に認識し、際だった実践性と具体性をもって、一貫して中心的位置付けを与えた能である。それは当日最初に奏演される「序」の、おおらかに正しく直やかな祝言の能であり、「正シク面ナル姿」を持ち、態は「歌舞」であった。「脇の申楽」の定型化は早く、一五世紀初頭に成立した自筆本『難波梅』は夜神楽の最終局面に、宮廷の舞楽を列挙する成熟した詞章を持つ。神と精霊に寿がれる舞歌は、四海を鎮める舞楽を加え、さらに荘厳された。自筆本『難波梅』のプロットとテーマは第一編第一章でも分析し、第二編第一章第一節でも触れたとおり、現行脇能『難波』と一致し、詞章も、歌唱部分を中心に正確な伝承が確認される。自筆本『難波梅』と現行脇能『難波』は、「脇の申楽」から現行脇能への伝承と密接な関連を示す、証左となる事例であろう。

「脇の申楽」の定型化と成熟が、他の作品群に先行する前提は、当時の猿楽が置かれた社会的立場から見て、あきらかに見所の支持にある。演能の頻度と体験の蓄積の時期は、自筆本『難波梅』の存在と完成度を考慮すれば、一五世紀初頭が下限であり、上限は今熊野演能に至る一三七〇年前後である。八〇年代の犬王の都進出（『北野神社古記録』）と彼に対する義満の支持が明白になる康応元1389年の厳島参詣（『鹿苑院西国下記』『鹿苑院厳島参詣記』）を考慮すると、さらに範囲は絞られる。「物学」を演技の基本とする大和猿楽が、この時期に、貴人と神の太平の舞楽を学ぶ契機は、第二編第二章で考察したとおり、「脇の申楽」の成熟に至る過程を考慮すれば、今熊野前後の七〇年代であろう。この時期、棟梁観阿弥は四〇代、世阿弥は七・八歳から一六・七歳、演者としては、伝書でいう児であった。

「児」に対する関心の高さと比重の重さは、世阿弥の伝書が持つ特色である。第二編では、分析の対象をここに置いた。当時演能の中心となるのは「棟梁の為手」であったが、「脇の為手」の中でも「児」は、「幽玄」という見所の褒め言葉で美を讃えられ、「棟梁の為手」と対照される。世阿弥の伝書では、一七・八歳未満の演者が「脇の申楽」を含めて多くの演目に、各種の人体を演じていた痕跡が残り、一二・三歳から一五・六歳までの「自分の花」を得た児は、「脇の申楽」をはじめすべての演目に出演の機会があった。児は自筆本『難波梅』でも木花開耶姫の神霊を演じており、かつては物の精や神霊に広く配されていたと考えられる。世阿弥は児を直面とし、楽人の童舞を例として、「何の物まねも、ただその名のみにて、姿は童形によろしき仕立てなるべし」（『至花道』）「児姿遊舞　二曲（舞歌）の本風」（『二曲三体人形図』）と主張する。幼少の児には「心のままに」、長じても「さのみ細かなる物まね」を禁じ、大らかな風趣と舞歌の習得を求めた。舞歌を主とした児の人体は、「脇の申楽」の曲趣に符合する。

大和には春日若宮御祭がある。そこには、神のよりまし ― 尸童として尊ばれる多数の児が不可欠であった。大和猿楽は御祭で彼らの活動を目の当たりにしている。児や貴人の行列と風流の趣は、大和猿楽に親しいものであったろう。しかし、能のプロットに活かし、京都でアピールする曲趣にするには、地域性が強く、公事・公祭が衰退し、争乱のなか勅使下向もおぼつかない一三七〇年代の京都の観衆を引き付けることは難しい。『醍醐寺新要録』によれば、観阿弥は応安五1372年醍醐寺で七日間の興行を行い、都で名声を高めたという。観阿弥の京都興行は、七〇年代初頭すでに風聞がある。そのころ北方では、応安四1371年五年ぶりに止雨奉幣・石清水一社奉幣が続き、永和四1378年までの八年間は毎年奉幣使が発遣されていた。南北朝・室町期を通して二回しかない三社奉幣が、今熊野の演能前後に二百年余の先例を辿って相次ぎ発遣されており、一三七〇年代は北方が穢と神木在京に触れぬ祭儀として、奉幣使を復活させた画期であった。南北朝・室町期の奉幣使発遣は、第二編第二章に該当表などで分析・概観したとおりである。大和宝山寺蔵　文明一四1482年「宗筠遠忌勘文」では、脇能を忌に触れぬものとし、同じ先例として奉幣使を列挙する。当時の神祇官・公卿の認識を示すものとして興味深い。一世紀の隔たりがあり、傍証をかくため、示唆的な内容の紹介に留める。奉幣は、両朝合一や応永の乱などを経て断続的に継続し、将軍義持から安定した祭祀となった。

大和には数百年に及ぶ春日祭上卿の下向もあり、内乱を突いて伊勢に向かう奉幣使・遷宮使の風聞は、大和猿楽が貴人の行列を「物学」し、新しいプロットを生む刺激となったであろう。奉幣使・遷宮使の主役を果たした北方の武士・公家貴族を写した大和猿楽は、京の耳目を集めた。『申楽談義』によれば、脇の為手は大臣を演じ、あるときは多人数で舞台に犇めいていたという。その装束、「上下水干・大口」は、勅命を帯びて神社に赴く勅使の装束に等しい。貴人の祭祀に立ち入らず、北方の武士・公家貴族の行列を風流として写すとき、身分の外にある猿楽の民の中で、尊貴な人々を演じられるのは、「児」以外存在しない。現代ですら『鞍馬天狗』の橋懸りに居並ぶ児は愛らしく、見所の微笑みを誘い視線を集める。幼少年期から研鑽を積んだ能役者の方々のなかには、この児が初舞台である方も多い。少年世阿弥をはじめ大和猿楽の愛らしい児たちは、奉幣使の群行に学んで美々しい装束に身を包み、舞台に舞歌を尽くしたのであろう。観世の京進出のきっかけには、貴人の行列に神々が舞歌を供するユニークなプロットを持つ「児の申楽」が介在したのではあるまいか。一八歳の将軍を擁する人々が、足利将軍ゆかりの今熊野で大和猿楽にみたのは、観阿弥の『翁』をはじめとする、この「児の申楽」の曲趣を持つ番組であったと考えられる。貴人の行列が神々に嘉せられるプロットは、観阿弥が曲舞から取り入れた、太平の舞歌で演出されたであろう。やがて宮廷の舞楽の曲名も、斬新で都の大衆をも魅了する歌舞劇を飾る。神慮に叶う児は、それにもっともふさわしい風姿を持つ演者であった。

世阿弥と「脇の申楽」についての考察は、さらに、大きく根本的な疑問と課題に直面することになった。それは、伝書と能本から見える、世阿弥の内なる必然の方向や当時の彼が置かれた状況だけでは、解決できない本質を持っていた。なぜ、北方では奉幣使がこの時期集中的現象として現れ、それが奉幣使である必要があったのか。能の時空がどうして数世紀も遡り、夢幻の場に回帰しようとするのか。そのような非現実がなぜ、過酷な戦闘を業とする、北方の武家に擁護され続け、「脇の申楽」が彼ら自身の舞歌になりえたのか。それは、将軍の寵愛などといった、猿楽者にとってもっとも移ろいやすい要因だけでは、納得できない疑問である。現行脇能が持つ神々の舞歌というクライマックスも、祭祀の基本要件では容認できないファクターであった。舞歌は本来、神々に捧げられる筈ではないのか。なぜ、大臣勅使を神が迎え、みずから舞うのか。

考察は、能楽大成期のなかでも、観阿弥と世阿弥の青少年期という、いわば草創期にスポットをあて、南北朝室町期の社会の諸事象から、能が生成され、創出される諸条件を帰納し、疑問に正対し直す作業から、再構築が進められた。第一編はもっとも基本的な疑問である、時空と神々・舞歌を対象とし、二編で脇能の成立と奉幣使を一編の成果から再考した。とくに第一編では、能が都で発展した芸能であることから、南北朝・室町初期の北方を選択し、先例勘引や古儀復興の方針と施策を分析して、朝廷の動向について歴史的な変遷を追った。能が公家社会に受け入れられるようになるのは、世阿弥の一世代あと、女婿の禅竹のころからである。この能を容認しない朝廷の意識は反って、能の時空意識が能を生んだ社会のなかで、どのように存在していたかを知る好材料に見えた。

南北朝・室町初期の公事・公祭・祭祀は、実行可能なあらゆる分野の先例を勘引し、もっとも古い例に遡って再興の努力が続けられる。北方の試行錯誤のなかから、実現可能な年中行事や公祭・祭祀が再編されていった。その方法は、建武初年から先例勘引と執行の記録が残る痕跡から見て、建武の新政ですでに試みられた施策ではなかったかと推測される。（兵革天下触穢）固定化は、南北朝合一ののち政情の安定につれて整えられる。中原氏の年中行事歴を概観すると、復興・継承できたのは、一部の太政官行事と仏事、新設の国忌であった。北方では、固定化まで一世紀近くに渡って、観応の擾乱の絶望的な状況の中でも、この営為は継続する。騒乱の世に北方朝廷のこの努力は、足利将軍の軍事力による擁護と支持なしには不可能であった。足利将軍の目的は鎌倉幕府を継承する、武家の棟梁としての覇者の地位である。当時の武家の信仰は、神仏習合の、戦闘行動の主従関係から生まれた、擬制的で素朴な血族意識を母体とし、義詮のころまで、将軍の参拝は石清水と今熊野であり、朝廷の祭儀は御訪が送られている。将軍の文殿出席は、義詮から始まるが不定期で、輪番には入らないものの、武家一名が参加した形跡がある。武家伝送が安定するのは、将軍義満の執政の永徳1381～84以降であった。

洛中で身近に接する個人的な交渉や南北の厳しい抗争は、武家と公家の間隔を近づけたが、朝儀の理解や擁護となると、武家と公家の協調は容易ではなかった。能に見る時空認識には、朝廷を擁護した武家の、武力を頼んだ殺戮や略奪、戦闘での策略や作戦といった、当面の衝動や策謀とは異なる宗教的真情が伺える。それは、将軍とは何か、武家とは何かという、人間としての自覚、自己への問いかけと、神仏への信仰であり、天神地祇に清浄な祈りを捧げようとし、国家の安泰と平安を祈った、北方の祭祀を擁護した祈りでもある。

能にみる時空認識と祈り、南北朝室町初期の公事・公祭・祭祀にみられる特色との関連は、祭祀と信仰から、聖代への回帰と憧憬・聖別された時空認識・穢と修羅の認識・変容する神々の神像にまとめられる。

北方の朝廷では、公事・公祭・祭祀の諸問題をもっとも古い先例に遡って再興することが、天下泰平・国家安穏の統治であり、皇統の正統性の証であった。公家社会の血と伝統を引き継ぐ寺社にとっても、聖代への回帰は、広く浸透した信条であると考えられる。先例の勘引から、院政初期や中期に回帰する意思が帰納的に形成され、南北に並び立つ天皇・上皇・法皇を包摂する、院政が執られていった。北方の方法によって、家職に蓄積された各家のエネルギーが糾合され、両朝に分れて弱体化する公家社会が再編される。兵革穢・神木・神興上洛の朝儀忌避に抵触しない、歌会や詩会・舞御覧も、公家の交流に大きな役割を果たし、歌舞への関心が高まった。

古儀復興の原風景となった院政期の祭儀と舞歌については、二要素が連携し舞歌の基本的性格が能と共通する、熊野御幸を中心に考察した。熊野御幸の祭儀は、早朝から日没まで、御浴・御禊・御拝の宗教儀礼をつくし奉幣を捧げた巡礼であり、神饌供膳はなく、巡礼者は自らの「能」である舞歌を熊野にいます神仏に捧げた。捧げられたあらゆる「能」を嘉し救済を求めた魂は、能の庭に集った人々の魂でもある。御幸で先達となった修験者と御幸を浄め守護した陰陽師は能の中に今も、神仏の加護を得た霊能者として生きている。院政期は、能が熊野に育まれた胎動の時でもあった。熊野の自然に生命の再生と神秘をみた人々は、幼いものに、萌え出づる生命の清浄と神秘をみる。院政期の人々は愛惜をこめて、「児」を美と奇瑞の象徴として、「童」を異能と異界の象徴として、語り継いだ。世阿弥の伝書に幽玄の本風と位置付けられる児は、芸能の民が受け継いだ、神仏に嘉せられた幼いものの風姿であろう。

熊野に胎動した能は、修験者・僧・巫女や天皇とその臣下などによって、夢幻の中に、神仏・霊鬼・魄霊が出現する過去の奇跡の時に救済を求めた。その実現は、過去・異界とリンクする法力や験力、祭祀の超越的な効験による。霊力を持つ主宰者の祈祷・祭祀・法事は、太平と安穏を齎すものとして尊崇される。能にあらわれた宗教的帰依は、宮廷の祭祀を擁護する、足利将軍をはじめ武家が中心となる階層の、社会的合意を形成する役割を果たしたと考えられる。

能では過去の奇跡の時や異界は、特定の場と時が満ちたとき、奇跡のように出現する。神仏が影向する依代の老木・討死の場・寺社の境・群集する法会などの場に、暁・月光に照らされた深更、黄昏が訪れるときである。脇能には神の影向が、寅の刻として詞章に明示されている曲もある。

南北朝室町初期の公事・公祭の祭祀は子前後の深夜に参集し、子や丑の刻に始まり、日の出前にあたる寅から卯を挟んだ時刻に催行されている。寅の刻は、朝儀の催行が多い。催行の場は京都の天皇と上皇・法皇の御座所・太政官庁であり、天皇と上皇・法皇の存在も、安定した催行の基本条件である。

能と朝儀の時空の認識は、類似点が明らかである。祭祀の時空が持つ宗教的な意義や催行時の心理を理解する素材の一であり、宮廷の祭祀が聖別され許容される普遍的な時空認識の存在が認められる。

朝儀の催行の主体は上卿であった。南北の抗争は、伊勢路不通・料足不足といった直接の障害も生んだが、「兵革天下穢」など触穢による忌避が、催行の主体である公卿を自縛し、停止・延引が常態化した。南北朝・室町期は、穢に満ちた汚辱と兵乱の世であり、触穢意識が蔓延し永久化する状況があった。触穢は穢が外在するという基本的な宗教的認識に立っており、清浄な神々に近い世の先例に聖代の実現を求めては挫折し、神仏の霊威を恐れては、神木・神輿にひれ伏し、朝儀を忌避する悪循環が生まれた。伝統の文学・古今伝授・有職故実が実践・集積されたのは、内攻と忌避の裏面でもある。

武家の信仰は、自らを修羅と見、現世の宿業と六道輪廻を定めた神仏に捧げられる。罪は人間である己の存在そのものと不可分に内在する。騒乱のなかで殺戮を繰り返さなければ、生きる術を持たない己の罪と宿業に日々直面し、平安と秩序を願い後世の救いを求める真情は切実であった。足利将軍の修羅闘諍の生は、北方の公家の言う「穢」そのものである。武家は、宮廷で神に仕える生を得、血で穢れることのない人々の、天神地祇に天下泰平・国土安全を祈る祭祀を、己の祈りと合わせて支えようとした。

修羅能に現れる源平の武将は、前世を懺悔して、修羅道に落ちた苦患を舞う。終曲では回向の懇願・無常への回帰・仏果への希求が謡われる。武家にとって無常の騒乱に引き裂かれ死に追いやられる死者は己自身であり、打ち砕かれた悔悟と魂の救済への希求は、彼らを単なる戦闘の勝敗者・殺戮者・武力をかざす恣意的な権力者ではなく、神仏に向き合いこの世を生きる人々の魂を受け止める、治者としての自覚と精進を自らに課し、文化の創造者としての洗練を荷い、育成と奨励に向かわせることとなった。武家は朝儀の障害である神木・神輿の上洛を阻止し南北の抗争の終息を計る一方で、京都に天竜寺、諸国に安国寺の創建を建言し、死者の回向を推進した。また古代インド・中国の宋の例により、京都と鎌倉に五山十刹の制度を整え、禅宗に帰依する。北方の朝廷の古儀復活と一体となった、五山十刹の体制は、京都・鎌倉を東西の軸とする祭祀機構を構成する。

南北朝・室町期に武家が主導して生まれた文化のなかで、能は、武家が庇護・育成した支配者の舞楽となった。能を単なる支配者の舞歌から、普遍的な人間の祈りに昇華した精神は、舞歌を神仏に捧げた芸能の民の信仰と、無常の騒乱の死者に己自身を見、魂の救済を希求した、足利将軍と武家の治者としての自覚、身分と階層を越えて援助した北方の武家・貴人の共感によって育まれた。児世阿弥はその精神を体現する、美と奇瑞の象徴でもあった。

能では、人間はこの世で、時空を超越する力を持つことができる存在である。自然の神秘と神仏に通じる祈念を併せ、奇跡が実現できると信じられた。聖なる教・聖なる物は、生死を超越する力を約束する。そうした宗教的真情は、人間と神仏を無限に接近させる。その模索と試行の方法や神々のイメージは、希求する人々に任せ多様であり重層していた。『太平記』では、天照大神も童に憑き、僧に神託を垂れる神となって現れる。

「脇の申楽」は舞歌を業とする芸能の民が、神や精霊が現形する救済の奇跡を、夢幻の舞楽としたものである。祖神が現形する翁舞は時を同じくして若狭をはじめ、東国から西国まで広く舞われていたことは、残存する翁面の分布からも推察される。武家は、田楽や領地の祭礼で、祖神が祝福する翁舞に親しんでおり、その点でも神仏と舞歌の認識は、武家と公家の間に、大きな間隔があった。今熊野の能でも観阿弥は特に将軍の同朋衆の指示によって、翁を舞う。世阿弥自身もまた、翁の舞歌が申楽の根本だとその伝書で明言している。(『申楽談義』)大和申楽と武家の認識は、近い。こうした点も、能が公家に反発を受けた要因の一つであろう。

北方では、穢による延引・中止や、神木神輿の上洛に伴って衆徒が命ずる忌避が続き、朝儀が疲弊した。北方先例勘引の中で、穢と神木・神輿の忌避に抵触しない祭儀が復活する。奉幣はその試行錯誤のなか、一四七〇年代に復活し、約一世紀に亘って継続した祭祀である。武家は神木・神輿の上京に対して出陣して阻止し、奉幣では沿道の確保、料足・人馬の補給、警護にあたった。熊野御幸の陣立てでは北面・西面の武士が行列の前後を警護している。奉幣であっても、騒乱の最中であればなおさら、陣立てと群行に武家の参加は不可欠であった。殿中のように作法や所作についての前例の記録は少なく、官位の有無にかかわらず、武家の本領を発揮し、沿道の知行地それぞれで出陣できる人員は多い。奉幣は将軍の参内や朝儀参加に比して、武家一般が参加できる地域は幅広い。多く員数が動員される、耳目を集める群行であった。武家はそれぞれの自覚と立場から、朝廷の臣下として戦闘よりもはるかに犠牲の少ない動員で参加することができたのである。奉幣の風流は、多くの武家の臣下としての当事者意識を捉えるプロットであった。室町中期に盛行した将軍の伊勢参宮も、在地の武家にとっては、戦闘の犠牲はなく、将軍との位置を確認できる機会であったと考えられる。室町中期についても、機会を改め詳細に考察したい。

南北朝・室町初期の騒乱のなか、北方は皇統の正統性を求め、先例を勘引し古儀復興を重ねつつ、試行錯誤のうちに次第に院政期にモデルを集約した。それを支持し軍事的に擁護する足利将軍家と武家は、次第に治者としての祭祀を自覚し、神祇と仏への信仰をみずから祭祀統治機構として整備する。武家と公家による祭祀と政治機構は二元的であり、流動し、南北に分かれた不安定な政治的軍事的支配は常に、対立と分散・融合を生んだ。世阿弥にとって能は神楽であり、身分の外にある芸能の民であるがゆえに、戦乱と闘諍に揺らぐ魂の平安を神仏に祈り、天下泰平・国土安全をテーマとする舞を舞い続け、夢幻のなかに問い続けたのである。

自らの世界が崩壊してゆく修羅の世に、人々はかつての平安と豊穣と神々の恩寵を祈念して、あらゆる方法を試行して祈りを捧げた。武家の修羅の祈りも、その一である。彼らは戦場で血ぬられる己の宿命を生きつつ、国土の安穏と魂の救済を求め、神仏に幣を奉る使を守護した。奉幣使の発遣に高い関心を維持し、それに奉仕し続けた修羅の祈りは、室町期の武家政権だけが持つ顕著な特徴であろう。大和猿楽は奉幣使の群行に臣下として参じた彼らの姿を学び、その祈念と渇仰をともに舞歌に昇華したのである。南北朝・室町期に形成された支配体制は、この濃密で人間性に満ちた重層する多様な祈りを無視しては、理解することはできない。その祈りは、この世で人間が時空を超越した力に近づけると考え、勝者敗者の別なくそれぞれ祈りと精進を尽して、大いなるものへの信仰を捧げた普遍的な中世の姿を示しているのではないかと考えられる。

世阿弥は「翁」をまぶたに追いつつ、国土の安穏と魂の平安を祈る能を追い求めて修羅の生涯を生きた。彼を支えた神仏への信仰は、児と呼ばれた少年のころ、人々が彼の舞歌に奉げた、神への渇仰・救いを求める祈り・慈しみのなかで育てられたものであろう。世阿弥は迷うことなく終生、太平を寿ぐ舞歌によって、闘諍の世を生き抜こうとする人々に応え、神仏に祈りを捧げようとした。彼が流されたと伝えられる、佐渡の美しさを謡った『金島書』の晴朗な響きと残されたわずかな書簡は、最期まで神仏に奉げ人々の平安を願う舞歌を求めた、世阿弥の信仰と精神を伝えている。

あとがき

「お母さん、何見てるの。」私ははっと我に返った。店にはいつのまにか、夕日がいっぱいに差し込んですっかり明るい。並んだ子どもの頬に顔を寄せ、私はその視線を辿った。「あのね。あそこ、金色の本が並んでるの見える?」「うん。お母さんがよく図書館で借りている本! 何ていう本?」「謡曲大観。」「ようきょくたいかん?」確かめるように、繰り返す。「そう。ようきょくたいかん。」子どもは深呼吸をし、両手の拳をちょっと握った。

「お母さん、ずっと何年も、本屋さんに寄ると、あの本見てるでしょ。」どぎまぎする私にかまわず、一気にいう。「お母さん、わたし、あの本買ってあげる! あの本私が買ってあげる!」私はオロオロした。「まあ……気持ちだけで充分。ほんとうに……ありがとう。」子どもはくるりと背を向け、平積みの棚に見え隠れして遊んでいる妹と弟に声を掛けた。「さあ、帰ろうね。」それからレジで何か話すと、さっと外に出て行く。赤いリュックをゆすりあげ、私は子どもたちの後を追った。一緒に過ごした週末が終わろうとしている。

土曜日は一週間の食料品その他のお買い物、日曜日は図書館、公園、買い物追加、本屋さん。赤い登山リュックを肩に、私はずっと子どもたちと一緒である。図書館ではまず、子供室に寄り、三人それぞれが借りる本をリュックに詰め、三人を置いて別棟の大人館へ行く。あの子はどこで、私が『謡曲大観』を借りているのを知ったのだろう。『謡曲大観』は能を学ぶうえで、必須の古典であり基本図書である。それでも幼い三人の将ない。

来を思うと、私は、『謡曲大観』を購入する気になれなかった。しかしそれを、一度も誰にも、話したことは

　翌日勤め先から帰宅すると、小さい二人だけがお留守番をしていた。はっとして、子どもたちの通帳がしまってある引き出しを開ける。上の子の通帳と印鑑だけが見当たらなかった。ああ、あの子は郵便局で叱られるかもしれない、電車で危ない目に遭うかもしれない、本屋さんに咎めらないだろうか、重い本を持ってどうやって帰ってくるのだろう……。涙目になるのを堪えて、私は夢中で夕飯を支度した。

「お母さん！　買ってきたよ！」喉一杯の声に、玄関に飛び出すと、子どもは両手に大きな紙袋をぶら下げ、目をキラキラさせている。「お母さん、これで勉強してね。たくさん勉強してね。」「……ありがとう。重かったでしょう。」やっと、これだけを口にできた私の脳裏に、ふと世阿弥の言葉がよぎった。「幼少より以来、亡父の力を得て人となりしより、廿余年が間、目に触れ、耳に聞き置きしまゝ、その風を受けて、道のため、家のため、これを作する所、私あらむものか。」（『風姿花伝』奥義云　応永九年奥書）

　世阿弥はこの子と同じ歳ごろに、父観阿弥と京に上った。「亡父の力を得て人となりしより」……それから……歳四十にもなって……私の心の何処かにはそんな呟きがあった。しかしこの時、世阿弥に対する自分の浅慮を、私は我が子に教えられた気がした。この歳ごろの子どもは、親の心の奥底の思いに寄り添い、我を忘れて喜びを分かち合い、健気にも力になろうとする。「お母さん、この本面白いね。」と膝に乗る子どもたち、「先生、今日の授業は私の一ページよ。」と寄ってくる生徒たち、一緒に学びながら、能の研究を密かに心の支えに生きる、こんな頼りない母親にさえ、この子は懸命に力になろうとしている。まして父は一座を率い京への興行の道を開こうする棟梁　観阿弥、少年世阿弥は父母を思い、一座の命運を賭けて懸命に舞ったのだ。あ

の伝書の言葉は、その少年の日々と、父の真の継承者となった自負と決意を表している。私は少年世阿弥がどんな舞をまっていたのか知りたいと切に願った。どんなに苦しくても辛くても、能の研究を続けようと心に誓った。

職場での私は、中高生特に高校生たちと一緒に学ぶ日々を過ごしている。授業で向き合う一人一人の、二〇年先、三〇年先の姿を思い描き、私と学んだ経験で少しでもその人生を豊かにしたいと、拙い試行錯誤を続けていた。生涯の人間関係の基礎となる社会性の広がり、複雑な構文を捉える集中力、詩的言語に対する鋭い感受性の形成、彼らの急速な成長に応えているのか、時には不安や自分に対する不信が湧き立つこともあった。しかし、生徒に接しながら、父とともに舞う同じ年頃の世阿弥を考察する努力は私の心を静め、やがてそれは次第に揺るぎのない透明な核となり、私の授業に独自の教材や展開を与える契機となっていった。

世阿弥は生来の並外れた資質に、時と所、人を得た、犯しがたい存在である。しかし、芸能の民という境涯は、当時の文字を持つ人々の意識から、彼の存在を排除する。世阿弥自身でさえ、その記述に自己規制を掛けており、時代を超越した芸術論、言語や音楽認識に紛れ込んだその痕跡は、見極めが難しい。そのうえ、彼が秀でた存在であればあるほど、他人の記録には感情的で恣意的なフィルターが掛かる。数少ない記録を生かすためにも、世阿弥の生きた時を境界領域から多角的に追求し、その結果に基づいて少年世阿弥の存在を解き、彼の得た時、人と所を追及する必要とそれらが世阿弥を支えた必然を、見出さなければならなかった。「能」「児」「神楽」等々のキーワードは、概念を構築し直し諸課題に正対する視点として、時空意識が採用された。

テーマから外れる懸念から、『僻連抄』『源威集』を分析の対象とするのを避けた。しかし、二条良基の詩人としての天性を理解するうえで、『僻連抄』の存在は大きい。詩歌が朗誦され神仏に奉げられた時代に、宰相としての良基は、詩人としての良基と不可分であろう。北方の朝廷にみる公家と武家の統合は、少年世阿弥に「千とせとてこそ」と詠い、慈しんだ良基を抜きにしては、理解が深まらないと思える。世阿弥を見出した足利将軍を考察するうえで、『源威集』に描かれた尊氏の姿も忘れがたかった。常に最前線に我が身を置き、生死を省みず部下を鼓舞し闘うその姿には、選れた武将がもつ修羅の本性と、それを見据える人間としての理性と孤独や覚悟の二面性を感じさせる。『源威集』の描写がすべて事実とは言い難い。しかし、武家の棟梁が修羅の、矛盾に満ちた人間の個性として捉えられ、高御座にある光厳院や後醍醐天皇までもが、ただ人として生きたこの時代そのものの姿があった。考察をとおして出会えた人々の姿には、世阿弥と世阿弥の能から私が感じ生きる支えとした人間性豊かな優しさと洞察、大いなるものへの同じ祈りもあった。私の拙い考察は、その出会いに励ましを得、導かれた感がある。

『世阿弥十六部集』が刊行されてから、一一〇年になろうとしている。明治維新の後一〇年毎に起こった近代戦と二度の世界大戦を経て七十年余、私どもの国は世阿弥とその時代の人々が祈念した国土安穏の中にある。働きながら三人の子どもを育て介護にも携わった、私のようにささやかな人生を過ごす女性が、世阿弥に出会い、その能が生まれた契機を考究できたのは、この国土安穏の中にあったからであろう。平和の礎となられた多くの方々、その祈りを受け継がれ平和を守られた方々をありがたく思う。

なかでも私は、研究と実践を理解しお支えくださった二人の卓越した演者にお会いした。人間国宝・学士院会員　喜多流友枝昭世師・下掛宝生流故宝生閑師である。境界領域からの方法と分析を認められご助言と発表の機会をお与えくださった、世阿弥学会　松田存二松学舎大学名誉教授・齋藤祐一京華中学高等学校教諭、お茶の水女子大学からの学縁によりご指導をいただくことができた千々和到國學院大學教授、嵐義人元國學院大學教授その他國學院大學院でご助力くださった諸先生方の学恩にも、心から感謝申し上げたい。

冨山房インターナショナル社長 坂本喜杏様には、この研究の意義をお認めくださり、出版に向かってたゆまぬお力添えをたまわった。また、新井正光編集主幹からは、校正そのほかご懇切なご助力ご助言をいただいた。『世阿弥十六部集』を刊行した吉田東吾博士の『大日本地名辞書』ゆかりの社から、身に余るご縁をいただき、なお一層、研究と普及の実践に精進する思いが強くなっていくのを感じている。

この書をお手に取られた方々が、幼い子どもたちに清らかな命の息吹を感じ、愛おしみ慈しんだ我が国の子育てと、その子どもたちの舞から生まれ六百年余、我が国に伝えられた能とその祈りに思いを馳せ、受け継いでゆく努力にご理解とお力添えをいただければと願っている。

平成二九年　夏

島村眞智子

島村眞智子（しまむら　まちこ）
東京都出身。お茶の水女子大学卒。平成25年國學院大學大学院博士課程修了。文学博士。
主な論文――「翁　わが内なる世阿弥―能本についての試論と随想」（北星学園女子中学校高等学校研究紀要第３号）、「義教―修羅能の方法と試作」（函館私学研究紀要第20号）、「心待つ心を読む」①②③（『月刊国語教育』vol 25, No 11, 12, 13）、「熊野御幸の祭儀と舞歌」（『総合芸術としての能』第15号）

能『高砂』にあらわれた文学と宗教のはざま

二〇一七年七月二十一日　第一刷発行

島村眞智子　著

発行者――坂本喜杏
発行所――㈱冨山房インターナショナル
東京都千代田区神田神保町一-三　〒一〇一-〇〇五一
電話〇三（三二九一）二五七八
印　刷――㈱冨山房インターナショナル
製　本――加藤製本株式会社

ISBN 978-4-86600-034-3 C3074

冨山房インターナショナルの本

神に関する古語の研究

林　兼明著

徹底的に神の語義を探究し、古代アジア・オリエントの太陽信仰と比較文化的に対比した、神研究の原点。すべての古典を渉猟した言霊の科学的研究。（七五〇〇円＋税）

人類新生・二十一世紀の哲学

人間革命と宗教革命

林　兼明著

日本の古語研究をベースに、一宗一派にかたよらない公明正大な論述で、人類の救済を願って人間の生命現象に多面的な施策を加えた不朽の名著。（三〇〇〇円＋税）

谷川健一全集

全二四巻　（各巻六五〇〇円＋税・揃一五六〇〇〇円＋税）

第1巻**古代1**　白鳥伝説／第2巻**古代2**　大嘗祭の成立、日本の神々他／第3巻**古代3**　古代史ノオト他／第4巻**古代4**　神・人間・動物、古代海人の世界／第5巻**沖縄1**　南島文学発生論／第6巻**沖縄2**　沖縄・辺境の時間と空間他／第7巻**沖縄3**　渚の思想他／第8巻**沖縄4**　海の諸星、神に追われて他／第9巻**民俗1**　青銅の神の足跡、鍛冶屋の母／第10巻**民俗2**　女の風土記他／第11巻**民俗3**　わたしの民俗学他／第12巻**民俗4**　魔の系譜、常世論／第13巻**民俗5**　民間信仰史研究序説他／第14巻**地名1**　日本の地名他／第15巻**地名2**　地名伝承を求めて他／第16巻**地名3**　列島縦断　地名逍遥／第17巻**短歌**　谷川健一全歌集他／第18巻**人物1**　柳田国男／第19巻**人物2**　独学のすすめ、折口信夫他／第20巻**創作**　最後の攘夷党、私説神風連他／第21巻**古代・人物補遺**　四天王寺の鷹他／第22巻**評論1**　評論、講演他／第23巻**評論2**　評論、随想他／第24巻**総索引・年譜**